中华女杰

XIANDAIJUAN
现代卷

主编◎白云涛
编著◎郑国柱
　　　韩　慧

四川出版集团
四川人民出版社

图书在版编目（CIP）数据

中华女杰·现代卷 / 白云涛主编. —成都：四川人民
出版社，2013.9

ISBN 978-7-220-08952-7

Ⅰ.①中 Ⅱ.①白 Ⅲ.①女英雄—生平事迹—中国
—现代 Ⅳ.①K828.5

中国版本图书馆CIP数据核字（2013）第203721号

ZHONGHUA NUJIE

中华女杰（现代卷）

郑国柱 韩 慧 编著

策划组稿	李洪烈
责任编辑	李洪烈
装帧设计	戴雨虹
责任校对	蓝 海
责任印制	李 剑 孔凌凌
出版发行	四川出版集团
	四川人民出版社
网 址	http：//www.scpph.com
	http：//www.booksss.com.cn
	E-mail：scrmcbsf@mail.sc.cninfo.net
发行部业务电话	（028）86259459 86259455
防盗版举报电话	（028）86259524
照 排	四川胜翔数码印务设计有限公司
印 刷	北京旺鹏印刷有限公司
开 本	145mm×208mm
印 张	8.75
字 数	220千字
版 次	2013年9月第1版
印 次	2015 年 4 月第 3 次印刷
书 号	ISBN 978-7-220-08952-7
定 价	20.00元

目　　录

序　言

在拥有五千年灿烂文明的古老而又神奇的中华大地上，英雄豪杰辈出，更有"巾帼不让须眉"，为中华民族的历史留下了光彩夺目的篇章。从无数巾帼英雄之中，遴选出具有代表性的人物，系统介绍其事迹，对于加深中国历史文化的理解，弘扬爱国主义的优良传统，促进当代女性的成长，都具有十分重要的现实意义。

何谓女杰？顾名思义，就是女中豪杰。她们是时代的精英、社会的脊梁，是推动历史发展的骨干力量。她们的奋斗、流血和牺牲，她们的才华、贡献和影响，激励着一代又一代后继者，为中华民族的繁荣富强贡献力量。

不同的时代，不同的社会和国家，对女杰的理解和评判标准是不同的。不同的民族，不同的信仰，不同的文化背景等，对女杰的理解也是有差别的。在数千年的中国古代社会，虽然许多"贞妇"、"烈女"被视为女性楷模，有的还得到皇帝的御批褒扬，但在唯物史观看来，女杰的评判标准依然只有一个：为人类进步、社会发展、民族团结、文化传承做出过突出贡献，产生了重大影响的女性。近代以来，自由、平等的理性之光驱散了封建道德的阴霾，贞妇烈女被视为旧礼教的殉葬品，那些为祖国的独立、民族的解放、人民的福祉而奔走呼号甚至以身殉国的女性，其英雄事迹和高尚品格，得到普遍的弘扬和赞美。新中国成立以后，那些为经济建设、科教事业，为改革开放做出不懈努力的女性，成为人们学习和歌颂的楷模。

有鉴于不同时代女性的特点，我们编撰的《中华女杰》一

书分古代、近代和现代三卷。古代卷和近代卷以人物卒年为划分标准。古代卷从远古至1840年鸦片战争前，入选人物从远古第一女杰妇好开始，既选取了细君公主、解忧公主、王昭君、蔡文姬、文成公主等为民族团结做出贡献的女性，也收入了许穆夫人、班昭、李清照等文化名人，还有荀灌、花木兰、冼夫人等巾帼英雄。近代卷从1840年鸦片战争开始至1949年新中国成立，所选人物既有唐群英、秋瑾、张竹君等女中豪杰，也有为新中国的诞生做出牺牲的郭隆真、向警予、杨开慧、陈铁军等革命英烈，还有萧红、周旋、张爱玲等文化名人。现代卷以新中国成立至新时期为划分标准，以20世纪伟大女性宋庆龄开篇，以新时期的航天女英雄刘洋收尾，其中既收入了蔡畅、邓颖超等中国妇女解放运动的先驱，也选取了向秀丽、林巧稚、袁雪芬、新凤霞、常香玉、任长霞等为新中国各项事业做出不懈努力的杰出女性。

本书上溯远古，下讫当代，时间跨度大，涉及人物多。但因篇幅限制，挂一漏万，在所难免。

历朝历代的女杰都为中华民族做出了巨大的贡献，历史和人民将永远铭记她们的丰功伟绩。

编著者

2013年9月

宋庆龄

20世纪的伟大女性

　　宋庆龄（1893—1981），出身于上海一个牧师兼实业家的家庭。15岁留学美国，1913年大学毕业。1915年与孙中山在东京结婚，全力支持孙中山的革命事业。孙中山逝世后，她坚持孙中山的三大政策，与国民党蒋介石进行针锋相对的斗争。抗日战争时期，她参与建立"保卫中国同盟"（简称"保盟"），为捐赠者和中国抗战力量之间搭起了桥梁。她呼吁世界人民支援中国共产党领导的抗日战争。在长期的革命斗争实践中，她与中共领导人结下了深厚的友谊。宋庆龄是举世闻名的20世纪的伟大女性。

一　追随孙中山，献身革命

　　1893年1月27日，宋庆龄诞生在上海一个牧师兼实业家的家庭。父亲宋嘉树是孙中山的朋友，母亲名倪桂珍。宋庆龄在上海高中毕业，1908年进入美国威斯里安女子学院文学系。留学期间，她勤奋刻苦学习，立志报效祖国。

　　一次，班里要讨论历史方面的问题，她搜集大量资料，反复钻研，认真思索，做了精心准备。但在讨论会上，一位美国学生

宋庆龄在读书。

宋庆龄与孙中山。

的发言深深地刺痛了她，感到了奇耻大辱。这位同学认为，历史的发展是难以估计的，过去那些文明古国，早已被历史淘汰，比如中国。这位同学慷慨激昂地说："人民的希望在欧洲、在美洲、在我们这里！"

那位同学说完，宋庆龄马上站起来说："历史确实是在不断变化的，但它永远属于亿万大众。具有五千年文明历史的中国，没有被淘汰，也不可能被淘汰。有人说中国像一头沉睡的狮子，但它决不会永远沉睡下去。总会有一天，东亚睡狮的吼声将震动全世界！因为它有广阔的土地，勤劳的人民，悠久的历史，富饶的物产，有无数革命志士，为了它的振兴在进行着艰苦卓绝的斗争！"

宋庆龄的一番话，立刻赢得了热烈的掌声……

宋庆龄身在国外，但她时时刻刻关心着祖国和人民。她常说："我不能忘掉中国，我对祖国充满了理想和希望!"

1913年宋庆龄大学毕业,获得文学系学士学位。她怀着满腔爱国热情和振兴中华的崇高理想毅然回国,途经日本拜会了孙中山先生。1914年她担任了孙中山的英文秘书,次年10月25日与孙中山在东京结婚。婚后,她全力支持孙中山的革命事业,投身于"求中国之自由平等"的民主革命斗争中。一次掩护孙中山秘密撤离的行动让她终生难忘。

1922年6月,陈炯明在广州叛变革命,要逮捕大总统孙中山。一天晚上,陈炯明的部队包围了总统府。凌晨两点,孙中山得知,叛军要攻打他住的越秀楼了。他要宋庆龄一起撤离,宋庆龄不同意,认为两人一块撤离,目标太大。她坚持留下来,使叛军误以为孙中山还在,叛军就不会马上攻进府来。最后,宋庆龄坚定地说:"中国可以没有我,不可以没有先生。为了中国,你先走。"

孙中山依依不舍地和宋庆龄道别。他身穿长衫,头戴礼帽,肩背药箱,化装成出急诊的医生,跟随护卫出了总统府,平安脱险,顺利地登上了永丰兵舰(中山舰)。他们事先约好,鸣炮三声,表示平安到达。宋庆龄听到炮声后,心里的石头落了地。

凌晨两点半,枪炮声密集,叛军开始进攻越秀楼,楼内的50余名卫士奋勇抗击4000余名叛军。直到早上八点钟,宋庆龄决定突围。此时,叛军冲进了总统府,楼内士兵奋力向外冲杀。宋庆龄化装成士兵,卫士护卫着她冲出大门。叛军上前阻拦,宋庆龄急忙把包袱中的钱物撒在地上,叛军见钱眼开,哄抢钱物,他们趁机逃脱。但没走多远,前面又有敌兵,宋庆龄和卫士们迅速倒下,躺在街上的死尸中间,骗过了敌兵。最后终于脱险,安全地登上了永丰舰……

二 反对蒋介石

　　1925年孙中山逝世后,宋庆龄坚持孙中山的三大政策,投身于大革命之中。1926年1月她当选为国民党中央执行委员。1927年"四一二"政变后,宋庆龄和国民党左派人士及共产党人毛泽东、董必武等联名发表了讨蒋通电。7月份,她发表《为抗议违反孙中山的革命原则和政策的声明》,从此与蒋介石为代表的国民党彻底决裂。8月1日,她与毛泽东等22人发表宣言,严正揭露蒋介石、汪精卫的背叛行为。8月份,她离开上海赴苏联莫斯科,在她发表的声明中,指出:"我深信三大政策是革命的思想与方法的基本部分","中国共产党无疑地是中国内部革命力量中最大的动力"。这正是她此后长期与中共密切合作的思想基础。1927年8月,宋庆龄访问苏联,之后在欧洲旅居4年。

　　1931年6月,宋庆龄从欧洲回国。此时蒋介石不顾日本的侵略,却忙于镇压和屠杀革命者和爱国人士。宋庆龄气愤之极,立即开展了反对日本侵略和国民党反动统治的斗争。1932年12月,她联合鲁迅、蔡元培、杨杏佛等人,组织了"中国民权保障同盟",目标是营救一切爱国的政治犯,争取人民的集会、结社等自由。同盟成立后,营救了一批抗日革命志士。其中较著名的事件是营救陈赓5位爱国志士的斗争。

　　1933年3月下旬的一天,在上海亚尔培路的一幢小楼里,中国民权保障同盟召开紧急会议,他们正在商量营救陈赓等5位爱国志士的事。原来,在上海养病的红军将领陈赓等5位爱国志士被国民党非法逮捕,上海第二特区法院将在3月31日以从事"共党"活动的罪名开庭审判。宋庆龄听完情况介绍后,果断地说:"先要把这个消息告诉报界,并且公开发表宣言,揭露国民党当局蹂躏民权的非法行径。"并提出由同盟的律师吴凯声做辩护律师。

在法庭上，吴凯声据理力争，上海第二特区法院的法官被驳斥得理屈词穷，但法院依然判决陈赓等5人有罪，并被押解到南京的军事监狱，蒋介石密令处决他们。宋庆龄无比气愤，4月1日，她发表了《告全国人民》一文，动员全民营救5人。随后，宋庆龄不顾个人安危，于4月4日赶到南京，亲自找到了蒋介石。她痛斥蒋介石说：逮捕和枪毙陈赓没有法律证据，而且陈赓还救过你的命，杀他是忘恩负义！这么做一点礼义廉耻都没有了！

蒋介石哑口无言，他也怕把事态闹大，更怕宋庆龄发表公开声明，公布事件的真相，自己威信扫地，最后只得把陈赓释放了。

宋庆龄等解救"七君子"的行动，在中国现代史上堪称一次壮举。

1936年6月1日，华北、华南、华中等20多个省市的爱国救亡组织聚集上海，成立了全国各界救国联合会，11月23日凌晨2时，国民党反动派非法拘捕了史良和沈钧儒、邹韬奋、李公朴、沙千里、章乃器、王造时。这就是震惊中外的"七君子"事件。宋庆龄为此义愤填膺，为揭露国民党的反动暴行，她立即发表严正声明，提出强烈的抗议："关于全国各界救国联合会7位领袖的被捕，我以这个组织执行委员会的名义，特提出抗议，反对这种违法的逮捕，反对以毫无根据的罪名横加在他们身上……救国会的7位领袖已被逮捕，可是我们中国还有四万万七千五百万人民，他们的爱国义愤是压制不住的。让日本军阀当心吧！他们虽然可以在幕后指使逮捕7位领袖，但是全中国的人民是不会饶恕他们的。"声明大义凛然，气贯长虹，对动员人民和揭露敌人起了很大作用。

为了揭露国民党蒋介石的丑恶面目，早日营救出7位爱国人士，宋庆龄又公开向敌人发出质问："爱国算不算有罪？"敌人当然不敢公开承认爱国有罪。为了给蒋介石制造难堪，她又发起了"爱国入狱运动"。1937年7月的一天，宋庆龄、何香凝等10

几位救国会的同志，自带行李来到了苏州高等法院。对院长说：如果爱国有罪，我们是来自请入狱的。宋庆龄领导的"同服爱国罪"运动轰动全国，群情激愤，沉重地打击了蒋介石的嚣张气焰，唤起了更多的人与反动派进行斗争。在全国人民强大的压力下，国民党被迫释放了7位爱国人士。

三　支援抗日

抗日战争时期，宋庆龄从上海来到香港，她为抗战四处奔走，冲破当局层层阻挠、广泛争取海外援助，1938年6月14日，建立"保卫中国同盟"（简称"保盟"），为捐赠者和中国抗战第一线之间搭起了一座桥梁。

保盟由宋子文出任会长，宋庆龄担任主席。宋庆龄邀请国际友人克拉克女士任名誉书记，诺曼·法朗士教授担任名誉司库，爱泼斯坦担任宣传工作。此外，廖梦醒、邹韬奋、许乃波等参加了保盟的工作。保盟中央委员会下设财政委员会、运送委员会、宣传出版委员会、促进委员会等。保盟的目标有两个，一是鼓励世界爱好和平民主的人士以医药、救济物资供应来支持中国抗日；二是集中精力，密切配合，努力使争取外援取得收效。保盟的主要任务是"成为需要者和资金、物资捐赠者之间的桥梁"，从事"国际范围内筹募款项，进行医药工作、儿童保育工作与成立工业合作社等活动"。

在宋庆龄主持下，保盟做了大量的宣传工作，让世界了解中国抗战的真实情况。保盟出版刊物，向世界宣传我党领导下的八路军、新四军和抗日根据地人民英勇抗战的事迹，控诉日本侵略者的罪行，揭露国民党破坏团结抗日的真相，号召世界人民支援中国抗战。为突破国民党的新闻封锁，保盟的有关刊物和材料，多数是在重庆编好后，即寄往海外出版发行。

宋庆龄还撰写了很多宣传文章，1943年9月她发表的《给中国在海外的朋友们的公开信》，文中指出："保卫中国同盟完全致力于救济工作，……但救济只是反法西斯的救济，救济只是争取民主的救济。"她强调应重点援助八路军、新四军和抗日根据地人民，因为他们三年没有得到过任何武装、医药及金钱的援助，即使有外国友人送来的外科器械和药品，也被国民党当局扣留了。她呼吁世界人民支援共产党领导的抗日战争。1944年2月，她发表《致美国工人们》一文，呼吁美国工人阶级支持中国的抗日民主斗争。

保盟邀请很多国际友人参加中国抗战，路易·艾黎等发起了支持中国抗战的"工业合作社运动"；新西兰作家杰姆·贝特兰是保盟的战地记者；宋庆龄先后介绍白求恩、柯棣华、巴苏、布朗、米勒、哈里森等外国医师来华，在抗日根据地从事医疗工作，有的人为此还献出了生命。毛泽东曾写过《纪念白求恩》一文，纪念这位伟大的国际共产主义战士。宋庆龄通过保盟帮助，在根据地创办的国际和平医院由抗战初期的1所，发展为8所中心医院和42所分院，可容纳11800名病人住院。宋庆龄还争取到美军史迪威将军的支持和帮助，史迪威派美国军用飞机帮助运送医药、救济物资到抗日解放区，并将美军的药品、物资送给八路军、新四军，派军医去抗日根据地支援。1944年，国外曾捐赠一台大型X光机，由于胡宗南部队的封锁，难以送达延安，周恩来就让廖梦醒同志找宋庆龄帮忙。宋庆龄请史迪威帮忙运送。因X光机很大，进不去飞机舱门，史迪威下令改装舱门，把X光机运到延安。这台抗日根据地唯一的X光机，为治疗伤员起到重大作用。保盟源源不断地送来各种药品、医疗器械及慰问品，为医院解了燃眉之急，很多伤员得到及时的救治，挽救了很多人的生命。此外，保盟通过募捐，帮助抗日根据地办起了战时孤儿院、托儿所等。

同时，宋庆龄还关注国统区的受灾难民和妇女儿童。1943年，河南发生特大水灾，数十万人民挣扎在死亡线上。为了河南

赈灾，宋庆龄发起举办"国际足球赈灾义赛。"经过三轮五场比赛，义赛收入共12万元，全部用于赈济河南灾民。此外，宋庆龄通过在重庆举办国际音乐会义演和音乐舞蹈义演活动，为广东、湖南灾民募捐，体现了爱民情怀，激发了民众的爱国热情。

四　与中共的友谊

在长期的革命斗争实践中，宋庆龄与中共领导人结下了深厚的友谊。她与周恩来的友谊始于20世纪20年代，当时的周恩来给她留下了深刻印象。她曾在一篇文章中写道："在20年代中期，我在广州第一次见到了周恩来。他当时很年轻，但已经俨然是一位革命立场坚定，旗帜鲜明，多才多艺，久经锻炼的领导人了。"在此后的交往中，她与周恩来的友谊历久弥新。

宋庆龄与毛泽东也建立了深厚友谊，毛泽东对她非常尊敬，敬重她对国家和民族的贡献。1936年春天，斯诺欲去延安采访，要求宋庆龄帮助。宋庆龄亲自给毛泽东、周恩来写信，由董健吾送到陕北瓦窑堡。董健吾回上海时，带了毛泽东、周恩来的复信，还带回了他们送给宋庆龄的礼物：一套布币和三枚银币，银币上铸有镰刀斧头的图案。由于宋庆龄的帮助，斯诺完成了历史性的陕北采访，这才有了我们今天看到的《西行漫记》，世界人民才知道了中国工农红军的二万五千里长征的英雄壮举。

1937年七七事变后，周恩来、博古、林伯渠去庐山与蒋介石商谈国共合作事宜，途经上海时，去家里看望了宋庆龄。

在这次会见中，周恩来仔细地向宋庆龄介绍当时的形势，介绍了中共中央关于建立抗日民族统一战线的方针政策和国共合作共同抗日的革命主张。听了周恩来对当前形势和任务的分析论述，宋庆龄受益匪浅，感到非常振奋，坚定了抗战必胜的信心。她认为："国共合作是绝对必要的。所有的力量必须团结在一起。"她表示坚决拥护和支持中共中央的这些方针、政策和

晚年的宋庆龄同毛泽东、朱德在政协一届三次会议上。

主张。

1945年抗战胜利后，毛泽东来重庆与蒋介石谈判，宋庆龄参加了孙科、邵力子举行的鸡尾酒宴欢迎会，9月的一天，宋庆龄专程去桂园看望毛泽东。会谈后，毛泽东亲自送到大门外，看着她上了汽车，才转身离开。

在革命胜利的前夜，1949年1月21日，毛泽东、周恩来联名给宋庆龄发电：

> 中国革命胜利的形势已使反动派濒临死亡的末日，沪上环境如何，至所系念。新的政治协商会议将在华北召开，中国人民革命历尽艰辛，中山先生遗志迄今始告实现，至祈先生命驾北来；参加此一人民历史伟大的事业，并对如何建设新中国予以指导，至于如何由沪北上，已告梦醒与双年、仲华切商，总期以安全为第一。

谨电致意，伫盼回音。

宋庆龄接到电报后，心情非常激动，孙中山先生的遗愿就要实现了！中共中央对自己的深切关怀和敬重，让她感动不已。

6月19日，毛泽东又亲自给宋庆龄写信：

> 全国革命胜利在即，建设大计，亟待商筹，特派邓颖超趋前致候，专程欢迎先生北上，敬希命驾莅平，以便就近请教。

邓颖超还带来了周恩来的一封亲笔信：

> 沪滨告别，瞬近三年，每当蒋贼肆虐之际，辄以先生安全为念。今幸解放迅速，先生从此永脱险境，诚人民之大喜，私心亦为之大慰。现全国胜利在即，新中国建设有待于先生指教者正多，敢借颖超专程迎迓之便，谨陈渴望先生北上之情。敬希早日命驾，实为至幸。

9月1日，在邓颖超的陪同下，宋庆龄到达北平，毛泽东、朱德、周恩来和何香凝等人已在站台迎候……

在中国人民政治协商会议第一届全体会议上，宋庆龄这位长期与中共密切合作的伟大爱国者、孙中山革命思想的忠实继承者、新中国的一位缔造者，当选为中华人民共和国的副主席。

10月1日，中华人民共和国宣告成立，宋庆龄与毛泽东、朱德、刘少奇、周恩来等党和国家领导人登上天安门城楼，参加开国大典。当礼炮齐鸣，雄壮的国歌声响起，第一面五星红旗冉冉升起时，宋庆龄激动不已。

五 新中国成立后的贡献

新中国成立后，宋庆龄致力于祖国的社会主义革命和建设事业，做出了卓越的贡献。她经常同毛泽东、周恩来、刘少奇等党和国家领导人共商国是，参加大量国务活动，关怀广大港澳台同胞和海外侨胞，希望早日实现祖国统一。

宋庆龄紧密地和人民联系在一起。她深入工厂、农村和少数民族地区，调查研究，了解民情，关心人民生活，和人民心连心，甘做人民公仆。她关心妇女和少年儿童事业，一直担任全国妇联名誉主席。1951年被选为中国人民保卫儿童全国委员会主席，直到逝世。她是全国少年儿童慈爱的祖母。她创办的《儿童

宋庆龄和孩子们在一起。

宋庆龄墓地。

时代》杂志深受少年儿童所喜爱,是少年儿童的良师益友。宋庆龄经常为少年儿童题词和撰写文章,鼓励孩子们健康成长。

宋庆龄致力于保卫世界和平。新中国成立后,她组织和参加了许多国际性的反侵略战争及世界和平会议,为世界和平做了大量工作。1950年当选为世界保卫和平委员会执行局委员,荣获1950年"加强国际和平"斯大林和平奖。1952年与郭沫若等人发起召开"亚洲及太平洋区域和平会议",被选为联络委员会主席。

宋庆龄作为中国人民的友好使者,先后出访了许多国家和地区,广泛结交朋友,为增进各国人民之间的友谊而奔波。

1952年初,在周恩来直接关怀下,由宋庆龄主持创办了《中国建设》英文版本杂志,把中国的声音传达给世界。为支持宋庆龄办好这个对外刊物,周恩来时常给予具体指示。1957年5月,周恩来曾为创刊5周年题词:"继续做好同各国人民增进了解和友谊的工作。"同年还就编辑方针作了具体指示:"以社会主义建设为范围,以生活为内容,积极地、正确地报道新中国的伟大成就，反映我国人民在党的领导下的新风格、新气象、积极性和创造性。"《中国建设》后改名为《今日中国》，从英文一种版本增加到现在9个文版，发行到世界160多个国家和地区。

在中国革命长期艰苦的斗争中，宋庆龄坚定地和中国共产党站在一起。毛泽东、周恩来、刘少奇、朱德等一向把她作为亲密的战友、同志、无产阶级先锋战士。1981年5月15日中央政治局决定接受她为中国共产党党员，16日全国人大常委会决定授予她中华人民共和国名誉主席称号。

1981年5月29日，宋庆龄因病在北京寓所逝世。遵照她的遗言，骨灰安葬在上海万国公墓她父母陵墓的东侧。中国共产党、全国人大、国务院为她立碑铭文以表纪念：宋庆龄是爱国主义、民主主义、国际主义、共产主义的伟大战士。她为国家和人民所建树的丰功伟绩，将永载史册。

蔡畅

妇女解放的旗帜

　　蔡畅（1900—1990），原名咸熙，湖南湘乡人。曾是周南女校的才女，与向警予、陶毅并称"周南三杰"。1919年与母亲葛健豪、哥哥蔡和森赴法国勤工俭学，参加新民学会。1923年在法国加入中国共产党。1926年后在湖北、江西、上海、江苏等地从事党的工作和妇女工作，参加过红军长征，被誉为长征途中的"圣徒"。新中国成立后，历任全国妇联主席、中共中央委员、全国人大常委会副委员长等职务。她是中国妇女运动的先驱和卓越领导者，国际进步妇女运动的著名活动家，有"巾帼领袖"之称。

一　小老师的苦涩年华

　　蔡畅，1900年5月14日出生于湖南双峰县永丰镇。蔡畅的父亲蔡容峰游手好闲，祖上留下来的财产很快被他折腾干净，家境日渐衰落。后来，他在江南制造局谋差，染上了官场恶习，一味搜刮民财。母亲葛兰英思想开明，心胸豁达，知书明理，既有端庄典雅之风，又有侠肝义胆之气，在对丈夫彻底失望后，她带着儿女离家，靠自己把子女抚养成人。

她知道，孩子将来要有出息，必须上学读书。1913年，全国各地都在倡导女子教育，形成了一场席卷全国的革命思潮。这时，湘乡县第一女校开始招生了。葛兰英听到消息后，决定率领子女去上学。于是她卖掉自己的一部分嫁妆，凑足了学费，带着蔡畅和她大姐蔡庆熙、三哥蔡和森到湘乡县城去读书。

当母亲在报到处写下新改的名字"葛健豪"时，女校的教师感到不可思议，学校不招收"老大妈"，不让她报名。蔡家母子上学心切，孩子们气愤地说："上县政府告他们去！"于是，蔡和森写了呈文，送到长沙县署。县太爷还很开明，在呈文上批了"奇志可嘉"四个字，并责令"湖南女子教育养习所"破格录取。这样蔡畅的大姐进了缝纫班，母亲同三哥读高小班，蔡畅进了初小班。这件事成了当时长沙城一大奇闻。

1913年，蔡家母子在学校苦读了一学期，由于筹措的学费有限，到年底快花光了，母亲带着他们又回到永丰镇。

葛健豪看到家乡的女子多数都没文化，她便生出一个大胆的想法，要在镇上办一所女子学堂，招收女子入学。她的想法得到子女们的赞同。蔡庆熙说她可以教缝纫课，蔡咸熙说她可以教音乐、体操课。大家七嘴八舌，出主意，想办法，葛健豪的信心更足了，马上着手筹办学堂之事。

很快，在永丰镇上的观音阁门口挂出了"湘乡县立第二女校"的牌子，永丰镇热闹起来，大家奔走相告，欣喜若狂，女孩子、大姑娘纷纷报名入学，永丰镇出现了一种前所未有的新气象。

13岁的蔡咸熙在学校里，既是学生又是兼课老师。她和同学们一起上语文、算术等文化课，到音乐、体育课时，她变成了"老师"，上音乐课时，个子很矮的蔡咸熙只能站在凳子上才能看见后排的同学。她认真备课，耐心地教大家唱歌，同学们学会了一首又一首，她教大家边歌边舞。同学们感到轻松愉快，大家

从心里佩服她多才多艺。

上体育课是蔡咸熙的长项，她教同学列队、跑步、做体操，给学生示范跳绳、跳高、跳远的动作要领。由于蔡咸熙六七岁时没裹两天脚，所以她保住了一双天足，她跑跳自如，示范动作自然优美。而那些裹了脚的女生在体育课上就受罪了，跑不动，跳不起，蹦不远，走起路来都是一瘸一瘸的，她们后悔裹了脚。于是不少学生不裹脚了，永丰镇又出现了一股放脚的新风。

后来，湘乡县立第二女校停办了，蔡咸熙快乐的教师生涯也结束了。

当蔡咸熙长成一个秀气的大姑娘后，父亲蔡容峰由于经济窘迫，便打起了女儿的主意。

有几天，父亲兴冲冲地走进走出，和几个陌生人谈了又谈，陌生人的眼神让蔡咸熙发毛。原来，他是想把蔡咸熙卖给一个财主家当童养媳。蔡咸熙听见父母的争吵声：

"他家给我们500块银圆的聘礼呢！这笔钱可不是小数目啊，你好好想想吧！"父亲怕到手的钱飞了，500块银圆对他的吸引力太大了。

"不用想，不能为了钱而卖自己的女儿！"母亲气愤地说，她坚决不同意为钱而卖女儿做童养媳。

蔡咸熙听明白了，她感到很愤怒，为了钱把自己的亲骨肉卖了，她怒气冲冲地对父亲说："我的事，我自己做主，谁说了也不算，你说的人家，我就是不去！"

父亲大怒，眼看着白花花的500块大洋没有了，失去理智的父亲拿起菜刀就要砍向母女俩。她对父亲太失望了，在这个家里待不下去了，一点安全感都没有，说不定哪天父亲会绑起她送到财主家里，为了钱他什么事都会干得出来。1915年初，蔡咸熙在母亲和姐姐的帮助下，带着简单的行李，瞒着父亲逃出了这个伤心的家，到长沙投奔哥哥蔡和森，她发誓永远不进这个家门了。

二　周南女校的才女

　　蔡咸熙抗婚逃到长沙不久，赶上周南女校招生，她报考了音乐体育专修科。在报名表格上填写了新名字"蔡畅"。此刻，与封建习俗斗争胜利后她心情舒畅，也渴望今后生活道路通达顺畅，一帆风顺、一路畅通了。正是这个名字和她以后所领导的中国妇女解放事业，在中国革命史册上闪烁出耀眼的光芒。她和向警予、陶毅成为"周南三杰"。她们三人都是历史上著名的妇女领袖。是周南女校璀璨的三颗星。

　　周南女校是著名的革命教育家朱剑凡先生创办的。朱剑凡曾留学日本，思想开明，认为女子沉沦于黑暗之中，只有教育才能拨开云雾，见到光明。于是，他冲破清廷禁办女校的限制，毁家兴学，献出泰安里房屋，卖掉宁乡的田产，捐银近12万元，开办了"周氏家塾"。1907年，清廷女校禁令放松，1910年，他创办周南女子师范学堂，设置缝纫、音乐、体育等专修科。学堂附设小学和幼稚园，招收学生400余名。校名取《诗经》语"得圣人之化者，谓之周南"之义。周南女校"开湖南女界之先河"。朱剑凡自任校长，一批学识渊博、思想进步的教师在该校任教，徐特立、张唯一、周以栗、陈章甫等都曾是周南的教员。朱剑凡为周南制定的校训是培养学生的"三心"：自治心——学生养成节制自己言行的习惯，干净整洁；公共心——培养学生的博爱仁恕的品格，严于律己，宽以待人；进取心——学生养成勤勉耐劳的品质，对学习、对事业兢兢业业，勤奋刻苦。朱剑凡主张学生自治、自立、自强，倡导学生思想、言论、信仰自由，支持学生参与反帝、反封建、反军阀的爱国运动。周南形成了独特的优良校风，先后培养了一大批妇女人才，如向警予、蔡畅、丁玲、劳君展、曹孟君等。向警予成为中国妇女运动先驱，中共中央妇女部第一任部长；丁玲成为著名作家；劳君展成为九三学社的创始

人，曹孟君成为中国妇女界著名的社会活动家。

1915年2月，蔡畅进入周南女校。她充分利用学校的图书条件，大量阅览各种书刊，开阔眼界。当校长得知她是逃婚出来求学后，对她刮目相看，决定免收她的学费和伙食费。校长的举动使蔡畅绝处逢生，心中充满感激之情，她决心更加勤奋刻苦学习，来报答校长的厚爱。

蔡畅在学校结识了向警予、陶毅、劳启荣等进步学生，她们一起谈论时事、探讨人生和理想。她还参加学校召开的"反对袁世凯签订的卖国二十一条"大会，第一次听到爱国主义的演讲，第一次走上街头宣传演讲。通过反帝反袁斗争实践，她对"革命"有了认识，对学校提倡的妇女解放、培养人才以振兴中华的办校理念有了更深的理解。认识到国家民族有前途，个人才有前途。她向往着能为振兴中华做出贡献。

此后，她大量阅读进步书刊。不久，在毛泽东、蔡和森的影响下，她也成为《新青年》的忠实读者，开始关注个性解放、妇女解放、婚姻自主以及社会主义革命等问题，对无产阶级革命产生了同情。她从追求知识转向追求真理，为她后来从事的革命事业打下了思想基础。

1916年，蔡畅以优异的学习成绩毕业，她不敢奢望继续深造，因为家里的经济状况不允许她再读书了。

就在蔡畅走投无路的时候，校长再次向她伸出了救助之手，让她留校任教，担任附小的体育教员，每月8块钱薪金，她喜出望外，心里充满感激之情。

1919年，五四运动爆发后，蔡畅以强烈的爱国热情投入反帝爱国运动的洪流中。不久，得知毛泽东、蔡和森要组织湖南青年留法勤工俭学，蔡畅无比振奋，为了探求改造社会和解放妇女之路，使"女界同时进化"，她也希望出国留学。她与向警予、陶毅发起成立了"周南女校留法勤工俭学会"，在朱校长的支持下，学校开设了法文班，为志愿赴法的学生补习法文。为解决女子出国的旅费问题，她们呼吁当局给予支持。经过蔡畅、向警予、陶毅等人的努力，湖南省省长批示湘阴、浏阳、长沙、湘乡的四个知县，给6名女学生发放路费或津贴补助。消息见报，立即引起强烈反响，推动了湖南女子留法勤工俭学运动的发展。

1919年12月25日，蔡畅、向警予、葛健豪等6名湖南女生，同蔡和森等30余人，在上海杨树浦码头乘法国邮轮启程，踏上了赴法国勤工俭学的征程……

1919到1920两年间，湖南省赴法勤工俭学的学生共46人。毛泽东曾高度赞扬女子留法勤工俭学，他希望"多引出女同志出外"，因为"多引一人，即多救人"。

三　铁血丹心女儿情

1920年1月30日，蔡畅和母亲、哥哥等一行人到达法国马赛，开始了艰苦的留学生活。当时发放的生活费很低，蔡畅一家人粗茶淡饭，靠马铃薯、空心粉、黑面包、大白菜度日。课余工余时间，留学生们相聚在蒙达尼公园，怀着拯救中国的理想，探讨救国救民之路。蔡畅逐渐懂得很多道理，她也会慷慨激昂地陈述自己的见解。

这一年，赵世炎、周恩来、邓小平、陈毅、聂荣臻等一大批热血青年也来到了法国。1922年，蔡畅经赵世炎、刘伯坚介绍，加入了中国社会主义青年团，次年转为中共党员。为了便于开展党的工作，蔡畅从里昂转到巴黎，她白天做工挣钱，晚上做党的宣传工作。

在法国勤工俭学期间，蔡畅法文水平有了很大的提高，能够阅读一些法文书报，而在政治思想上也有飞跃。到法国后，她常听哥哥给他讲政治，讲俄国十月革命的经过和马克思主义的基本原理，她发现了自己在理论上的差距，开始学习马列著作，研究俄国十月革命的经验。她靠着查词典，阅读法文版的马克思主义

的小册子，了解了马克思主义的一些基本知识，认识到只有社会主义才能救中国，开始确立了为共产主义事业奋斗的世界观。这些理论的积累为她以后开展国内妇女运动奠定了基础。

蔡畅在法国不但学到了知识，开阔了眼界和思路，同时，她也收获了爱情。她和爱人李富春就是在法国相遇、相爱而结婚的，这其中有偶然和浪漫的色彩。

1920年底，李富春到法国勤工俭学，此时，北洋军阀政府与法国当局相互勾结，联手刁难迫害中国留法勤工俭学学生。所以，李富春没有得到进学校的机会，他在巴黎一家机车厂当工人，留学变成了自学。起初，他信仰无政府主义，在法国结识了蔡和森、向警予、蔡畅等人后，开始研读马克思主义著作，对马克思主义有了一定的认识，思想和理论水平大大提高，很快抛弃了无政府主义信仰，转而相信马克思主义了。

一次留学生聚会，李富春与蔡畅邂逅。蔡畅充满朝气与活力，一下子吸引了李富春的目光。事后，他送蔡畅回家，一路上两人谈得很投机。蔡畅的母亲也喜欢这个质朴活泼的小伙子，觉得与自己女儿很般配，她做了辣子拌面招待他。

李富春也是湖南人，与蔡畅同年同月生，只是比蔡畅小几天。认识之初，他亲切地叫蔡畅"大姐"。后来，周恩来、邓小平、陈毅等人都称呼蔡畅为"大姐"，"大姐"成了蔡畅的代名字。

蔡畅和李富春共同在法国从事革命活动中，渐入爱河。蔡畅端庄文雅，正直聪慧，性格坚强，有思想、有理想，毅力坚强，吃苦耐劳。李富春性格开朗，襟怀坦荡，思维敏捷，办事果断，富于斗争精神，待人热情风趣。双方的优点吸引着对方，更确切地说是共同的革命理想把他们连在了一起。当时，李富春除做工外，还与好友邓小平一起编辑出版中共旅欧支部的刊物《少年》。蔡畅因为负责旅欧支部一个党小组的宣传工作，经常在《少年》编辑部与李富春碰面，交往日渐增多，彼此也就更加熟悉了。李富春和蔡畅谈恋爱，也少不了邓小平的"策划"。

李富春和蔡畅的婚礼浪漫而新式。1923年3月的一天中午，在巴黎市区的一家咖啡馆里，邓小平参加了他们的婚礼，仪式非常简单，几杯葡萄酒代替了婚宴，喝完就算正式结为夫妻了。"李蔡联姻"成为留法学生中的佳话。

婚后不久，蔡畅怀孕了，她害怕他们的事业会给孩子带来不幸，决定做人工流产。当时法国的法律是禁止堕胎的，跑了几家医院都不给做。母亲葛健豪反对蔡畅这样做，表示自己放弃做工来帮助他们抚养孩子。在母亲和丈夫的劝阻下，孩子保住了。1924年春，蔡畅在巴黎剖宫生下一个女孩。孩子的名字很有意思，蔡畅二字的法文拼法都是以字母T开头，葛健豪提议孩子名字就叫"特特"。孩子的出生给夫妻二人带来了无穷欢乐，但为了革命事业，蔡畅做了绝育手术。1924年底，按照组织安排，蔡畅和李富春到莫斯科东方大学学习，只得忍痛把襁褓中的女儿留在法国。次年8月，两人回国，投入了国内的革命斗争。

四 长征途中的"圣徒"

"圣徒"从字面看，是圣人的门徒或圣人思想的追随者的意思。从宗教方面讲，具有高尚美德或者修行水平很高的教徒才称得上圣徒。所以，圣徒是追随某一流派或宗教而受到该教派推崇的人，其中含有受到推崇、尊敬、有高尚的德行等意思。

美国作家哈里森·索尔兹伯里在《长征——前所未闻的故事》第八章的末尾曾有这样一句耐人寻味的话："如果说长征有什么圣徒的话，那么，这个圣徒便是她。"这个"她"指的是蔡畅。

1925年蔡畅从苏联回国后，担任中共广东区委妇女运动委员会书记，兼任国民党中央妇女运动讲习所教务主任等职。1926年12月到1932年先后在中共湖北区委、江西区委、上海总工会、江

苏省委等处任职，主要从事党的工作和妇女工作，她亲身经历了第四、第五次反"围剿"斗争。

在参加长征的30名女红军中，蔡畅是其中一位，她年龄最大，党龄最长，资格最老，是名副其实的"大姐"。在长征这场艰苦卓绝、旷日持久的战略转移中，蔡畅这位"红色圣徒"，跟随毛泽东、周恩来、朱德等人一起，爬雪山、过草地，一路留下很多故事。

1935年5月25日晨，红一团开始强渡大渡河。刘伯承、聂荣臻亲临前线指挥。红一团一营二连连长熊尚林等17名勇士，在团长杨得志的指挥下，由安顺场乘船，顶着敌军密集的火力，终于穿过澎湃的激流，冲上对岸，控制住对岸渡口。17名勇士的壮举，激励着广大指战员。

当队伍在河岸集结等候着过河之时，身着戎装麻鞋，腰佩手枪的蔡畅，站立于队伍中。战士们突然叫起来："欢迎大姐唱法国《马赛曲》！"

为鼓舞士气，保证后续部队强渡大渡河，蔡畅愉快地答应了，她用法语唱起《马赛曲》：

> 前进，祖国的儿女，快奋起，光荣的一天等着你！你看暴君正在对着我们举起染满鲜血的旗……前进！前进！用敌人肮脏的血做肥田的粪料！

战士们不懂法文，但她慷慨激昂的歌声，却极大地鼓励了士气，激发了斗志，一身的疲劳也溜走了。

在夺取泸定桥的战斗中，蔡畅也为战士们鼓舞士气。泸定桥横跨大渡河上。桥长100多米，宽近3米，由13根铁链组成。桥身有铁链9根，两边各有两根，敌人拆除了桥上的木板。夺桥战斗打响后，红四团二连的22名突击队员，冒着敌军火力，攀着悬空的铁链，奋勇地向对岸爬去。最后，终于抢占了泸定桥，占领了泸定县城。

蔡畅被勇士们赴汤蹈火、视死如归的壮举所打动。李富春要蔡畅向后续部队宣传22名勇士的事迹，以鼓舞士气。蔡畅激动地说："我要为勇士们歌唱！"她站在泸定桥头，对着过桥的红军队伍，声情并茂地唱着《马赛曲》，随后又唱起了嘹亮的《国际歌》，很多战士随着那熟悉的旋律也跟着唱了起来：

> 起来，饥寒交迫的奴隶！起来，全世界受苦的人！
> 满腔的热血已经沸腾……

那庄严雄伟、气势磅礴的旋律，在泸定桥上空回荡……

长征路上，为活跃情绪、鼓动士气，蔡畅等人边走边讲故事、说笑话，有时还唱着歌，康克清曾把这些都称为战士的"精神食粮"。

长征时，按照级别和蔡畅的身体状况，上级特意给她配备了一头骡子和饲养员，有一名勤务员来照料她。但她很少骑骡子，总是让病号骑，或用它来驮载行李和粮食。对此，勤务员小曹和饲养员老肖多次向她提意见，但她总是为别人着想。

过草地时，蔡畅和勤务员小曹和饲养员老肖同甘共苦，互相照顾，夜晚时，三人总是躲在一块雨布底下，背靠背坐在一条毛毯上。路上，他们随手捡点干草、树枝或牛粪放在骡子背上，宿营时燃起一堆篝火，为大家热饭、烧开水。勤务员小曹因饥饿和疲劳，行军中总是打瞌睡，几次险些陷入泥潭。蔡畅反而随时照顾小曹，提醒他不要睡觉，当心摔跤和陷进沼泽里，她给小曹讲笑话、唱歌，小曹走不动时，还把他扶到骡子背上。突破天险腊子口后，小曹生病了，浑身无力，走不动路，渐渐地掉了队。蔡畅让饲养员牵着骡子掉头接应小曹，小曹骑了两天骡子，才赶上队伍。在部队休整时，小曹帮喂骡子时，给骡子敬个军礼，感谢沾了骡子的光！老肖嘲笑说："你磕头找不着寺庙，烧香也认不

准菩萨。你的这条小命，是蔡大姐一路拾回来的，你应当好好感谢蔡大姐！"

蔡畅是带着胃病参加长征的，长征前夕，她就患有胃病，时常吐酸水，胃痛难忍。一路上她尽量少吃，防止过饱。她的干粮袋子里面，时常备有干馍片，胃痛时嚼上几口。过草地时，每个人的口粮分配有限量。蔡畅的干馍片早光了，粮袋里只有点青稞麦粒和炒面。她把节余的口粮送给其他同志。一次，她看见危秀英粮袋子鼓鼓囊囊的，顺手捏了一下，知道里面全是野菜，她便匀出一袋青稞麦粒，帮危秀英渡过了难关。

五　妇女解放的先驱

蔡畅是我国妇女运动的旗手，毕生致力于妇女解放及无产阶级革命事业。她把劳动妇女运动，看作是整个无产阶级运动的一部分。她反对片面的妇女解放，倡导妇女参加生产劳动。

宋庆龄与邓颖超、蔡畅（左一）合影。

　　早在第二次国内革命战争时期，蔡畅在担任中共江西省委常委、组织部部长及妇女部部长时，看到江西革命根据地的青壮年男子大都参加红军上了前线，后方的农业生产等主要依靠妇女来承担，但当地有一种迷信说法："妇女犁田耙地，要遭雷公打的。"妇女不敢下地劳动。蔡畅为教育群众，发展农业生产，召开各县妇女干部大会，讲解雷电现象是怎样发生的，鼓励妇女破除迷信。为了让妇女们口服心服，她脱掉鞋袜，卷起裤子，向老农请教犁田耙地，很快学会了犁田。蔡畅召集妇女，当场示范。她还办起妇女训练班，讲解妇女掌握生产技术的必要性、重要性，说明妇女参加生产，为前线提供给养，就是支援前线打胜仗。妇女们懂得了道理和科学，开始学习犁耙技术，江西苏区农村掀起了妇女学犁田耙田的热潮。因适时播种插秧，当年农业生产获得了丰收。后来，在抗战时期和解放战争时期，乃至在新中国成立后，蔡畅都率先示范，积极发动妇女群众参加生产、建设。

　　推动妇女解放事业，蔡畅大胆培养和提拔女干部。大革命时期，蔡畅分别在广东、江西、武汉工作，她对身边工作的女同志注重培养，从思想上、文化上、工作能力上帮助她们，使她们增长才干。1932年到1933年，蔡畅在博生县开办了两期妇女训练班，培训附近各县的乡村女干部，共招收200人，通过学习文化、政治、军事等知识，很多妇女走上县、乡领导岗位。

　　抗日战争时期，干部的选拔和任用尤为重要。有了大量优秀干部，才能更好地发动群众，实现全民抗战。郭明秋、吕瑛、罗琼等人，都是曾和蔡畅一起工作的战友，也是她一手培养出来的优秀女干部。蔡畅的言传身教，对她们的人生和革命事业有很大影响。

　　1947年至1949年，蔡畅曾任中共中央东北局委员、东北局妇女运动委员会书记。她发现东北妇女中蕴藏着一种潜力，发挥出来便会成为改造农村、振兴祖国的巨大力量。女作家草明刚到哈

尔滨时，一时没有固定的任务，蔡畅请她到东北局妇委去帮忙，两人一起下乡，一起研究工作，让草明学写通知、文件。草明曾说："蔡大姐有一个突出的特点，就是像古代的伯乐识骏马一样，能够敏锐地识别贤能的妇女。"

1949年8月，全国妇联成立"新中国妇女职业学校"，共招收了300多名学员。在蔡畅等领导关怀下，学校为国家培养了一批批的妇女干部，为推动全国妇女运动的发展做出了贡献。新中国成立后，全国妇联开创初期，蔡畅主动把一批优秀妇女干部输送出去，担任一些部门的重要领导职务。帅孟奇、张琴秋、区梦觉、刘亚雄等，先后被分配到中央组织部、纺织部、交通部、中南局等单位，担负了重要领导职务。人们评价说：蔡畅爱才不贪才。

六　金子般的慈母心

蔡畅有一颗金子般的慈母心，她对孩子有一种特殊的慈爱感情。她用那博大的母爱关心、爱护着孩子，爱护着祖国的未来。

在革命战争年代，为了争取孩子们的生存，使孩子健康发展，蔡畅付出了很多辛劳。她珍视孩子的可塑性，循循善诱、苦口婆心，启发引导孩子成才。孩子们亲切地喊她"蔡妈妈"。她在中央苏区工作时，为了调动妇女参加生产的积极性，解除她们的后顾之忧，她借鉴苏联的经验，发动群众组织"带孩子组""托儿组"，解决了孩子的拖累问题，很多妇女得以参加生产劳动和革命工作，孩子得以健康成长。长征时，蔡畅尽力照顾路上生了孩子的女同志，把自己仅有的奶粉、青稞送给产妇和孩子。

延安时期，蔡畅主持创办了第一所保育院，招收抗战干部子女和烈士子女，使他们受到良好的教育和抚养。每到周末，蔡畅把一些孩子接到家中，给孩子们准备好糖果，把夫妻俩的小灶饭菜让给孩子们吃。孩子们感到了家的温暖和亲人的关怀，感到了伟大的母爱。她和孩子散步、谈心，给他们讲故事，关心孩子们的生活和教育等方面问题。这些孩子之中有刘伯坚烈士的儿子刘虎生、有著名的武夷山"游击队之子"黄义先、项英的女儿项淑云和儿子阿毛……蔡畅像对自己孩子一样关心照顾他们，很多孩子后来都成为国家的栋梁之才。

1949年蔡畅和小外孙在一起。

1938年，中央决定派蔡畅去苏联，到共产国际党校学习，同时治病。当时，一些烈士和干部子女也在莫斯科的共产国际儿童保幼院学习，其中包括蔡畅15岁的女儿特特在内。蔡畅在莫斯科学习期间，每周日都要赶到国际儿童保幼院，看望那里的中国孩子，给他们带去糖果。她对那些烈士子女更是关心和爱护，讲他们父母对敌斗争的事迹，希望孩子们继承先烈的遗志。孩子们盼望着周日，盼望"蔡妈妈"的到来。

蔡畅在东北工作期间，赶上哈尔滨封闭妓院。一些烟花女经过教育回家了。但剩下10多个朝鲜女孩无家可归，她们在很小的时候被拐卖到妓院里。这些女孩大多数只有十二三岁，不知家在哪儿，不知谁是自己的父母。她们在妓院干的是最苦最脏最累的活，挨打受骂，个个骨瘦如柴，遍体鳞伤。如何安置她们成了难题。这些女孩的命运牵动了蔡畅的慈母之心，她召集东北局女干部开会，研究如何解决这个问题。蔡畅在会上深情地说：

"鲁迅先生早在1918年就发出了救救孩子的呼声，我们革命女战士更应该肩负这个使命。今天哈尔滨市有一批朝鲜孤儿，

我们怎样救济她们？孩子无论是哪一国、哪一个民族、哪一种肤色，他们都是社会的未来、人类的希望，我们都有责任把她们抚养成革命后代，让我们以母亲的心田收养她们吧！"

蔡畅提出领养这些女孩子，自己也领养一个。结果，东北局的女干部分头把这些女孩子领走了，一个也没有给蔡畅留下。这些孩子有了自己的家。

蔡畅慈母般的关爱像一盏明灯，照亮孩子们的心灵，照亮孩子们的人生道路……

她成为几代孩子心中永远的"蔡妈妈"。

邓颖超

中国妇女运动的先驱

邓颖超（1904—1992），原名邓文淑，祖籍河南光山，1904年2月4日出生于南宁，童年和少年时期随母亲辗转南北各地谋生。1919年投身五四运动，与周恩来等在天津组织觉悟社，1925年加入中国共产党，组织天津各界爱国人士，支援上海的"五卅"斗争。同年8月与周恩来在广州结婚。1934年10月，邓颖超带病参加长征，战胜病魔和各种艰难险阻，胜利到达陕北。抗战时期做了大量妇女解放和救助难童的工作。新中国成立后历任全国妇联副主席、全国人大常委会副委员长、全国政协主席等职。邓颖超是党和国家的卓越领导人，中国妇女运动的先驱，20世纪中国妇女的杰出代表。

一　思想解放新女性，投身"五四"洪流中

邓颖超的父亲有严重的重男轻女思想，她出生后父亲坚决要把她送人，母亲杨振德以死力争，拿出菜刀，对丈夫说："你要把女儿送人，你就先把我杀掉！"父亲没想到妻子这么坚决舍不得孩子，只好作罢，从此不再提此事。

当时，邓颖超的父亲在广西当镇台，掌一镇之军政，因为得罪了上司，获刑3年，被发配到新疆。母亲变卖家中的财物，换了些钱交给父亲，以备需要。就在父亲3年刑满的时候，突然暴病而亡。为了生计，母亲带着邓颖超从南宁来到广东，开始了颠沛流离的生活。母亲把女儿看成掌上明珠，历尽千辛万苦，决心要把女儿培养成人。

母亲有点文化，识文断字，还有一些中医方面的知识。母亲带着邓颖超颠簸于各个城市，从广东去上海，从上海又到天津。每到一地，母亲以行医为生，有时还做其他可以挣钱的活儿。在天津时，六七岁的邓颖超被放在育婴堂里。母亲一边给编织厂编织毛巾，一边到一个戒烟所里当职员。这样拼命，一个月挣30元工钱。当然，为了在一个城市落住脚，还要花钱打点当地的地痞流氓，母女俩的生存非常艰难。

1913年初，邓颖超随母亲来到北平，母亲到了社会党领导人陈翼龙创办的北京平民学校教书。平民学校不收学费，任教也没有工资，只解决了母女俩住的问题。邓颖超在这里读三年级。平民学校开明进步，老师讲解的都是世界大同一类的问题，邓颖超在这里受到革命的启蒙。半年后，陈翼龙惨遭袁世凯的杀害，学校被迫关闭。这件事对邓颖超触动很大。

母女俩又回到天津。为了供女儿读书，母亲开始做家庭教师，她每周要轮流到四户人家授课辅导，奔波于各家之间，但所得收入却很少。每到放暑假的时候，母亲就让邓颖超学点技术，边读书边干点活，母亲花30块钱给她买了一个织毛巾机器，她温习完功课就织毛巾，赚点学费和书本费。母亲教育她要自食其力。

13岁时，邓颖超进入天津的直隶第一女子师范学校初级班学习。这时她开始考虑家里的经济状况，考虑自己今后的人生出路了。她懂得了女孩要独立生活和获得自由，就必须自食其力。在学校里，性格开朗的邓颖超，擅长辩论，成为女师中一名活跃分子。她和同学郭隆真、张若名等组织女师学生乐群会，举办各种活动，阅读进步书报，讨论时局，讨论男女平等和民主自由等社会问题。同时，她刻苦学习地理、历史等文化课程。

1919年的五四运动，激发了一大批热血青年的爱国热情，满怀爱国报国理想的学生成为革命与运动的先锋队。邓颖超积极投身革命，她联合刘清扬、郭隆真、张若名等志同道合的学生，发起组织了天津女界爱国同志会，并担任女界爱国同志会的讲演队长和学生联合会的讲演部长。随着运动的发展，妇女解放运动出现高潮。邓颖超成为妇女解放运动的倡导人。当时，"男女平等""恋爱自由""婚姻自由""大学开女禁"等成为社会议论的话题。

邓颖超带领讲演队到各处讲演，每次听众很多，讲演者慷慨激昂，呼吁拯救国难，救民族于水火之中，听众深受感动。演讲团还深入家庭，到偏僻的地区和贫民家中，挨家宣传救国。有的人家热情接待这些热血青年；有的则表现冷淡，拒之千里。但她们不灰心，有时冒着大雨仍然到处宣传。

天津学生还进行文字宣传，天津学生联合会出版了周恩来主编的《学生联合会报》，三日一期，每期销到两万份以上。女界爱国同志会出版了周刊，报道国内外的时事消息、各地的学生爱国运动情况，还有社论、政论文章及文艺作品等，鼓舞群众反压迫的斗争。

1919年双十节，天津各界救国联合会在南开举行市民大会。而邓颖超所在的女师在前一日就阻止学生参加大会，校方扬言将以武力解散。以邓颖超为首的爱国学生毫不动摇，加紧进行准备。她们把做大小旗帜的芦苇秆儿换成了长长的竹竿。10日集会时果然被警察包围。为了突破重围，邓颖超等掀掉警察的帽子，趁他们弯腰拾帽时往前冲。同时，周恩来坐在汽车里散发传单。他们冲破封锁，形成万余人的铁流，直至警察厅，找警察厅长杨以德质问，杨避而不见。青年学生要求爱国和集会自由，要求惩

办警察厅长。示威持续到次日黎明，大家风餐露宿，斗志高昂。最后调解者出面，学生才解散回校。这次斗争中邓颖超的勇敢表现，赢得了周恩来的高度赞赏，夸她干得好，不愧是一个巾帼英豪！

从师范学校毕业后，邓颖超在北平师大附小任教，成为在这所学校任教的首位女教师。由于是主要教师，她的任务很重，从早上7点忙到晚上6点，为了挣更多的钱解决家庭经济问题，同时积攒供自己继续上学的费用，她夜间还到一所会计学校学习。后来由于身体状况不好，她放弃了教学工作，但还是从一所商业学校毕了业，回到了天津。这时，她便和共产党的一些朋友开始在天津开展女权运动，为了争取经济、政治和社会地位平等而斗争。

二 革命激情火热心，共同目标紧相连

1919年五四运动爆发后，留学日本的周恩来，毅然回国，担任《天津学生联合会报》主编。不久，他又被天津学生报社联合会推选为主持人。随着爱国运动的深入，为了加强斗争的力量，天津女界爱国同志会和天津学生联合会决定合并。

1919年9月16日下午，在天津草厂庵学生联合会办公室里，两个青年学生组织的领导骨干举行了会议，成立了觉悟社，它成为天津学生爱国运动的核心组织。周恩来、邓颖超及马骏、谌志笃、郭隆真、刘清扬等20人参加会议。周恩来被推举为会议的主持人。大家讨论了团体的宗旨和任务，决定办《觉悟》刊物。由周恩来执笔的《〈觉悟〉宣言》，高举起了"革心""革新"两面旗帜，"革心"就是对主观世界的改造，"革新"就是对客观世界的改造。刊物以"自觉"和"自决"为主旨，体现了中国先进青年彻底反帝、反封建的革命要求，也体现了革命青年努力提高觉悟的进取精神。

　　觉悟社的社员最初只有20人，为体现男女平等，男女社员各10人。觉悟社不设会长等职衔，实行委员制。为安全起见，社员的姓名不对外公开，用抽签的办法，以号码的谐音取个别名，作为通信代号或发表文章的笔名。邓颖超抽的是1号，取别名"逸豪"，周恩来抽的是5号，则称"伍豪"。社员经常召开讨论会，研究世界新思潮，分析反帝反封建的斗争形势、任务和策略。

　　1919年12月10日，天津男女学生共同组织成立了天津中等以上学校学生联合会（即新学联），新学联号召抵制日货，抗议日本暴徒的暴行。1920年1月23日，天津学联调查员在一个货庄检查日货时，遭到日本浪人毒打，激起公愤。各界代表向直隶省公署请愿，当局非但不惩办奸商和凶手，反而毒打学生，悍然逮捕了马千里、马骏等20名各界代表。随后查封了天津学联和各界联合会会所，派出大批军警、特务搜捕爱国运动的领导人。周恩来、邓颖超等觉悟社的骨干分子转移到法租界。1月26日至28日，周恩来主持召开觉悟社秘密会议，决定举行大规模的游行示威，由周恩来、郭隆真出面领导。1月29日下午，周恩来、郭隆真等率领数千名学生赴直隶省公署请愿。示威群众推举总指挥周恩来和于方舟、郭隆真、张若名为代表，进公署见省长曹锐，曹锐拒绝接见，还悍然逮捕了周恩来等24名代表。

　　周恩来等24人被捕入狱后，分别关在鸟笼似的棚子里。敌人为消磨他们的斗志，拖着不审，关着不放，限制彼此往来。周恩来在狱中设法联系战友，统一口径，进行坚决的斗争。4月1日，周恩来与难友商定，限警厅三日内开庭公审，否则，三天后集体绝食。消息传到社会上，引起了广大群众的愤怒。

　　设法营救被捕代表的邓颖超闻讯后，立即发动同学自愿签名组织24人，备好公文，背着行李，来到警察厅。邓颖超义正词严地对警察厅厅长杨以德说："警厅非法捕人，长期监禁，既不宣布罪状，又不送到法院审判，我们提出强烈抗议。""我们的代

表因为爱国，被你们抓起来了。代表是我们大家推选出来的，不能只让他们在监狱里受苦，我们要求入狱来替换他们。快把他们放了，把我们关起来吧！"

杨以德没见过自请入狱这种事情，他也怕把事情闹大，答应向省长转达开庭审讯的要求。4月7日，被捕代表（其中有病和未成年的三人已提前释放）移交到天津地方检察厅看守所，放松对被捕代表的管制。

邓颖超等继续开展营救活动，广造舆论，向当局施压，同时请著名律师刘崇佑为被捕代表进行辩护。7月6日至8日，天津地方审判厅公开审理周恩来等人所谓的"妨碍安全及骚扰案"。周恩来等列举一系列事实，深刻揭露反动当局迫害爱国群众的罪恶行径，严正声明：爱国无罪，救国有理。辩护律师刘崇佑也据理力争，反驳当局强加给爱国群众的罪名不能成立。在天津各界爱国力量的全力救援和全国人民的愤怒声讨下，经过法院审讯手续，反动当局被迫于7月17日将马千里、周恩来、马骏，郭隆真等代表全部释放出狱。

天津各界代表百余人在审判厅欢迎被释代表，并以天津市民的名义，为被释代表戴上了铸有"为国牺牲"字样的银质纪念章和红绸花。邓颖超非常激动，满含热泪，与众人簇拥着周恩来等21位代表走出审判厅，在厅前合影留念。

在五四运动的激流中，周恩来是一名勇士，是先进青年中杰出的领导人物。邓颖超则是青年中的优秀代表。共同的战斗洗礼，使他们成为志同道合的战友。邓颖超在革命运动中表现出的热情、勇敢和坚强，在生活中表现出淳朴、端庄、待人以诚，都给年轻的周恩来留下深刻印象。而周恩来的智慧、坚定和大无畏精神，也深深地感染着邓颖超。两颗充满革命激情的心，因反帝反封建的共同目标而紧紧连在一起。

三　患难与共战友谊，鸿雁传书伴侣情

1920年11月7日，法国邮船"波尔多斯"号从上海启航。周恩来、郭隆真、李福景等197名赴法勤工俭学的学生踏上征程，他们要到巴黎公社的故乡，探求救国救民的真理，探索中国革命的道路。

留在国内的邓颖超和觉悟社的其他社友，结束了学校生活，开始走向社会。邓颖超受聘到天津达仁女校任教。

他们虽然相隔万里，但从未间断书信联系。1921年夏，周恩来在为天津《益世报》撰写旅欧通讯时，多次给邓颖超写信，托马千里转交。马千里是位粗心人，十几封信竟积压在他的抽屉里。后来周恩来另投别处，才与邓颖超联系上。此后凭着鸿雁传书，他们互通信息，交流思想，友情日渐加深。

邓颖超把她们组织"女权运动同盟"直隶支部，成立"女星社"、出版《女星》旬刊，创办《妇女日报》等消息，写信告诉国外的社友。

1922年6月，赵世炎、周恩来、李维汉等在巴黎成立旅欧中国少年共产党（1923年2月定名为旅欧中国共产主义青年团），出版机关刊物《少年》。周恩来把他和蔡和森、赵世炎等在法国的情况写信告诉邓颖超和觉悟社成员，把他们出版的刊物《少年》《赤光》寄给邓颖超等国内社友。周恩来撰写的那些学习马克思主义著作的体会，对工人运动中各种错误思想的批判，对国内政治经济等问题的分析等一系列文章，使国内社友很受启发。

1922年底，周恩来曾趁李维汉回国之便，给在天津教书的邓颖超带去了一封情真意切的信："我已决定献身革命，希望选择像你这样一个能够一辈子从事革命，经受得了革命的艰难险阻和惊涛骇浪的姑娘，作为我的终身伴侣。"

青年时代的周恩来与邓颖超。

1923年，周恩来从法国给邓颖超寄来一张明信片，上面印有李卜克内西和卢森堡画像，周恩来写道："希望我们两个人将来，也像他们两个人一样，一同上断头台。"

邓颖超对恋爱婚姻问题也进行了思考，1923年5月，她在《女星》旬刊上发表了一篇文章，其中有这样一段话：

"两性的恋爱，本来是光明正大的事，并不是污浊神秘的。但它的来源，须得要基础于纯洁的友爱，美的感情的渐馥渐浓，个性的接近，相互的了解，思想的融合，人生观的一致。此外，更需两性间觅得共同的'学'与'业'来维系着有移动性的爱情，以期永久。这种真纯善美的恋爱，是人生之花，是精神的高尚产品，对于社会，对于人类将来，是有良好影响的。"

在频繁的书信往来交流中，共同的革命理想和几年来的患难与共的战友情谊，使周恩来和邓颖超把爱情关系确定下来。

1924年，在国共合作的条件下，国内革命运动蓬勃发展，急需大批干部。根据中共中央指示，周恩来奉调回国。7月20日，旅欧中国共产主义青年团执委会委任即将奉命回国的周恩来、刘伯庄为代表，向国内团中央报告工作，并代表旅欧团组织参加团中央的各种会议。7月下旬，周恩来与刘伯庄等人从法国乘船回国。周恩来带来了旅欧共青团执委会对他的评语：为人"诚恳温和，活动能力富足，说话动听，作文敏捷，对主义有深刻的研究，故能完全无产阶级化。英文较好，法文、德文亦可以看书看报。本区成立的发启（起）人，他是其中的一个。曾任本区三届执行委员，热心耐苦，成绩卓著"。

9月，周恩来到达广州，10月任中共广东区委员长兼区委宣传部部长。11月就任黄埔军校的政治部主任。1925年1月准备东征后，他在中共广东区委内改任常委兼军事部长；后担任东征军总政治部主任兼国民革命军第一军政治部主任、副党代表等职。

当时，邓颖超仍在天津工作。她是天津最早的共青团员之一，1925年3月由中国共产主义青年团团员转为中国共产党党员，任中共天津地委妇女部部长。她曾组织天津女界国民会议促成会，积极参与国民会议解决国是运动，作为天津代表出席国民会议促成会全国代表大会，并被选为执行委员。在"五卅"运动中，邓颖超发起组织了天津妇女联合会、天津各界救国联合会，并当选为天津各界救国联合会主席团委员，组织各界爱国人士，支援上海的"五卅"斗争。

周恩来与邓颖超虽已确定恋爱关系，但周恩来归国后将近一年，两人却没见上一面。1925年1月，高君宇在上海参加了中共的四大返回北京的途中，受周恩来的委托，转道天津去看望邓颖超，并带去一封信。高君宇成了邓颖超和周恩来的"红娘"。

1925年夏，邓颖超奉调广东，任中共广东区委委员兼妇女部部长、国民党省党部妇女部秘书等职。当时，何香凝任国民党中央妇女部部长，邓颖超与她真诚合作，发动组织广大妇女，投身国民革命斗争。同年8月8日，她和周恩来在广州结婚，结成终身革命伴侣。是年，周恩来27岁，邓颖超21岁。他俩结婚没有正式

登记，没有结婚仪式，只是当着许多朋友的面，宣布婚姻誓言：互爱、互敬、互助、互勉、互商、互谅、互信、互识。

四　革命意志坚如钢，跟着走完长征路

1927年，蒋介石叛变革命，疯狂屠杀共产党人和革命志士，革命转入低潮。邓颖超机智勇敢地摆脱敌人的追捕，继续进行革命斗争。同年5月，她根据组织的决定，从广州奔赴上海，同年冬，任中共中央妇委书记。1928年5月，赴莫斯科列席中共六大，10月返回上海，任中共中央直属支部书记，从事党的秘密工作。1932年5月，赴江西中央苏区，历任中共中央局秘书长、中央政治局秘书、中华苏维埃共和国中央执行委员、中央机关总支书记等职。1934年10月，带病参加长征。

1934年10月，中国工农红军开始了中国历史上二万五千里长征的壮举。

这时的邓颖超身患肺病，发着低烧，痰中带血，浑身无力，只能躺在担架上，由战士抬着行军。红一方面军参加长征的女干部中，只有蔡畅、邓颖超、康克清、廖似光、贺子珍、李伯钊等30位同志。长征途中，为了照顾老弱病残孕的干部，组成了一个干部休养连，年过半百的董必武、徐特立和谢觉哉，患病的邓颖超，怀孕的贺子珍、廖似光都编在休养连里。连长侯政是位青年干部，指导员李坚真是位女干部，党总支书记是董必武。后来，为了加强休养连党的组织领导，经总政治部代主任李富春批准，邓颖超任休养连党总支委员，并担任妇女班班长。妇女班共有24人，其中有李坚真、贺子珍、金维英、李伯钊、邓六金、钟月林等同志。妇女班的任务一是宣传共产党的政策，扩大红军；二是进行社会调查，访贫问苦；三是照顾和管理民夫队伍。身患重病的邓颖超勇敢地当了"班长"。

队伍从江西出发，路途艰难可想而知，时而跋涉在崇山峻岭

1936年，周恩来与邓颖超在陕北。

中，时而在大雨滂沱时穿行，时而在泥泞滑溜的小路上行进。几十万国民党军队的围追堵截，敌机在头上狂轰滥炸，队伍只得在夜间行军。

一天晚上，邓颖超的担架掉队了。队伍走远了，远处不时传来枪声，邓颖超和两个担架员和一个警卫员在黑夜中摸索前进。

警卫员和担架员为邓颖超的安全担心，有些惊慌了。邓颖超镇定地对他们说："沉住气，别惊慌，队伍走得不远，咱们能赶得上，无论如何要坚决追上咱们的队伍。"

担架员和警卫员顿时鼓足了勇气，不觉加快了脚步，他们终于赶到宿营地。董必武手提小马灯，正在村口等候他们。见到她们平安到达，董老悬着的心落地了。

1935年1月，红军攻克遵义，在这里举行了政治局扩大会议。会议初步清算了"左"倾军事路线的错误，红军指挥权转移

到毛泽东、周恩来手中。邓颖超非常高兴，她也与周恩来有了短暂的几天相聚。

在红军攻克遵义欢庆胜利的大会上，邓颖超前去讲演。她的讲话使很多国民党军俘虏深感震动，被俘士兵纷纷站出来揭露国民党等的罪恶，当场要求参加红军。

在娄山关战役中红军五师十二团政委钟赤兵受了重伤，必须截肢才能保住生命。他怕被留下寄养在百姓家中，坚决不肯截肢。战士们把他从娄山关抬到遵义城。抵遵义时，他的伤势已严重到危及生命。医生认为，左下肢粉碎性骨折，又大出血，如不截肢，伤势恶化，后果不堪设想。邓颖超及时赶来，传达了毛泽东、周恩来的意见：手术要做，不寄养，保证把他抬到目的地，保留他的警卫员和马夫。邓颖超语重心长地说："老钟呀，你怎么想不开呢？丢了一条腿，保留下宝贵的生命才能革命到底呀。你放心吧，截肢后你留在休养连，咱们一定可以胜利到达目的地！"钟赤兵终于同意手术了。他强忍着做完不打麻药的截肢手术，被抬上担架，和邓颖超一起随军出发。

1935年3月的一个黄昏，干部休养连正通过贵州盘县的五里牌，就要到山顶了，休养连经过一天的跋涉，人困马乏。连长侯政命令大家就地休息。忽然，一阵嗡嗡声从山背后传来。邓颖超抬头一看，发现一架敌机已从山缝里钻出来，擦着树梢飞行。邓颖超一面大喊：同志们！快隐蔽！一面赶紧伏在树林里。休养员们赶紧戴上伪装的树枝圈，隐蔽在路坎下、梯田沟里。但为时已晚，敌机机枪朝休养员猛烈扫射，随后又扔了三颗炸弹！

这次遭袭，休养连损失惨重，10多位同志伤亡！邓颖超、董必武等忙着协助医生抢救包扎伤员，指挥战士掩埋好烈士遗体。钟赤兵这次没受伤，但他的警卫员和一名担架员牺牲了。邓颖超走到他跟前，安慰他别着急，并把自己的一名担架员让给他。钟赤兵非常感动……

马匹被炸死不少，一些雇来的担架员吓跑了。休养员们拖着沉重的双脚,艰难地向前挪动。当毛泽东、周恩来听到休养连遭到轰炸,损失严重,连忙派人带着担架和马匹来接他们到宿营地。毛泽东、周恩来赶到休养连看望大家。邓颖超对周恩来说:"这次损失太大了。都怪我麻痹大意,不该同意休息一下啊!"

1935年5月,红军冲破贵州军阀王家烈的阻截,向赤水河挺进。一天,休养连行进到贵州花苗田。这时,中央干部团已走到前面,而后面的军委警卫营没有跟上,休养连与前后都断档了。天刚亮,下着细雨,休养连的队伍又拉得很长。在通过一个山冈时,突然与一个营的敌军相遇。敌人斜插过来,将休养连从中间冲断,前边过去的是轻伤病员,后面的是一些重伤员。枪声一响,没经过战斗的民夫慌了,有的丢掉担架跑掉了。马夫牵着马拼命乱跑,情况十分危急。连长侯政让指导员李坚真带领伤员先走,他来断后。这时,邓颖超从担架上跳下来,大声命令道:"不管谁的警卫员都留下来交连长统一指挥,集中起来阻击敌人!"她先把自己的警卫员交给连长指挥。于是,30多名首长的警卫员都集合到连长侯政面前,在他的指挥下,顽强地阻击敌人。邓颖超和李坚真组织伤病员,向大山沟转移,安全脱离战场。战斗持续了半个小时,休养连有些顶不住了。在这千钧一发之际,军委警卫营闻讯赶来,以密集的火力压住敌人,休养连才安全脱险。事后,董必武、徐特立和谢觉哉等谈起这次经历,都称赞邓颖超危急时刻顾全大局。

长征途中的艰险还有很多很多……

邓颖超以顽强的意志和革命乐观主义精神,战胜了长征路上种种艰难险阻,战胜了缠身的病魔,1935年10月,随红军胜利到达陕北。中央红军30位女战士,奇迹般全部安全到达陕北。后来,邓颖超曾谦虚地说:"我虽然是长征过来的,可是不能算长征的红军女战士。"她认为自己属于休养连的休养员,她是靠党、靠红军、靠同志、靠集体"跟"过来的。其实,她是名副其实的红军女英雄!

五　维护妇女权益，推动全民抗战

邓颖超是中国妇女解放的先驱。抗战时期，她以中共南方局妇委领导人和国民参政会参政员的合法身份，积极为国统区妇女争取合法权益与自身解放而奔波。

邓颖超积极开展劳动妇女文化普及工作。她认为，要使广大妇女摆脱愚昧和落后，首先要对妇女进行文化和教育的启蒙。她积极主张政府和社会，重视妇女的文化扫盲教育。一是在妇女大众中开办识字班，向妇女灌输政治文化知识，启发其提高觉悟。二是设立妇女夜校、妇女业余学校。在识字班的基础上，普及一些战时常识、生产技术和文化卫生知识，以提高妇女的觉悟，动员妇女参加抗日救亡工作。她这些意见和主张，被新运妇指会所采纳。中共南方局妇委要求各级政府、妇女组织和驻军，支持帮助她们开办妇女夜校和识字班，组织妇女儿童参加学习；邓颖超还经常到城镇和农村了解妇女学习文化情况，帮助她们解决困难和问题。

邓颖超积极为妇女争取平等就业权。抗战开始后，妇女就业人数相对增加，她们的经济地位有所提高。但传统重男轻女思想依然根深蒂固地存在。特别是抗战进入相持阶段以后，后方许多男职工失业，一些人认为女职工抢了他们的饭碗，要求裁减女职工。1940年，国统区掀起了抵制女职工的狂潮，国民政府交通部、邮政局都做出限制女工的规定，许多工厂、商店等也拒绝使用女职员。一批迂腐文人撰文，声称女子的首要任务是做"贤妻良母"，主张女职工回到家里去。邓颖超对歧视妇女的错误思想和行为作坚决的斗争。针对"妇女回家"论，她利用一切机会，予以驳斥。她发表文章批驳"妇女回家"论。她指出"妇女回家"论是从历史"唯心主义出发"，"脱离了现实的民族空前危难，脱离了中国人民疾苦的生活"，它"抹杀了妇女思想上的解放，抹杀了妇女开始冲破封建的锁链，很英勇地走上反帝的民族解放斗争"。

作为女参政员，邓颖超利用自己的合法地位，积极领导国统区妇女进行争取工作权的斗争。她明确提出要"对压迫女性的思想，对取消妇女职业的谬论，对束缚妇女的设施，对奴役妇女的企图以及对妇女的片面责难等等进行斗争。"她联合其他女参政员，向参政会提出《不得禁用女职员》的提案，请政府明令各机关不得借故禁用、解雇女职员。这一提案获得通过，并得到一定程度的实施。交通部取消了限制录用女职员的规定，国防最高委员会也将歧视女职员的条款删去。

邓颖超积极争取改善妇女生存福利条件。抗战时期，妇女积极参加生产，为打败日寇做出了贡献，妇女工作权利得到社会一定程度的承认。但是，妇女生存福利条件却被社会普遍忽视。在城市，许多女性因结婚、生育而失业，即使不失业，她们的生育也得不到社会的补偿。在农村，普遍存在对女性的歧视现象，严重损害了妇女和儿童的身心健康。邓颖超积极为改善妇女的生存福利条件奔走呼号。针对传统封建陋习，她提出：政府应"颁布战时妇女最低限度生活保障法令，保护产妇和婴儿，禁止体罚、打骂妇女；禁止伤害女婴生命，取消一切对妇女的封建束缚和缠足束胸等肉体摧残……在可能的范围内，适当缩短劳动女工的工作时间，增加劳动报酬"。针对城市女工因结婚、生育遭歧视的问题，她提出：产前产后休假两月，工资照发；适当增加工资，不要滥罚工资与借故开除女工；适当缩短工作时间；疾病和经期给假、给工钱、给医药费等等。针对抗日军人家属和遗属的生活困难，她指出，要按照政府优待抗日军人家属条例的规定，帮助她们解决具体实际问题。

邓颖超积极为妇女争取参政权。全面抗战爆发后，动员全中国人民起来抗日，使全国人民取得抗日民主权利有了可能。邓颖超作为女参政员之一，注意团结其他女参政员，通过女参政员们

的影响，带动全国妇女民主运动的开展。她认为，妇女参政是政治民主和社会进步的一种标志。她号召"组织中国妇女大众到民主政治运动中来，以保证运动的健全"和"迅速地向前发展"。尽管参政会不是健全的民意机构，但可通过它对政府工作提出咨询和批评。因此，她提出，要吸收"妇女来参加民主政治运动，参加各级参政会的工作"，主张在各省、县参议会中，妇女必须占参政员人数的5%~10%。在抗日战争时期，邓颖超积极推动妇女抗日救亡运动的开展，她指导改组、扩充"新妇运指会"，使之成为全国妇女抗日救亡统战组织。以她为书记的南方局妇委，具体领导妇女抗日救亡运动。宣传党团结抗日的主张，发动组织广大妇女，推进各界妇女的大团结。她与国统区知名进步妇女建立密切联系，团结争取国统区所有赞成抗日、热心妇女工作的中间人士，推动抗日救亡运动工作的开展；组织开展征募支前运动，解决战时经费；组织反汪精卫签名运动，反对妥协、投降，坚持抗战；举办训练班，培养抗日妇女干部。邓颖超对推动国统区的妇女解放运动和妇女抗日救亡运动做出了很大贡献。

六　呕心沥血救难童，慈母情怀爱少儿

抗战时期，无数家庭被毁，造成大量人员伤亡，许多儿童沦为孤儿。更令人发指的是，日军掳掠难童，施以奴化教育，为他们充当战争炮灰。日军甚至迫使中国儿童给受伤的日军输血，使其成为日军"活的血库"。当时负责中共南方局妇女工作的邓颖超想方设法抢救这些难童。

1938年1月24日，邓颖超和李德全、沈钧儒、郭沫若、蔡元培等召开了有183人参加的发起人会议，会上成立了中国战时儿童保育会筹备委员会。3月10日，在汉口圣罗易女子中学，召开了中国战时儿童保育会成立大会，700多各界知名人士参加。保

育会聘请了286位名誉理事，下设1个处和6个委员会为日常办事机构，邓颖超担任设计委员会委员。在她的努力下，共产党员和进步力量在委员会领导人中占多数。几个月后，广东、江西、安徽、浙江、广西、贵州、湖南、四川、陕甘宁、香港和南洋群岛等地分别成立了保育会分会。4月4日，邓颖超在《新华日报》上发表了题词："保育儿童是伟大的事业，不仅要救济与教育难童，尤其要以坚毅精神，培育儿童，成为建设新中国的主人。"这也是中共对儿童保育工作的方针。

保育会没有固定的经费来源，主要靠国内外社会各界的捐助。邓颖超等带头捐款，并承担了特定儿童的生活费。社会各界人士积极向保育会捐款捐物。美、英等国政府及民间组织、南洋侨胞和香港爱国民主人士的捐助，成为保育会经费的主要来源。

邓颖超为抢救难童工作呕心沥血，她领导"武汉小学教师战地服务团"，在武汉成立了临时保育院，收容了几千名难童。保育委员会主任曹孟君等人带领10多名教师，奔赴郑州、开封、徐州和台儿庄前线，抢救出了几百名难童。当武汉战火迫近时，邓颖超组织抢救出几千名难童，分批送往四川等地。中国战时儿童保育会在各地建立了53个分会，共抢救出3万名难童。后来，保育院中的很多难童成为新中国各方面建设的人才。

新中国成立后，邓颖超担任中国人民保卫儿童全国委员会副主席，她更加关怀少年儿童，把祖国未来的希望寄托在他们身上。1954年9月，在第一届全国人民代表大会审议宪法草案时，邓颖超对宪法第三章有关儿童的条款发表了重要意见。她说，宪法草案上明确规定，儿童受国家的保护。要贯彻这项规定，必须树立爱护儿童的社会道德和良好风尚，提倡尊重儿童，爱护儿童，采取适合于儿童的教育方法……要警惕封建思想残余和资产阶级思想沾染儿童。我们要教育培养儿童成为德、智、体、美、劳全面发展的新人。同时，还必须在国家经济和文化发展的基础上，实事求是地增加保护儿童的各项措施。

邓颖超在红岩托儿所。

　　20世纪60年代初，北京崇文区煤厂一对工人夫妇相继去世，他们的5个孩子成了孤儿，最大的15岁，小的3岁。区政府和社会各界给予他们很大帮助。邓颖超以慈母般的爱心关怀这5个孤儿。1964年8月17日，邓颖超在人民大会堂组织驻华使节的子女和中国儿童的联谊活动，这5个孩子被接到人民大会堂，和驻华使节的孩子一起联欢，一起唱歌、跳舞，互相赠送纪念品。临别时，她嘱咐5个孩子："不要辜负党和人民的期望，努力学习，注意锻炼身体，要使自己成为建设祖国的有用之才，学习和生活中有什么困难可以找我。"她发自肺腑的话语，滋润了5个孤儿的心田，他们真切地感受到了孤儿不孤。

　　1981年5月20日，在首都少年儿童工作者庆祝"六一"国际儿童节报告会上，邓颖超提出要加强对儿童的心理、儿童的疾病的研究，对儿童的教育要讲究科学。1982年5月25日，邓颖超对儿童工作提出四点意见：一是宣传全党全社会都来重视和关心儿童少年健康成长的必要性和重大意义；二是儿童少年工作者要善于学习，不断提高自己的业务水平；三是在党的领导下，学校、家庭、社会三方面既要各尽其责，又要密切合作；四是儿童少年工作者要向全社会宣传儿童少年工作的重大战略意义，宣传正确的教育思想和教育方法。

1984年7月25日，邓颖超代表中共中央在中国少年先锋队队员和辅导员代表会议上致辞。她说，少年儿童是祖国的未来，她希望少年儿童要树立创造的志向；要培养创造的才干；要开展创造性的活动。

1987年儿童节前夕，邓颖超给全国少先队员写了一封信，她要求少年儿童要有着为人民的利益不怕吃亏、不怕牺牲的精神；处处关心集体，培养集体主义思想；热爱人民、尊敬人民、珍惜人民的劳动成果，学习人民的优良品德。1989年儿童节前夕，邓颖超给全国少先队员的信，表达了一位老革命家对未来一代的殷切期望："我历来关心着全中国的孩子，我盼望着你们在党和人民的亲切关怀下，健康地成长为社会主义和共产主义事业的接班人。"1990年儿童节前夕，邓颖超给全国的少年儿童写了一封信，希望孩子们学习英雄少年赖宁。"学习做21世纪的新主人。"同年10月12日，她在中南海接见全国十佳少先队员时说："国家的未来靠你们去创造、去开拓！"这些都充分表达了一个老革命家、老妈妈对全国少年儿童的殷切期望与关爱。

1992年3月，北京第一实验小学建校80周年时，邓颖超写信致贺，这也是她生前的最后一封长信。对这所自己曾经工作过的学校无限怀念，对学校的成绩给予高度赞赏。她特别强调指出："我认为办好一所学校的物质条件固然重要，但不是关键，关键在人，在学校领导班子和一支优秀的教师队伍，这样才能全面贯彻党的教育方针，真正提高教育质量，为社会主义祖国培养出合

格和优秀的人才，为党和社会主义事业培养出坚强可靠的接班人。"

　　儿童是祖国的花朵与未来。邓颖超一生重视和关怀少年儿童工作。她以慈母的情怀，热爱、关心、培养、教育了中国几代少年儿童，对我国的儿童工作做出了重大的历史贡献。

史 良

从律师到国家领导人

　　史良（1900—1985），别名存初，出身于江苏省常州一个知识分子家庭，五四运动时曾任常州市学生会副会长。1923年考入上海法政大学，1931年后开始做律师。她多次营救共产党人和进步人士，是历史上著名的"七君子"之一。抗日战争时期，组织动员妇女参加抗日救亡运动，参与救助难童的工作。1946年较场口事件后，史良代表受害人李公朴、郭沫若、施复亮等人向国民党当局提起诉讼。她是中华人民共和国司法部首任部长。历任民盟中央主席、全国人大常委会副委员长、全国政协副主席等职。

一　主持正义，营救政治犯

　　史良，1915年考入常州女子师范；1919年投身五四运动，曾任常州市学生会副会长；1923年考入上海法政大学，大学期间曾参加五卅运动。1927年，史良从上海法政大学毕业，由于找不到工作，她只得放弃法律专业，到南京国民革命军总政治部政治工作人员养成所工作。在这里，她经历了人生的第一次牢狱之灾。

　　史良的顶头上司叫刘伯龙，是一个飞扬跋扈，善于钻营取

巧的人。史良工作热情，思想进步，痛恨不良权势，看不起上司的为人，有时当面顶撞他，他感到没面子。开始刘伯龙顾忌史良的才能，不敢对她怎么样。当他看到蒋介石准备叛变革命，伺机向共产党和革命者举起屠刀的时候，借机以思想问题的罪名把史良投入监狱。这是史良的第一次牢狱之灾。两个月后，因证据不足，经蔡元培保释出狱。这次事件，让她看到了旧社会的黑暗和国民党反动官僚的丑恶，感到了生活的艰辛和斗争的艰苦，她出狱后，从天真的梦中惊醒了。

1931年后，她开始做律师，在法政大学老师董康所设立的事务所工作。在此后近20年的律师生涯中，她看到了旧社会黑暗势力的猖獗，看清了国民党政府法西斯统治的真面目，同时，也被很多革命者为了正义事业宁死不屈、英勇无畏的斗争精神所感染。后来，她成为上海律师公会的执行委员，加入了"革命人道互济总会"，这是中共在上海的外围组织，她任该会的律师，办理过营救中共地下党员邓中夏、任白戈、方知达等多起案件。

1933年5月初的一天清晨，一个陌生的年轻人敲开了史良的家门，说是来自法租界巡捕房，他交给史良一封用草纸折成的信，信里包着两块银圆。信中说，他名叫施义，因冤枉被捕入狱，现关押在法租界巡捕房，请史良律师速来法租界巡捕房见面，并请她将两块银圆交给送信的人。

史良把两块银圆交给送信的人后，马上赶到嵩山路法租界巡捕房去见施义。她找到了施义，见他面目清癯、彬彬有礼。施义真诚地对她说，自己担负着重要工作，不幸在法租界被捕，请史良设法营救他。施义并没有说出自己的身份，但对史良十分信任，诚恳相托。史良意识到，当时上海有不少中共地下党员在租界活动，她便有了自己的判断。她问道："你有什么证据落在他们手里？"施义回答说："没有，只是因为走错了房门才被捕的。"史良说："我接受你的委托，做你的辩护律师，但是你在法庭传讯时什么也不要承认，希望你一定要做到。"

史良深感此案的重大，担心自己经验不足而有负施义的重托。从法巡捕房出来，便直接找老师董康商量。董康认为，施义的事情发生在法租界，外国人办案比较注重证据，当事人既然没落下把柄，即使有重大嫌疑，也必须将嫌疑人释放。他提出，此案要在租界内审理，出了租界，事情会比较麻烦。史良听了老师的分析，豁然开朗，此案只要在租界内审理，就有成功的把握。

从董康那儿出来，史良直奔江苏省高等法院第三分院，找到法租界巡捕房的律师顾守熙，对他说，施义是冤枉的，毫无证据，无论如何不能引渡到华界去，否则，按当局"宁可错杀三千，也不漏网一个"的做法，施义就要被彻底冤枉了。她请顾守熙多加关照，顾守熙爽快地答应了。

当天，施义案就开庭了，史良出庭辩护。施义在法庭上从容镇静，没有承认任何问题，只说是走错了房门才被捕的，自己是冤枉的。而上海市公安局派来的人却说，此案与另一个案件有关系，那个案件发生在华界，要求将施义的案件引渡到华界去审理。史良反驳说，施义案发生在租界，公安局没有法院出拘票就捕人，是不符合法律程序的，而请求引渡更无法律规定。法庭的3名法官宣布退庭评议。评议后重新开庭，宣布了施义不准引渡的判决，只判施义52天徒刑，并可以交保释放。这个判决对于施义和史良而言，都是一个很大的胜利。

但没想到，几天后，蒋介石亲自下了手谕，强迫法租界巡捕房把施义引渡到南京去了。9月23日，蒋介石下令杀害施义，他倒在雨花台下，年仅39岁。临刑前，他高呼"打倒国民党""中国共产党万岁"等口号，大义凛然，视死如归，充分表现了一个共产党人的崇高气节。

后来，史良从宋庆龄那里得知，施义就是中共中央委员邓中夏同志，一位中国共产党早期的卓越领导人。此事更增加了史良对国民党反动派的痛恨，激励她勇敢地去为共产党人和进步人士做辩护律师。

除邓中夏案外，史良先后为共产党人和进步人士辩护的案件有：任白戈案、熊氏兄弟案、陈卓坤案、艾芜案、吴仲超案等等。为了便于及时和地下党保持联系，地下党的方忠同志就在她的律师事务所做帮办。在国民党残酷统治的黑暗年代，她敢于为共产党人和革命志士进行辩护，表现出了相当的勇气和胆略。

二 "七君子事件"

日本侵略中国，全国人民纷纷起来抗日。上海文化界进步人士沈钧儒、章乃器、邹韬奋、李公朴、王造时、沙千里等人联袂发起救国运动。1935年12月21日，沈兹九、史良、王孝英、胡子婴、杜君慧、陈波儿等发起组织上海妇女界救国联合会。1936年5月31日，沈钧儒、章乃器、陶行知、邹韬奋等人发起组织的全国各界救国联合会（简称"全救会"）在上海宣告成立。宣言申明该会性质是一个全国统一的联合救国阵线，其宗旨是团结全国救国力量，统一救国方针，保障领土完整，图谋民族解放。现阶段的主要任务是促成全国各实力派合作抗敌。宣言呼吁全国各党各派立即停止军事冲突，立即派遣正式代表进行谈判，以便制定共同抗敌纲领，建立一个统一的抗敌政权。史良作为上海妇女界救国会联合代表，与宋庆龄、沈钧儒等40多人被选为"全救会"执行委员，随后史良与沈钧儒、章乃器等14人被选为常务委员，成为"全救会"领袖之一。

"全救会"在上海屡次掀起抗日救国浪潮，激发了上海各阶层的爱国热情。他们强烈呼吁国民党政府枪口对外，一致御敌。"全救会"的主张与活动令国民党当局十分恐惧和仇恨，上海市市长吴铁城指责"全救会"是个"反动的东西"。一个由蓝衣社分子组成的，名叫上海特区最高会议的组织，秘密做出三条决议：要用暗杀方法对救国会首脑处以死刑；收买救国会内的动摇分子；绝对禁止救国会的言论、集会行动。随即发生了轰动全国

七君子与马相伯、杜重远合影。右起：李公朴，王造时，马相伯，沈钧儒，邹韬奋，史良，沙千里，章乃器，杜重远。

的"七君子事件"。

　　1936年11月23日凌晨2时，上海市公安局派出8个特务小组，会同英、法两租界的捕房西探，分别闯入沈钧儒、史良、章乃器、邹韬奋、李公朴、王造时、沙千里、陶行知家里捕人，这次除陶行知因已出国赴欧未拘获外，其余沈钧儒、史良、邹韬奋等7人均被逮捕。

　　当晚，史良被解到卢家湾法国巡捕房，在那里关了半夜，吃了点苦头。她被搜了身，巡捕房担心她寻短见，把裤腰带也收走了。史良觉得可笑，自己无罪被捕，怎么会畏罪自杀呢？她看到巡捕搜查邹韬奋时，把他的领带、吊袜带、吊裤带、皮鞋带都给取下了，连手表、眼镜也被取下。史良对监视她的那个中国职员争辩说，邹先生是社会上有身份地位的人，不要这样搜查，眼镜应该让他留用，结果没有达到目的。白天，史良又被解到江苏高

等法院第三分院，在待审室里见到邹韬奋，对他说，幸而自己穿的是西裤，否则不免有伤风化了。

当天下午，高三分院提审了史良。她大胆承认自己是全救会的执行委员，在国是问题上主张全国各党派和人民团结一致，抗日救亡。她理直气壮地认为这是光明磊落的事情，没有"危害民国"。张志让和唐豪两位具有正义感的进步律师出庭为她辩护。审讯中，警方拿不出证据，高三分院刑庭庭长吴廷琪当庭裁定：无犯罪行为，不予起诉，允准交付律师张志让、唐豪保出。沈钧儒等6人也均于同日获释。

不料，从狱中出来几小时后，上海市公安局又称已拿获的共产党员供认史良、沈钧儒等有共产党嫌疑，致函高三分院和高二分院，要求立即将他们拘捕归案。于是，高三和高二分院开出拘票，传他们7人到庭。史良因与高三分院的院长和书记官等都比较熟悉，高三分院书记官孙瑛提前打电话把消息告诉了史良，史良立即通知沈钧儒、沙千里等人，让他们赶快躲避，自己逃到丈夫陆殿栋的一亲戚家避难。沈钧儒等6人或因逃避不及而被捕，或自动投案。12月4日，沈钧儒等6人被移解吴县江苏高等法院看守所羁押。史良知道此时投案，等于送死，还会牵累其他6人。

史良逃匿后，国民党当局悬赏5万元通缉她。为了嘲弄反动派，一次史良还在一张悬赏通缉她的招贴下面拍照留念。一个月后，西安事变和平解决，提出了释放包括爱国领袖沈钧儒等人在内的一切政治犯的主张。12月29日，江苏高等法院派出法警前往史良的寓所等处搜捕，史良便于次日前往苏州江苏高等法院投案。史良化装成一个进香的贵妇人，身着黑色裘皮大衣，携带行李，坐着一辆小汽车前往苏州江苏高等法院。当日下午，法院检察官翁赞年对史良侦讯了两小时后，随即收押。因羁押沈钧儒等6人的横街江苏高等法院看守所无女室，便将史良押禁于司前街女看守所。沈钧儒、史良等7位爱国领袖被捕入狱，成为当时震惊中外的"七君子事件"。史良是"七君子"中的唯一女性。

史良入狱后，坚信正义一定会战胜邪恶，光明一定会战胜黑暗，进步一定会战胜反动，抗日救国的洪流锐不可当，前途是光明的。沈钧儒等6人关在一起，天天见面，有事共同商量，6人思想和行动上能够统一。史良独居囚室，孤军奋战，但她始终和"六君子"在言行上保持一致，使国民党当局无隙可乘。沙千里后来曾评价说："她在苏州羁押期间，坚持斗争，孤军奋战，很有气节，受到社会各界的特殊的赞扬。"

"七君子"坚持救国无罪的正义立场，威武不屈，利诱不动，同国民党当局进行了坚决的斗争；全国人民也予以巨大声援营救，特别是西安事变中，在张学良、杨虎城提出的八项主张中，就有释放救国会领袖这一项。"卢沟桥事变"后，全国掀起了抗日热潮，宋庆龄、何香凝等著名人士更是全力营救"七君子"。在这样的背景下，国民党政府不得不将"七君子"开释。1937年7月30日，江苏高等法院作出裁定，将沈钧儒、史良等7人交保释放，次日出狱。"七君子"高尚的民族气节和英勇无畏的斗争精神，赢得了全社会的普遍崇敬。

三　抗日救国，争取妇女解放

史良出狱后，积极投身抗日救亡运动。作为上海妇女界救国会领袖，为了动员广大妇女参加抗战，她撰写文章宣传抗日，组织妇女参加劳军、战地救护、抗战募捐和救助难童等工作。

抗战期间，日本侵占了东北、华北大片国土，战区无数儿童流离失所。中共长江局由邓颖超负责筹组战时儿童保育会，史良为邓颖超特邀筹备代表之一。1938年3月10日，中国战时儿童保育会在汉口成立，史良任该会的设计委员会主任。

在艰难的战争环境中，保育会救助保护了3万多名难童。这些难童在新中国成立后，有的成了艺术家、工程师、教授，有的成了建设新中国的骨干。这是抗日战争中我国妇女界为抢救人才

所做出的巨大贡献，史良为此付出了辛劳。

保育会的成立和活动，为建立全国妇女统一战线奠定了基础。1938年5月20日至25日，宋庆龄在庐山召集全国各地的妇女界领袖和代表举行座谈会，会议决定将"新生活妇女指导委员会"改组为"新生活运动促进总会妇女指导委员会"，作为领导全国妇女救亡运动的统一机构。史良被选任为联络委员会主任委员，负责联络、组织和动员妇女工作。

史良认为，妇女最需要做的是救护战争中受伤的将士和民众。为此，她主持联络委员会开办了"妇女救护训练班"和"武汉妇女流动救护训练队"。在武汉保卫战中，史良和妇女救护队一起，救护从前线撤下来的伤员，冒着敌机轰炸的危险，抢救被炸伤的百姓。

1938年12月，史良在《妇女生活》上发表《妇女动员中的一点意见》一文，阐述她对妇女参加抗战的意见。认为，当前的妇女动员不能忽略了大众的妇女、劳动妇女和农村妇女，这些人是妇女运动的主力。她认为动员妇女可采用三个办法：一是吸收妇女到各级政府机构；二是组织联络妇女团体；三是注重干部的培养提拔。她提出要培养提拔妇女干部，让她们"做妇女总动员的发动机。"此外，史良多次在集会上发表演说，呼吁消除速胜思想，坚持抗战到底。

史良参与领导了慰问前方将士的献金竞赛和征募寒衣运动。在献金竞赛中，妇女献金140万元；在征募寒衣运动中，筹集棉衣50万件，有力地支援了前方抗战。

从1935年12月在上海发起成立妇女界救国会，到1945年抗日战争胜利，史良为争取民族解放，特别是组织发动妇女抗战，做出了巨大而艰辛的努力，不愧是一位杰出的爱国民主战士和卓越的妇女运动的领导人。

四　抗战胜利后的反蒋斗争

抗日战争胜利后，国共两党经过43天的谈判，签订了"双十协定"。而国民党一面签字停战，一面却下达了"剿匪"密令，向各解放区进攻。党中央指示，立刻在全国范围发动反对内战的斗争。此时，国民党在昆明制造了"一二·一惨案"，镇压学生的反内战爱国运动。1945年11月26日，昆明3万学生为反对内战、抗议军警暴行宣布总罢课，学生组织了100多个宣传队上街宣传，遭到国民党特务的殴打和追捕，许多学生受伤。12月1日，大批国民党特务和军人分途围攻西南联大和云南大学等校，疯狂镇压学生，造成60多人死伤，这就是震惊全国的"一二·一"惨案。事件发生后，中共南方局动员民盟组织支援斗争。在李公朴、陶行知和史良的领导下，联合其他进步团体，发动签名等活动，筹备举行公祭大会。当时，国民党为制止各种抗议集会，几乎控制所有会场，史良便以大律师名义，以代某当事人办"丧事"名义租下了重庆长安寺。12月9日，在长安寺举行了"陪都各界公祭昆明一二·一反对内战死难师生大会"。三天的公祭有几万人参加。它团结了各界进步团体，动员和教育了人民，为政治协商会议制造了强大的舆论影响。

为促进政协会议的成功，在中共的推动下，由重庆各界组成了政治协商会议陪都各界协进会。1946年2月10日上午，"协进会"在重庆较场口广场举行庆祝政协成功大会，史良和郭沫若、沈钧儒、马寅初、李公朴、施复亮、章乃器等20余人被推选为大会主席团成员。史良提前赶到会场，接待与会的各民主党派负责人。当参加大会的群众陆续进入会场时，国民党派遣的特务暴徒乘隙而入。沈钧儒登上主席台准备宣布大会开始时，一个彪形大汉带着几名打手，冲上主席台，抢夺扩音器。李公朴、施复亮等上前劝阻，遭到暴徒毒打。顿时台上台下，暴徒大打出手，会场

1946年初与民盟部分同志合影。前排右起：史良、张澜、沈钧儒、梁漱溟。

一片大乱。周恩来闻讯赶到会场，安排将受伤的同志送往医院抢救。周恩来在会场上找到史良，把她拉进自己的车里，吩咐司机直奔重庆市民医院。

一路上，史良愤慨不已，痛斥国民党反动派蓄意制造的暴行。周恩来宽慰她说："黑暗的反动势力是不会长久的，人民的事业一定会胜利。"

在医院探望了受伤的同志，史良回到家里后，得知抓获了两个凶手，他们说出了三个背后指使人的名字，以及制造这起血案的一些情况。果然是反动派的蓄谋。她奋笔疾书，写就了一份起诉书，揭露控诉反动派的罪行，并亲自递交给重庆地方法院的院长。

开庭审理这起血案时，史良代表受害人李公朴、郭沫若、施复亮等人提起诉讼，义正词严地驳斥凶手的谰言，针锋相对地揭露审判官祖护凶手的行为。在人证物证等事实面前，法庭判处三个暴徒几年徒刑，对幕后指使者却不予追究。史良对这种判决不满。事后，她对周恩来谈了自己的看法。周恩来对她说："我们从来不对他们的法庭有什么幻想，我们起诉的目的，也不是为了惩办那几个暴徒。我们的目的是要从政治上揭露他们，利用敌人的法庭，达到揭露国民党当局破坏政协决议的目的，让人们看清他们的真面目。"周恩来的精辟见解，使史良明白了很多深刻的道理。后来她在《自述》中写道："这件事使我受到一次深刻的教育，使我进一步懂得了政治斗争和法庭斗争之间的关系，对敌斗争和教育群众之间的关系，以及具体的战斗和通向胜利的斗争道路之间的关系。"周恩来的教诲则对她以后的政治生活起了决定性的作用。

当时，残暴成性的国民党特务肆无忌惮，到处逮捕、暗杀爱国民主人士。1946年7月，著名民主爱国领袖李公朴、闻一多在昆明惨遭杀害，激起了极大公愤。史良等人在重庆组织了规模宏大的群众性追悼会。会上史良慷慨陈词："烈士们为什么而死？他们是为中国的和平、民主、团结而死；烈士们是被谁打死的？他们是被那些不要民主，不要团结的人打死的！"史良的话引起全场雷鸣般的掌声，随后是震天动地的复仇口号声。此后，史良又应邀出席了上海各界李、闻追悼大会，她在大会发言中，痛斥了国民党反动派反共、反人民的罪行。

五　对人民司法工作的杰出贡献

1949年1月，北平和平解放。史良来到北平，投入了新政协筹备工作中。9月21日，新政协开幕，史良以民盟代表的身份和张澜、沈钧儒等参加了会议。10月1日，中华人民共和国成立，史良参加了中华人民共和国开国大典，感到无比的骄傲和自豪。

1949年10月19日，中央人民政府委员会举行第三次会议，任命史良为司法部部长及政务院政治法律委员会委员。

新中国民主与法制创建和奠基时期，千头万绪，百废待兴，

史良深感责任重大。为了把新中国建成社会主义民主与法制的国家，首要任务就是要制定保护人民大众的法律、法令，建立新中国司法制度，开创新中国的人民司法工作。

为创建人民司法工作，在担任司法部部长期间（1949—1959），史良从理论到实践都做出了卓越成绩。在建立新中国的律师制度、公证制度、司法制度等方面做了大量工作。

一是推动新中国律师制度的建立与发展。在史良的主持下，司法部草拟了京、津、沪三市律师制度试行办法，先在这三市试办，吸取经验后，再逐步推行。她提出，我们的律师是新型的、为人民服务的律师，在其全部活动过程中，必须坚定不移地严格遵守法律。新中国律师作为法庭与人民间的桥梁，与旧律师有原则上的不同。她强调，律师的任务是给公民、机关、企业、团体以法律上的帮助；从积极方面预防犯罪、减少纠纷，以巩固国家的革命法制，维护公民的合法权益；向人民群众宣传国家的法律、法令和政策。公民懂得法律之后，就会遵守法律，就可以少违法甚至不违法，这样就可以达到预防犯罪和减少纠纷的目的。史良对律师队伍建设提出了具体要求，提出在第一个五年计划时期内，每省、市要建立律师协会；第二个五年计划时期内，全国要配备144万律师，每个县要有一个法律顾问处；第三个五年计划时期内，全国要配备244万名律师。在史良的主持下，新中国的律师事业快速发展。

二是创建新中国的公证制度。史良指出，公证工作是一项可以减少诉讼、有益于人民的制度。在她的倡议下，新中国有了第一批公证员，并首先在上海、哈尔滨、沈阳等城市开展公证工作。史良认为，公证工作应以保护国家经济建设，保护国家财产和保护人们正当权益，端正公私关系，借以发展生产，减少和预防纠纷为主要目的。新中国公证工作的任务，应该是集中力量办理国家机关、部队、国管企业、合作社与私营工商业间订立契约（如加工、订货、运输、修建、贷款等）行为，通过公证得到法

史良（左一）视察陈永康试验田。

律的保证。在史良领导和主持下，新中国的公证事业蓬勃发展。到1956年，全国已有155个市及400多个县开展了公证工作。公证工作有效地保护了公共财产；保护了国家机关、企业、团体的权利和合法利益；保护了公民身份、财产上的权利与合法利益。

三是建立新中国的司法制度。史良认为新中国司法制度关系到社会主义国家的安危和发展。根据人民法院组织法，史良提出了一系列重要原则。例如，被告人应该享有辩护权；实行人民陪审员制度；法院独立审判等等。史良强调，被告人进行辩护，既充分行使了民主权利，也可以避免审判人员偏听偏信，从而达到正确、公正，防止冤假错案的发生。史良主张建立健全人民陪审员制度，这是我国人民司法制度另一项极其重要的民主原则，是吸引广大群众直接参加国家管理活动的一项重要制度。史良强调，审判公开进行，是人民对法院在执行审判职权时的监督，以保证审判能够合法与正确，并且使人民群众了解法院的权力与活

动，以达到对社会进行守法教育、培养社会道德的效果。

　　此外，史良还在改革整顿司法机关，实行司法改革等方面做出了卓越的成绩。她对中国的人民司法工作的杰出贡献，是新中国民主与法制史上闪光的一页。

雷洁琼

中国共产党的亲密朋友

　　雷洁琼（1905—2011），女，广东台山人。1919年参加五四运动，是广州女师学生会的宣传负责人。1924年赴美留学，1931年获社会学硕士学位。同年受聘到燕京大学社会学系任教，"一二·九"运动中，她是燕大女教师中唯一参加游行的人。抗战期间赴江西参加妇女抗日救亡运动。1946年6月23日，参加上海人民团体联合会组成赴南京和平请愿团，在下关惨案中被打成重伤。新中国成立后历任全国政协副主席、全国人大常委会副委员长，民进中央主席等职。

一　少年秉志，追求科学民主

　　1905年，雷洁琼出身于广州一个富裕的家庭。19世纪40年代，她的祖父雷嵩学曾以契约工身份去美国的金矿打工，多年后合同到期，他将多年积累的资金转作小生意，后在美国开了商店，逐渐富裕起来，在美国站住了脚。她的父亲雷子昌从美国返回祖国，中过晚清举人，成为见过世面而又眼界开阔的文化人，深受维新变法思想影响，思想比较开明。她的父母一结婚，父亲

就让母亲放足，不再裹小脚，并请人给她教书识字学文化。父亲
没有传统的重男轻女的思想，认为男女都能成才干大事，他对几
个女儿的教育很开通，鼓励她们要学会独立自强，他建议女儿们
选择自由职业，如当医生、律师等，不受别人的约束，自己养活
自己，这样可在社会上立足。在父亲的教育影响下，雷洁琼自小
接受新思想、新文化的熏陶，大量阅读中国古典文学和外国文学
作品，其中波兰作家廖·抗夫的《夜未央》对她产生很大影响。
该书是一部三幕话剧，描写俄罗斯虚无英雄为革命和自由牺牲个
人幸福，暗杀总督的悲壮故事，塑造了英勇的俄罗斯革命志士，
他们为了伟大的事业，忍痛割舍亲情和爱情。该书对当时中国青
年的影响很大，使他们看到，在另一个国度里一代青年人为人民
争自由谋幸福的奋斗故事，也反映了时代对救国女豪杰、女英雄
的期待和向往。所以，雷洁琼说书中勇敢的女革命家对她影响很
大。

雷洁琼在家馆读了一年书，1913年，考入了广州省立女子师
范学校小学部，在当时，女孩子上学读书还是新鲜事。那时，她
父亲是律师兼任报社编辑。父亲结合自己的亲身经历和感受，常
向乡亲们宣讲当局贩卖劳工的罪行，诉说他在海外所经历的痛苦
遭遇，告诫乡亲们不要受骗上当，不要再去海外做劳工。父亲还
让雷洁琼帮他做宣传工作。一天，父亲把一篇宣读文稿交给她，
问她愿不愿意到江门的船上去向人们背诵这篇稿，她说愿意。于
是，她把稿背了几遍后，自己来到船上，在人群中高声背诵：
"叔叔、伯伯，你们不要到海外去做劳工，不要受欺骗……"她
那真挚质朴的感情，打动了一些劳工的心，他们发自内心地为她
鼓掌。

女师是一所开明的学校，教师中有在法国勤工俭学回国的
留学生。学校办学理念先进，学风开明，思想进步，除开设一般
文化课外，还提倡学生们参加体育运动，这与一般的学校区别很
大。雷洁琼在学校里很快活，她打篮球、骑自行车，成为校园里

的活跃分子。在广州街头，她像男孩子一样，骑着自行车在街上飞驰，父亲的朋友看不惯，给她告了状："一个女孩子，这样招摇过市，像什么样子？"父亲并没有责怪她，他喜欢女儿风风火火的样子。在这所学校的熏陶下，追求民主与科学的思想，在她的心中萌芽。

1919年五四运动爆发，14岁的雷洁琼投身斗争的洪流中。她是广州女师学生会的宣传负责人，带领同学们走上广州街头，她拿起演讲稿，高呼"国家有难，匹夫有责"等口号，痛斥段祺瑞北洋政府的卖国罪行，揭露帝国主义强盗行径，号召民众团结起来，救国救民，这对北京的爱国学生是有力的声援。雷洁琼的行为遭到母亲的强烈反对，"三从四德"的观念在母亲的脑子里根深蒂固，她认为，女子抛头露面是大逆不道、丢人现眼的丑事。雷洁琼和母亲摆事实、讲道理，最后竟然把母亲说服了。

数十年后，雷洁琼在回忆这段经历时说："在我心中，爱国主义是至高无上的，我希望我们的国家再也不能受人欺负了，我们一定要强大起来。"

雷洁琼在广州女师读完一年预科后，转入广州圣希理达教会学校学英语，她最向往的是去北平学习。父亲却不同意，而她对父亲建议的职业选择也不同意。她提出到海外留学的要求，父亲表示全力支持，而母亲却提出不同意见：先送女儿去留学，而不送儿子去，会受到社会舆论批评，要去就兄妹俩一块去。母亲的观点并不是没有道理，因为社会的看法就是这样。雷洁琼又去说服哥哥，哥哥答应一起去留学。

1924年，雷洁琼抱着科学救国之志，漂洋过海，到美国留学。她没有按照父亲的愿望选择将来可以自由职业的美术、医学和法律专业，而是选择了"教育救国"和"科学救国"之路。她在美国加州大学学习化工。经过一段时间学习，发现化学专业不适合她，不喜欢关在实验室里搞化学实验。她认为这种实验救不了国，离救国目标太远。于是，她又到斯坦福大学，选修了远东

问题的课程。1927年,她又去南加州大学攻读社会学。对这种在专业上跳来跳去,后来她曾做过解释:中国贫弱,社会弊病太多,社会学可以寻求医治中国问题之良方,探索救国救民之途径。这说明,选择社会学是由她的人生价值观决定的,她的社会学思想也正是建立在这样的价值追求之上的。

在美国南加州大学,她刻苦钻研社会学。她着重研究旅居美国的华人后裔因受东西方文化影响,人格成长变化特点的课题。她广泛搜集研究资料,花了将近一年时间才完成了硕士学位论文——《美国华侨的第二代》,博得南加州大学教授们的赞誉,获得南加州大学社会学硕士学位。同时,还获得中国留学生最优秀学习成绩"银瓶奖"。

1931年秋季,雷洁琼学成归国,受聘到燕京大学社会学系任教。此前,燕大社会学系的教师多为外籍人士,几乎没有中国人担任此课。回国两周后,日本侵略者发动了九一八事变。国土沦丧,同胞被杀,民族危亡到了紧急关头。她与郑振铎、顾颉刚等教授组织了抗日救国会,积极组织抗日募捐等活动,支援前线抗日。

1935年后,爆发了伟大的"一二·九"学生运动。爱国心的驱使,她的心不能平静下来,中国共产党领导的反帝反封建的大革命在中华大地如火如荼地展开,使她浑身热血沸腾。她走出校门,和学生一起游行抗议。燕大女教师中她是唯一参加游行的。

12月16日,北平各大学发动了一次声势浩大的大游行,反对成立伪"冀察政务委员会",雷洁琼参加了示威游行活动,同样是游行队伍中唯一的燕大女教师。

1936年冬,傅作义率部在绥远打击日本侵略者,收复了洪格尔图、百灵庙等地,肃清了绥远境内的伪军,挫败了日军西侵绥远,妄图建立"蒙古帝国"的阴谋,大大鼓舞了全国人民的爱国抗日热情。毛泽东给傅作义写了亲笔信,称赞其统帅部队"捍卫边疆……跃然民族英雄之抱负,四万万人闻之,神为之王,气为之壮"。绥远抗战胜利后，燕大师生深受鼓舞，他们组团赴绥远慰问，雷洁琼任慰问团团长。她向抗日将士们发表了讲话，表示燕大师生誓做前方将士的坚强后盾。

后来，雷洁琼回忆这段经历时说："我为学生的爱国热情所感染，加入学生队伍，走上街头，后来看到中共中央发出的《为抗日救国告全体同胞书》（即'八一宣言'）。文件提出建立全民族的抗日统一战线政策，号召全国人民团结起来，停止内战，一致抗日。这使我认识到是中国共产党首先承担起国家和民族的重任，感到抗日救国有了领导力量，从这里我也看到了中国未来的曙光。尤其是西安事变的发生，经过中国共产党的努力得到了和平解决。中国共产党以国家民族利益为重的精神，使我十分钦佩。七七事变后，全面抗战爆发，中国共产党马上提出抗日救国十大纲领，抗日民族统一战线正式形成，从那时候起，我对中国共产党正确的抗日主张，逐渐增强了认识。我把中华民族的希望寄托在中国共产党人的身上。"

正是这样的经历，雷洁琼更加坚信中国共产党的领导，走上了与中共风雨同舟、荣辱与共的革命道路。

二 在江西开展妇女工作

1934年，蒋介石在南昌发起"新生活运动"。1936年，新生活运动总会妇女指导委员会在南京成立，宋美龄任指导长。同年夏季，江西省政府主席熊式辉到燕京大学，与家政学系主任陈意、社会学系教授雷洁琼商讨江西妇女工作问题。雷洁琼提议，以南昌市为妇女工作中心，实验开展文化、卫生、生产、儿童福利及家事教育等方面工作，取得经验后逐步在各县农村开展妇女工作。熊式辉邀请陈意、雷洁琼和北平香山慈幼院院长熊芷（熊希龄之女）到南昌参观。7月，她们三人到达庐山与熊式辉讨论扩大改组江西省妇女生活改进会问题。

　　1937年底，雷洁琼应江西省政府的邀请，到南昌参与妇女工作，受聘为江西省妇女生活改进会顾问，兼任南昌市伤兵管理处慰劳课课长。雷洁琼到任后，及时成立了伤病员的俱乐部，开展文娱活动。她还发动南昌一些教师参加对伤病员宣传慰问活动，她经常到病房与伤病员谈心。自1938年初至1939年春，雷洁琼率领妇女慰问伤病员达数千人次。

　　这期间，雷洁琼和妇女生活改进会指导员熊芷等在江西开展抗战救亡的募捐运动。1938年3月8日，南昌市抗战救亡及妇女团体联合举行"三八"节纪念大会。雷洁琼主持大会并讲话，在讲话中宣传抗日救国纲领和方针政策，号召各界妇女行动起来，反抗日本帝国主义，投身到抗日救亡的洪流中去，讲话博得全场热烈的掌声。随后，雷洁琼和各团体负责人率领参加大会的妇女800余人冒雨游行，一路高呼抗日口号，高唱救亡歌曲。

　　1938年4月，中国战时儿童保育会江西分会在南昌成立，雷洁琼等17人当选为常务理事，雷洁琼任组织委员会主任。在九江沦陷前，她几次冒着敌机轰炸的危险，与省民政厅厅长一起前往德安县接送难民及难童到南昌。12月，国民党反动派指使策划了长沙大火，市民伤亡惨重。雷洁琼代表江西省妇女生活改进会参加慰问团，到长沙慰问灾民。大火和敌机轰炸留下后的悲惨景象，让她触目惊心，增强了她抗日救国的决心。

　　中共江西省委成立后，一直处于地下工作状态。江西省委先后派遣了一批女干部参加妇女生活改进会工作。高景芝和徐凯是妇女生活改进会驻贵溪县办事处干部。她们深入农村，发动妇女大众参加抗日救国活动。1939年元旦，她们在县城举行庆祝元旦晚会，演出街头剧"放下你的鞭子"等节目。演出结束后，国民党特务突然冲入后台，将尚未卸装的高景芝、徐凯逮捕。雷洁琼得知消息后，她和熊芷迅速到熊式辉寓所，向熊谈到高、徐被逮捕的情况。熊式辉假装不知道，便让秘书给贵溪县长打个电话。秘书报告说：贵溪县政府说高景芝、徐凯没有被捕，只是要她们留在县政府，不要到外面活动。

雷洁琼气愤地对熊式辉说："她们两人被拘留在县政府，不能外出，失去自由，这不是被捕么？高景芝是北平清华大学毕业生，我过去在北平就认识她，我很了解她，北平沦陷后，她为了参加抗战救亡，历经千辛万苦，千里迢迢来到南昌，她是一个淳朴的爱国青年。徐凯是本省爱国青年，她们工作积极，是我们的好干部。希望你下令给贵溪县，恢复她们的自由。"

熊式辉无奈，只好下令释放这两个爱国青年。

在南昌期间，雷洁琼参与了培训妇女干部的工作。1938年6月，江西省地方政治讲习院成立，在青年服务团中招考900人到讲习院受训，雷洁琼等为训导教师。她在妇女干训班讲授"妇女运动史"和"社会发展史"等课程。她系统阐述抗战时期妇女工作的意义，结合抗战形势，提出妇女工作的方针、任务及妇女工作的重要性。认为妇女在社会上所处的地位，是衡量一个国家进步或落后的标志。要求学员在基层工作中支持协助妇女工作。

雷洁琼为开拓江西妇运的宣传阵地做了大量工作。在她的主持下，妇女生活改进会先后出刊了《江西妇女》《江西月刊》《农村妇女》及《江西妇女组训丛书》等书刊。《江西妇女》周刊由她亲自审稿，面向全省妇女，宣传党的抗日民族统一战线政策，推动了各阶层妇女参与抗战救亡工作。她在《江西妇女》发表了多篇宣传抗日救亡的文章，反映妇女群众的呼声，为妇女解放呼吁呐喊。她主持编辑出版了《农村妇女抗战》丛书，包括《抗战常识》《卫生常识》《防空救护常识》《怎样领导妇女队》《抗战戏剧选》《抗战歌曲选》及《民族英雄故事》7种，向妇女群众宣传政治常识及科学常识，以提高农村妇女的政治素质和文化素质。

雷洁琼还深入江西广大农村，足迹遍布19个县妇女指导处和5个临战区、游击区妇女组训工作队，为宣传和动员妇女抗战付出了辛勤努力，对抗日救亡做出了积极的贡献。

三 "你们的血是不会白流的！"

抗战胜利后，国民党政府一方面与中共和谈，一方面准备内战。1946年6月，国民党政府在美国支持下，调集百万大军准备向解放区大举进攻，挑起全面内战。全国人民对国民党政府的内战政策极为不满。马叙伦、陶行知、王绍鏊、许广平等知名人士联名致函蒋介石和马歇尔，强烈要求国民党当局制止全面内战，要求美国政府审时度势，重新考虑援助国民党政府的价值和意义，不要助纣为虐，从外交上帮助中国摆脱内战的阴影。与此同时，他们也给中共代表团团长周恩来写了一封信。

蒋介石对马叙伦等人的信置之不理，中共代表团的周恩来、董必武、陆定一、邓颖超则联合复信给马叙伦、陶行知等，表示全力支持他们反对内战的正义行动。

同年6月上旬，上海人民团体联合会决定组织召开上海人民反对内战大会。6月中旬，上海人民团体联合会各团体经过协商，推举马叙伦、胡厥文、雷洁琼、包达三、阎宝航、吴耀宗、盛丕华、张伯、黄延芳、陈立复、陈震中等代表共13人，组成和平请愿团，赴南京向国民党政府请愿，反对内战，呼吁和平。马叙伦任团长。

6月23日，上海市五六万人在火车站广场集会，欢送请愿团赴南京请愿。

经过长达8个小时的旅程，列车到达南京下关车站。请愿团代表刚下车，有3个所谓"苏北流亡青年"挤到代表身边，问他们此行的目的，要他们发表对时局的意见。请愿团秘书胡子婴答复道：目的是要向政府当局和中共呼吁停战，达到全面永久和平。

忽然有人鸣笛，一群早已准备好的"难民"暴徒蜂拥而来，骂声四起，把代表们包围起来。两旁的军警熟视无睹，听之任之。在混乱中，代表被强行分割成两部分：马叙伦、雷洁琼、陈震中、陈立复被推拉进候车室；盛丕华、黄延芳、吴耀宗、阎宝航等则被挤进了西餐厅。几名代表的衣服被扯破，雷洁琼的提包、手表及眼镜被抢走。

到晚上11点多，代表们被围困5个多小时后，候车室只剩下一个宪兵和一个警察，围在外面伺机行凶的"难民"却有一二百人。突然，一个"难民"敲破窗户钻进候车室，大批"难民"蜂拥而入。顿时，桌椅、汽水瓶一齐向代表身上飞来。

阎宝航和雷洁琼为了保护马叙伦，拼命以身体挡住暴徒，但马叙伦还是被打了。后来，马叙伦被一个宪兵推进办公室里，才免于继续挨打。阎宝航全身多处受伤，其中面部受伤最严重；雷洁琼的胸部被暴徒踢伤，口喷鲜血，眼睛被玻璃扎破；马叙伦头部、胸部被打伤；学生代表陈震中当场被殴打昏迷。采访的记者们也遭到殴打；《新民报》采访部主任浦熙修被殴打吐血，腰部、胸部及头部被打伤；《大公报》办事处主任高集、《益世报》记者徐斌也遭到殴打。中国民主同盟派来迎接请愿团的叶笃义被打成重伤。在这次事件中，和平请愿代表、记者及欢迎人员中的受伤者共计12人。这就是震惊中外的"下关惨案"。

事件发生时，国民党政府无动于衷。经过中国民主同盟和中国共产党代表向孙科、邵力子、李济深、冯玉祥、马歇尔发出紧急呼吁，再由这些人士向陈诚、俞大维等人提出交涉，至6月23日晚24时，政府才派宪兵来到下关站，行凶的特务及"苏北难民"们已经离去。受伤的和平请愿团代表及记者们被一辆大卡车送至南京警备司令部，但代表们拒绝下车。在场的外国记者抗议政府此举，大卡车开往南京太平路的中央医院分院。

当晚，周恩来、董必武等人到医院慰问了受伤代表。周恩来说："你们的血是不会白流的！"冯玉祥、沈钧儒、邵力子、罗隆基等人也都连夜赶往医院探望受伤的代表们。上海市的各界人士纷纷赴医院慰问受伤者。第二天，邓颖超来到医

院看望受伤人员，她亲自为雷洁琼脱去血衣，换上带来的一套
新衣服。后来，雷洁琼的那件浸透鲜血的衣服，一直收藏在身
边。她说：我衣服上的脚印血迹，将永远保存。从这一天起，
我的眼界更加开阔了，我同人民群众靠得更近了，我的心跟着
党的心一起跳动。

当时，毛泽东、朱德等从延安向马叙伦等人发来了慰问电，
称"中共一贯坚持和平方针，誓与全国人民一致为阻止内战、争
取和平奋斗"。在血淋淋的现实面前，雷洁琼对中国共产党的认
识更深了，更坚定了她跟随中国共产党，同国民党反动派斗争到
底的决心。

6月25日清早，蒋介石听取了联络秘书汇报：该事件为国民
党南京市党部主委马元放组织，中统局局长叶秀峰亲自指挥，
派特务及国民党党员假扮为难民，协同"苏北难民"一起进行
的。此外，蒋介石得知上海又有30多位学生代表准备赶赴南京声
援，南京市的国民党当局又准备故伎重演。蒋介石把叶秀峰痛骂
一顿，称"党部人员之无知，做事徒增政府困难"，令他"痛心
极矣"。

"下关惨案"发生后，燕京大学校长陆志韦邀请雷洁琼重返
燕园。1946年9月，雷洁琼重新执教燕大讲坛。

四 多党合作谱新篇

在雷洁琼的记忆中，第一次见到周恩来的情景使她终身难
忘。

1939年3月下旬，在南昌沦陷前夕，雷洁琼等人撤退到吉
安。4月中旬，周恩来到浙东抗战前线视察，途经吉安。雷洁琼
得知后，希望有机会前去拜见。恰巧有一青年来找她，约她一起
去拜访周恩来，这真是喜从天降。他们来到招待所，受到周恩来
热情的接待。周恩来平易近人，谦虚和蔼，令人肃然起敬。雷洁

琼顿时顾虑全消，陈述自己对抗战形势的困惑。周恩来以毛泽东《论持久战》的观点，分析了当时国内外形势，阐明中国共产党对日作战的战略方针政策，详述了抗战必胜的道理。雷洁琼听了，茅塞顿开，看清了抗战的前途，知道了共产党才是真正坚持全民抗战路线的，抗日民族统一战线必须由共产党领导和组织。她真正懂得了：战争的胜负在于人民，要充分发动群众，依靠群众，坚持持久抗战，一定会取得最后胜利。

第二天，周恩来来到江西省妇女生活改进会驻吉安办事处回访雷洁琼，并看望了抗敌后援会和其他群众组织的工作人员，大家深受感动。

在江西抗日救亡运动期间，雷洁琼和中国共产党有了密切的交往，逐渐接受共产党抗日的政治主张，逐步靠拢共产党，成为爱国民主运动的先锋战士。

抗日战争胜利后，在共产党的影响和帮助下，1945年12月30

1992年8月17日，全国人大常委会副委员长雷洁琼（前排中）前来西安事变纪念馆视察工作。

日，雷洁琼及丈夫严景耀与马叙伦、王绍鏊、周建人等共26人，在上海中国科学社召开第一次会员大会，正式宣告中国民主促进会（简称"民进"）成立。其宗旨是：发扬民主精神，推进中国民主政治的实现。民进成立后，发表了《对于时局的宣言》等一系列重要文章，提出立即结束中国国民党一党专政，还政于民，停止内战，保障人民自由权利等政治主张。1946年6月，民进参与发起组织了上海人民反内战大会，随后发生了下关惨案。1947年底，国民党加剧实行白色恐怖，迫使民进转入地下，主要领导人转到香港继续斗争。1948年，中国共产党发布"五一"号召，民进立即表示拥护和响应，表示坚定地和中国共产党站在一起。

1948年11月中旬的一天，民进领导人马叙伦已从香港到达哈尔滨，他写信邀请雷洁琼和她的丈夫严景耀，代表民进去华北解放区出席中共中央召开的有关民主党派会议。1949年1月中旬，雷洁琼、严景耀、费孝通和张东荪从北平出发去华北解放区，8名解放军战士护送他们到了石家庄。第二天，他们乘车从石家庄到平山县西柏坡，这里是中共中央所在地。

在这里，他们第一次幸福地见到了毛泽东、刘少奇、朱德、任弼时等中共中央领导同志。

饭后，雷洁琼一行人到了毛泽东的办公室。他们围着书桌而坐，亲切交谈。周恩来、刘少奇、朱德、任弼时也在座，谈话气氛热烈，其乐融融，一直到深夜。毛泽东的谈话内容范围很广，分析了当时的战争形势，认为召开新政协恰逢其时，希望各民主党派着手做好准备。他还详细询问知识分子的情况和留在上海的张澜、罗隆基等爱国民主人士的近况，并谈到解放后的经济和文化建设，为他们展示了新中国建设的远景。周恩来也鼓励他们要为新中国的建设事业多做工作。

离开西柏坡后，雷洁琼一行人又到中央统战部所在地李家庄，统战部领导介绍政协会议相关情况。此前，中央统战部已提出《关于召开新的政治协商会议诸问题》的草案，内容包括新政协的参加人员，开会的时间、地点以及应讨论事项等。中共中央在10月间已将这个草案分别转达给沈钧儒、章伯钧、蔡廷锴、李济深、何香凝、郭沫若、马叙伦等人，征询各党派人士的意见。经过多次电报往返协商，于11月底达成了关于召开新政协的决议。决定新政协的筹备会由各党派、各团体和无党派等23个单位的代表组成。筹备会的任务是负责邀请参加会议的各方代表人士，起草新政协的各种文件。筹备会地点原定在哈尔滨，后改在北平。

1949年1月31日，北平宣布和平解放。2月2日，举行人民解放军入城典礼，雷洁琼夫妇、胡愈之夫妇、田汉夫妇等几位朋友站在正阳门城楼上观看，在群众的欢呼和掌声中，解放军队列通过前门城楼。雷洁琼无比激动……

北平终于解放了！

5月28日，周恩来和林伯渠单独接见并宴请民进领导人，讨论有关筹备新政协和民主党派的前途问题。周恩来向他们说明，我们实行的是新民主主义，不是旧民主主义；共产党与各民主党派的关系，不是在朝党、在野党互相斗争，互相交替，而是以无产阶级为领导的各民主阶级的政治合作；这种合作是政治的分工合作，各民主党派各自联系不同方面的人，向共同的方向前进；这个共同的方向就是建设新民主主义的新中国。周恩来还向他们介绍了关于新民主主义的政权建设、外交、土改等重大政策问题。这些使雷洁琼及民进领导人深受教益。

1949年10月1日，中央人民政府成立。首都30万群众齐集天安门广场，隆重举行庆祝新中国的开国大典。雷洁琼站在天安门城楼上观礼，激动得热泪盈眶……

雷洁琼是中国民主促进会的杰出领导人、中国共产党的亲密挚友和诤友。她为新中国和多党合作事业的创立发展、为民进的成长壮大做出了重要的贡献。她在实践中深切体会到，没有共产党就没有新中国，只有社会主义才能救中国。中国的民主党派要

进步和发展，必须接受中国共产党的领导。她始终毫不动摇地坚持中国共产党领导，毫不动摇地坚持走社会主义道路，矢志不渝地与共产党人风雨同舟，肝胆相照，荣辱与共。

五 "我只是一名教师"

雷洁琼虽然有很多很高的官职，在很多方面都有杰出的贡献，但她最热衷的职业还是教育，她说："说到底我只是一名教师。"

旧中国，雷洁琼担任过东吴大学、沪江大学等高等院校教授。1952年，全国高等学校院系调整，燕京大学被撤销，她被分配到北京政法学院。1966年，"文革"爆发，她与丈夫被下放到农村接受"劳动改造"。1972年，她被周恩来亲自点名回京，安排在北京大学国际政治系，当时她已经67岁。

雷洁琼非常重视教育，从1954年起，她就写下大量关于教育工作的文章，如《参加全国文教会议工作的几点体会》《尊重教师就是尊重未来》等。1993年，国务院颁布实施《中国教育改革和发展纲要》，她很快在《光明日报》上发表《教育是社会主义现代化建设事业的基础》的文章。她说，改革开放之后，似乎什么东西都可以引进，但唯有人的素质不能引进。要想提高人的素质，唯有依靠教育事业的发展，依靠教师的培养。所以，她总是说，教师是国家的宝贝，一定要想办法让教师拥有很高的社会地位，尊重教师就是关心未来。她的言论，在社会上产生了广泛的影响。

进入北大后，她一直致力于恢复社会学系的工作。1979年，她在《有关社会学的几点意见》中指出：随着社会的发展，需要大量有专业知识的社会工作者，这是改革开放后恢复和发展社会工作教育的第一个呼声。1985年，国家教委于广州召开全国高校系统社会学专业发展工作会议，雷洁琼在会上指出，社会学恢复

雷洁琼（左三）视察华南师范大学。

重建已6年，但社会工作作为一门学科还没有真正恢复，伴随改革开放和社会主义现代化建设事业的不断深入发展，必将出现对社会工作的新需求，呼吁教育部门有前瞻性地发展社会工作专业。这为中国社会工作专业学科的建设指明了发展方向。

1987年9月，社会学界在北京马甸召开会议，主要论证创办中国社会工作学院的必要性与可行性。雷洁琼在会上呼吁我国应尽快创办社会工作学院。很快，社会工作作为一门学科得到恢复与重建。1988年，在雷洁琼等人的争取下，北京大学被国家教委批准为组建和招收社会工作专业硕士研究生的高校。中国社会工作教育事业进入了新阶段。至今，我国开设社会工作本科专业的学校已有252所，设立社会工作硕士点的学校58所。她担任北京市副市长时，还要抽出时间带研究生，开创了市长带研究生的先例。

作为民进中央的领导人，雷洁琼历来主张民进要为我国的教育事业出力。在民进中央1989年教师节座谈会上，雷洁琼倡议为

2005年9月6日，中共中央总书记、国家主席胡锦涛来到雷洁琼家中，亲切看望这位百岁老人，代表中共中央向她表示诚挚问候。

发展教育筹集资金。在她的倡导下，民进中央每年都开展尊师重教活动，利用暑假举办尊师重教培训班，提高教师的素质。

雷洁琼认为，教育事业的发展要靠改革。以前，大学很多，功能很细。现在，大学间实行合并，可以集中力量发展高等教育，认为这是教育改革的好事。在办学体制上，雷洁琼主张大力发展民办教育、特殊教育。她呼吁社会应多关心智障孩子，使他们学有一技之长，将来足以谋生，自食其力。她关心贫困家庭孩子的上学问题，曾亲自来到北京广渠门中学宏志班，看望那些来自贫困家庭、品学兼优的学生，并亲笔题写了"宏志班"，勉励孩子们学有所成，报效祖国。

雷洁琼到耄耋之年，仍热心教育事业。她参与了《义务教育法》《教师法》《教育法》的制定。多次率领全国人大执法检查组到各地检查教育法落实情况。北京、深圳、珠海、沈阳、济南等地，都留有她的足迹。她认为应按我国法律和财经纪律严肃查处拖欠教师工资的问题。

　　在70多年的教育生涯中，雷洁琼经常讲的一句话就是：振兴中华，教育为本。对于教育，她的血总是热的，心总是暖的。

胡兰畦

民国美女少将

胡兰畦（1901—1994），四川成都人。"五四"时期，投入反帝反封建的洪流中。1925年参加北伐，1927年毕业于黄埔军校第六期女生队。1930年留学德国，曾坐过纳粹德国的监狱，所著《在德国女牢中》在欧洲引起巨大反响。她是苏联大文豪高尔基生前特别赏识的作家，被选入高尔基治丧委员会，为高尔基执绋。在抗战期间被授予少将军衔，成为近代中国第一位女少将。一生充满传奇色彩，是中国现代史上一位有影响的女革命战士。

一　逃婚走上革命路

胡兰畦，1901年6月22日出生于四川成都，祖上胡大海曾是明代开国功臣，她的父亲一直从事"反清复明"的活动。小时候，母亲教她背诵诸葛亮的《出师表》、岳飞的《满江红》、文天祥的《正气歌》，向她灌输"忠孝""正义"思想。"五四"时期，她投入反帝反封建的运动之中。

1920年冬，胡兰畦从成都毓秀女子师范学校毕业时，她已经出落成漂亮的姑娘，吸引了许多男士的目光。父亲自作主张，把她许配给表哥杨固之。她对表哥是了解的，他是一个势利商人。婚后不久，胡兰畦从成都逃到川南，在巴县女学做教员，开始自食其力的生活。杨固之向往发家致富，而胡兰畦追求男女平等。两个人的人生观和志趣截然不同，没有共同语言。1923年，两人正式解除了婚姻关系。

胡兰畦美貌动人，四川军阀杨森对她垂涎三尺，想娶她做小老婆。杨森在国民党军阀中，以喜好女色、荒淫无度而闻名，公开的妻妾有12位，子女40多人。他的四太太田衡秋曾是胡兰畦的同学，她代杨森向胡兰畦提婚，胡兰畦断然拒绝了。

作家茅盾听女友秦德君讲述了胡兰畦的故事，对此很感兴趣。1929年，茅盾创作了长篇小说《虹》，书中塑造了一位历经曲折，终于走上革命道路的青年知识分子形象，揭示了从"五四"到"五卅"时期，知识分子从个人主义到集体主义、从封建制度叛逆者到革命者的奋斗历程。书中美丽而刚毅的女主人公梅行素原型就是胡兰畦。茅盾曾这样叙述梅行素："在过去四年中，她骤然成为惹人注意的'名的暴发户'，川南川西知有'梅小姐'，她是不平凡的女儿，她是虹一样的人物，然而她始愿何尝及此，又何尝乐于如此，她只是因时制变地用战士的精神往前冲！她的特性是'往前冲！'"这也正是胡兰畦的形象。

不久，胡兰畦考入川南师范学校。此时，共产党人恽代英在该校任教务长。受进步思想的影响，1922年5月，胡兰畦加入恽代英组织的马克思主义研究会。1923年，她与杜黄发起组织了四川妇女联合会，并参与筹备川南女界联合会、成都妇女公会。1924年，胡兰畦赴上海参加全国学联第六届代表大会。

1925年3月，胡兰畦和川军第三师政治部副主任陈梦云结婚。1926年春，两人奔赴革命中心广州。在广州，胡兰畦结识了周恩来、李富春等中共代表人物，也结识了国民党左派领袖何香凝女士，并在何香凝掌管的中央妇女部供职。1926年秋，胡兰畦奔赴北伐前线，准备投考武汉中央军事政治学校，陈梦云反对妻

子从军，竭力阻拦。但她铁了心要投考，陈梦云阻拦不住，只得同意。她顺利考入武汉中央军校，成为女生队的一名学员。

武汉中央军事政治学校的前身是广州的黄埔军校。此时，蒋介石已不再担任校长，校长制改为委员制，校务委员有邓演达、谭延闿、顾孟余、徐谦、恽代英，以邓、谭、恽3人为常委。其中恽代英为共产党方面代表，其余4人为国民党方面代表，国民党的常委只愿戴官帽，不愿管学校的具体事务，校务管理落在了政治总教官恽代英头上。后来，陈毅也到了中央军校。在共产党内组织系统中，由恽代英、施存统、陈毅组成校党委，陈毅任书记。当时陈毅的党内身份是隐蔽的，对外头衔是校政治部的准尉文书。

早在1922年时，陈毅担任重庆《新蜀报》的主笔，他写了大量诗文，他用犀利的文笔，揭露军阀的罪行，以慷慨激昂的文字，号召青年奋起，改变现实，改造社会。陈毅在青年学生中有很大影响，胡兰畦受他文章的鼓舞，直接到报馆找他。从此，他们成了亲密的朋友。

在中央军校，胡兰畦与陈毅有了更多的接触机会。1927年4月的一天，陈毅请胡兰畦在武汉吃饭。席间，陈毅问她入党没有，胡兰畦解释说，自己向党组织申请过，但是女生队党小组负责人李淑宁（即赵一曼）提出让她与陈梦云离婚，切断与陈的经济联系，这样才可能考虑她的入党问题。但她曾说过，只要陈革命，自己就不和他分离。现在，她不能无缘无故与陈离婚。后来为胡兰畦入党问题，陈毅单独找李淑宁做工作，但李淑宁固执己见，于是无果而终。

"四一二"反革命政变后，汪精卫悍然宣布解散了武汉中央军校。经中共党组织的据理力争，武汉中央军校整建制编入张发奎第二方面军的教导团。8月1日，陈毅从武昌赶到汉口，向好友陈梦云、胡兰畦、范英士等人辞行，因为教导团明天将奉命东征讨蒋。在宴席上，陈梦云问陈毅："张发奎会同你们合作干下去吗？"陈毅认为有可能，但要积极争取。假若张发奎不干，他们也要讨蒋到底。范英士疑惑地问陈毅："你们单独干能成功吗？"陈毅有把握地说："接受了教训，会成功。"胡兰畦问道："什么教训？"陈毅解释说：教训就是我们的领导者不敢也不懂掌握武装斗争的领导权，要干，就必须有自己的枪杆子！掌握中国革命和武装斗争的领导权！胡兰畦听明白了，她笑着说："当现代的李自成、张献忠？"陈毅坚定地说："以前清朝政府骂孙中山是土匪，现在国民党又骂我们是土匪。好，我偏要去当这个'土匪'！"

大革命失败后，胡兰畦继续坚持反蒋斗争，她代理汉口市特别党部妇女部部长、武汉总工会女工运动委员会主任，兼任湘鄂赣妇女运动指导委员。胡兰畦的做法惹恼了蒋介石，1929年，蒋介石点名将胡兰畦驱逐出江西省。这年12月，胡兰畦以江西省救济院孤儿所兼妇女教养所主任的身份，远赴欧洲，以考察社会救济事业名义，开始了德国留学生活，她进入柏林大学德文班。当时，国民党左派领袖何香凝、邓演达等人不愿与蒋介石同流合污，他们也在柏林。胡兰畦与何香凝、廖承志母子住在一起。1930年10月，经成仿吾介绍，胡兰畦加入中国共产党，被编入德国共产党中国语言组。不久，宋庆龄来到德国，通过何香凝的关系，胡兰畦认识了宋庆龄。宋庆龄在生活上给胡兰畦很大帮助，胡兰畦非常感激。何香凝和宋庆龄对胡兰畦的一生有重大影响，她们是胡兰畦走上革命道路的引路人和保护神。

二　在德国纳粹女牢中

1931年7月，宋庆龄母亲逝世，要回国奔丧，她想让胡兰畦陪着回国。她诚恳地对胡兰畦说："如果你愿意留在国内工作，我帮你解决；若还想继续在国外求学，我负责资助你再到德国来。"胡兰畦被她的真心打动，决定回国帮她料理丧事。胡兰畦

把这些情况向党组织做了汇报，经组织批准，她与宋庆龄一道回国。

同年10月，宋庆龄通过陈翰笙和美国记者史沫特莱的帮助，送胡兰畦赴德继续求学。当时，德国的法西斯势力抬头，日本强占了中国东北。为了抗日救亡，旅德华侨和留学生成立了"旅德华侨反帝同盟"，胡兰畦任主席，成员有王炳南、江隆基、程琪英、刘思慕等人。这是党的外围组织，主要是团结和吸引在德华人参与救亡图存斗争。

当时，国民党政府驻德大使馆对中国留学生严格控制，力图把留学生的抗日救国引向拥蒋反共。其中的一些共产党成员，由于受中共驻共产国际代表团王明、康生等人错误思想的影响，对建立世界反法西斯统一战线的意义认识不清，以极左的观点看待宋庆龄、何香凝等人，认为宋庆龄和十九路军将领是"中间

1932年胡兰畦与德国好友安娜·西格斯合影。

派"，他们假装表现进步，具有很大的"欺骗性"，所以，"中间派"是最危险的！他们为防止党员受宋庆龄、冯玉祥等人的影响，甚至禁止党员与他们接触。因而胡兰畦再返回柏林时，她已被德共中国语言组柏林小组开除了党籍。后来她才知道，当时她被诬控了多项罪名，主要一条是护送"国民党大官"宋庆龄回国，虽然回国是党组织批准的，但罪名却要由她承担。

胡兰畦觉得冤枉，她上诉到共产国际。受共产国际的委托，德共中央派议会党团负责人奥·托堡调查此事。调查之后，奥·托堡也觉得胡兰畦蒙受了不白之冤，他召集德国中国语言组柏林小组全体成员开会，郑重宣布："经审核，胡兰畦是个好同志。从今天起，要把党证还给她，大家要帮助她工作。"德共为她恢复了党籍。但某些同志表面上同意，内心却抵触。会后，他们没有把党证发还给她，也不再通知她开会，她被边缘化了。胡兰畦没有党证，在回国后接不上组织关系，一直以民主人士身份活动，当然这是后话。

1932年12月的一天晚上，德国共产党在柏林体育馆召开反法西斯大会，胡兰畦去参加大会并发言。胡兰畦在发言中控诉了日本侵华罪行：日军对中国人民实行"杀光、烧光、抢光"的三光政策，枪杀老人、孩子，奸淫妇女，无恶不作。南京政府实行不抵抗政策，但中国人民不甘心做亡国奴，自发奋起抵抗侵略者。东北人民组织了抗日联军，上海十九路军奋起抗日，中国人民正在浴血奋战。如果法西斯得逞，发动新的世界大战，世界人民就要遭受中国人民同样的悲惨命运。难道我们还不应该及早反对么？说到这里，胡兰畦振臂高呼："打倒法西斯！""消灭帝国主义战争！"会场立刻响起雷鸣般的口号声……

胡兰畦的举动，引起了德国警方的注意。离开会场的路上，胡兰畦被一个便衣侦探带到了警察所，核实了一些情况就放她回家了。几天后，胡兰畦收到德国警察总局外事部寄来的限期一周离境的驱逐令。她带着驱逐令到国会大厦找玛丽亚·爱塞帮忙，

说明了情况。这时,进来一位白发苍苍的老太太,玛丽亚·爱塞高兴地说,克拉拉·蔡特金同志(德国和国际工人运动活动家,国际妇女运动领袖——编者注)今天也来了,我带你去认识一下。蔡特金握着胡兰畦的手说:"你那天晚上的演说我知道了,你说得好!我们现在的主要任务就是要打倒法西斯!打倒帝国主义!"

蔡特金还详细询问了东北抗日联军和十九路军的战况,询问中国妇女参加革命斗争的情形。她鼓励胡兰畦说:"只要被压迫阶级和被压迫民族团结起来,共同斗争,法西斯一定会被打倒!"蔡特金的话,对胡兰畦是巨大的鼓舞,革命斗争意志更坚定了。

1933年1月,兴登堡总统任命希特勒为德国总理,希特勒掌握了国家政权,全国更趋法西斯化。2月份,希特勒制造国会纵火案,借机逮捕德共领袖台尔曼和很多共产党员,德国成了真正的人间地狱。

同年春天,胡兰畦被法西斯关进了德国女牢,与她同时被捕的,还有她的邻居费慈·新田。他是德共中央机关报《红旗日报》的工作人员,德共党员,胡兰畦1930年在马克思工人夜大读书时就认识了他,他的马列主义理论水平很高。在希特勒大肆屠杀共产党员时,他把分散的党员联络起来,并买了油印机,出刊物、印传单,号召党员和工人们团结起来,向法西斯作斗争。胡兰畦与费慈·新田一起印发传单,做一些秘密联络工作,因而两人被捕。

在德国女牢中,胡兰畦被关了3个月,她目睹了希特勒上台后德国狱中的一些情景,她既为法西斯监狱的残暴行为感到愤恨,同时也为狱中革命同志团结互助、不屈不挠的斗争精神所鼓舞。所有这些,她都在《在德国女牢中》一书里作了详细回忆。其中,她写了《伟大的女牢》一节,对狱中的情况记述得很清楚,给人身临其境的感觉,特别是对狱中女禁子言行举止的描述可谓入木三分。

胡兰畦入狱后，宋庆龄、鲁迅等人联合起来，以"民权保障大同盟"的名义，向德国驻上海领事馆提出严正抗议。3个月后，胡兰畦获释。德国法西斯当局再次对她下了驱逐令，限期一周内离境。

三 为高尔基执绋

胡兰畦被德国驱逐出境，来到了法国，法国政府也不许她居留，她只好隐藏在巴黎近郊一个犹太人办的园艺学校里，开始半工半读生活。最令人不解的是，在来法国前，德共中国语言组在转组织关系时，没有证明胡兰畦是共产党员，只介绍她是反帝同盟的盟员，并特别说明："胡兰畦到法国来了，她的党籍我们是不承认的，她是以女性活动得到德国共产党中央委员会的支持

1934年，胡兰畦（前中）出席苏联第一次作家代表大会。

的。"法共中国语言组的同志对此深表同情，但也无能为力。

胡兰畦离开德国后，一直想把她在德国女牢的所见所闻写出来，以揭露希特勒法西斯的罪行。她到巴黎后，写出回忆录《在德国女牢中》片断，陆续寄给当时法国文豪亨利·巴比塞主编的《世界报》。她的回忆录得到《世界报》主笔乌地阿罗和汉斯先生的称赞和热情支持，不但稿子陆续发表，他们还请人把文章立即译成俄、英、德、西班牙4种文字，在国际上引起了广泛关注和赞扬。

本来，胡兰畦从法西斯监狱出来的事，此前已在巴黎传开了。回忆录一发表，更引起人们的注意，一些人跑来看她是什么样子，有的好奇、有的同情、更多的是尊重。他们把她看成了英雄豪杰，认为她敢与希特勒较量，不怕坐牢，简直了不起。一些途径巴黎的中国名人，如邹韬奋、张发奎、冯沅君、冯友兰等人，都慕名前来看望慰问胡兰畦。

胡兰畦的文章以亲身经历记录德国监狱的内幕，揭露法西斯对进步人士和无辜群众的残酷迫害，记述了社会各阶层的女囚在监狱的斗争情况，她们对法西斯的仇恨和机智、顽强的斗争，对各国反法西斯斗争都是极大的鼓舞。《在德国女牢中》的发表，使胡兰畦的名声传遍了欧洲。

胡兰畦在巴黎居留了近10个月，她一面半工半读，一面在法共中国语言组的领导下，继续从事反帝、反法西斯和反日本帝国主义的斗争。很快，她又被法国政府盯上了，对她下了驱逐令，限24小时出境。在警察的监视下，她当夜乘船到了伦敦。

伦敦也不是世外桃源，英国政府也不给胡兰畦签居留证。她在走投无路的情况下，想请当时在莫斯科的中国同志帮忙，她便给在莫斯科的中国诗人萧三写信求助，说明自己的处境。不久，萧三回信了，说苏联准备召开第一次作家代表大会，将邀请她作为中国的作家列席会议。胡兰畦非常高兴，因为会议是由高尔基建议召开和主持的。1934年8月17日，苏联第一次作家代表会议在莫斯科召开。8月26日，大会闭幕前的一个晚上，高尔基在莫斯科郊外的消夏别墅设宴，招待作家代表和外宾。那天清早，中共驻莫斯科代表团的干部到胡兰畦下榻的宾馆看她，告诉她，柔石、李伟森、胡也频、殷夫、冯铿5位左翼作家遭到蒋介石杀害，你最好能请高尔基对这件事表态或者抗议。这将是很有意义的。兰畦与高尔基握手时说："我算不上什么作家，能参加到这些文学家、艺术家的行列中，有机会到您的这个盛大的宴会中来，我感到既荣幸又惶恐。最近，我们中国的5位进步作家、诗人惨遭蒋介石杀害！我请求您为他们的遭遇，向中国反动派提出严正抗议。"说着，胡兰畦抽泣起来，高尔基也哭了。高尔基的儿媳赶忙把胡兰畦扶到书房休息。

在晚宴上，高尔基安排胡兰畦坐在自己右边第一个位置上，左边第一人是莫斯科市苏维埃主席莫洛托夫。高尔基谴责蒋介石说："让我们大声疾呼，谴责屠杀中国人民的刽子手和叛徒的罪恶。"他指着胡兰畦对大家说："这是一个真正的人。"随后讲了胡兰畦最近的遭遇，然后写了一张纸条，给了莫洛托夫，说："现在她不能回去，照顾她住一些时候。"高尔基说完，莫洛托夫等人都来和胡兰畦握手。第二天，莫斯科市苏维埃政府给胡兰畦安排一套住宅，带有书房、卧室、饭厅、洗澡间，家具齐全。她知道，这是高尔基要求莫洛托夫给予自己的照顾。

1935年3月，胡兰畦受命前往香港从事抗日统战工作。1936年初，胡兰畦再去莫斯科时，没有见到高尔基。1936年6月18日，高尔基去世。作为高尔基生前特别赏识的作家，胡兰畦被选入高尔基治丧委员会，在莫斯科工会大厦举行追悼会时，胡兰畦参加了守灵。她守在高尔基的遗体前，看着他睡在花丛中的灵床上，瞻仰遗容的人群川流不息地移动。胡兰畦深感悲恸，泪水止不住地流。6月20日，胡兰畦和高尔基的家属及一些苏联党政领导人一起为高尔基送葬到红场。斯大林等人抬着高尔基的灵柩，手捧着高尔基的遗物的胡兰畦等人缓缓前行，为他执绋。在红场

举行的追悼会上，莫洛托夫致悼词说："在列宁之后，高尔基的逝世是全苏联和全人类的一个最重大的损失！"

四 抗战中的鼓与呼

1936年7月，中国两广发生事变，胡兰畦从苏联回国。临行前，王明告诉她到两广方面做些工作，但没有安排具体工作，也没有开组织介绍信。致使她到香港后，连生活都成了问题。李济深得知后，要她到梧州来。西安事变后，李济深派她到上海给宋庆龄、何香凝送信。

这样，胡兰畦在上海留了下来。全面抗战爆发后，日军攻占上海。胡兰畦目睹日寇的烧杀淫掠的罪行，她非常气愤，她决心宣传抗日救国的道理，唤醒民众的反抗精神。她打算办一个袖珍本的通俗刊物，写一些通俗的文章，工人、农民、妇女、儿童能看懂。当然，办刊物不是容易的事，需要资料、文章，最主要是需要钱，纸张、印刷出版都需要钱。她自己的吃饭都没保证，钱从哪里来？但她铁了心要把这件事做成，还给刊物起名叫《小把戏》。

天无绝人之路，正在她为办刊物四处奔走的时，有个朋友寄来了一百元钱。有了这笔钱，她就可以办《小把戏》了。但有人怕她虎头蛇尾，跑到何香凝那里说，她办刊物是胆大妄为。何香凝把她叫去，问是怎么回事。

何香凝对她说，办刊物谈何容易，你要有充分的准备，不能半途而废呵！胡兰畦解释说；这个小刊物是要帮助文化浅的人提高爱国认识，刊物是个袖珍本，每期只1万多字，文章由茅盾、胡愈之、胡风、梅龚彬等人写。小品文、小故事由王人路写。王人路是儿童文学家，他在文化低的读者群中有影响。出版发行也有人帮助。达官贵人耍大把戏，老百姓就要《小把戏》嘛。听胡兰畦这么一说，何香凝放心了。

　　《小把戏》终于在左翼作家联盟茅盾、胡风、胡愈之、梅龚彬、王人路等名作家的支持下问世了。《小把戏》内容通俗易懂，深受读者欢迎，读者踊跃投稿，到了第三期后，文章多是读者来稿，它几乎成了读者自办的了。刊物的发行由方天白、鲁沙白等人负责，他们义务发行，不收一分报酬，刊物还运到重庆、成都代销，影响逐步扩大。

　　1937年"八一三"淞沪抗战后，为了让更多的人了解前线的消息，胡兰畦决定将《小把戏》停刊，把它变成四处张贴的壁报，并请郭沫若写了报头——《战鼓》。起初，《战鼓》每天出两份，内容是摘发每天报上的战事。后来，她们又采写战地最新消息，及时公布出去。《战鼓》很受群众欢迎，要求增加份数。于是，她们在壁报上写出启事：招收义务宣传员，每天早晨到报社领取稿子和纸张，回去照写一两份贴出。前来领稿的人很多。很快二十几处都有《战鼓》壁报，几乎全上海都有统一发稿的壁报。她们还成立了壁报工作委员会，工作人员全是尽义务的。上海沦陷后，《战鼓》在法租界继续出版。在整个抗战期间，壁报成了上海宣传抗日的一面战鼓。

　　在上海抗战期间，胡兰畦在女工补习学校中招了10个女青年，1937年10月5日，成立上海劳动妇女战地服务团。当日下午，在奔赴抗日前线前，服务团向何香凝辞行，何香凝问道："上前线随时有生命危险，你们怕不怕？"团员们回答："不怕！"何香凝很高兴，勉励大家到军中要努力工作，为抗日的士兵和民众服务。

　　战地服务团在各战区从事宣传教育、战地救护工作。在淞沪抗战中，上海人民积极参加抗战，支援前线。各界群众都组织了救亡团体，开展宣传、募捐、演出、慰劳等活动。全国各界民众积极支援上海抗战。胡兰畦组织服务团发动群众，组成担架队、运输队，上前线救治伤兵、运送弹药，帮士兵写家书，帮助百姓抢割水稻，只要是有利于抗战的事，她们都积极参与。

抗战前线每天都有英勇杀敌的故事，服务团利用这些故事进行宣传鼓动工作。最突出的是东林寺战役。

东林寺由我方一个排坚守，日军为争夺这个制高点，轮番猛烈进攻，我方伤亡惨重，最后只剩下排长胡玉政和班长潘玉林两人了。日军冲进庙来，胡玉政的子弹打光了。他就抡起铁锹，把一日军官砍倒在地，其余日寇抱头鼠窜，潘玉林趁机用机枪对敌猛扫，射死20多名敌兵，打退了敌人的疯狂进攻，守住了阵地。

胡兰畦以这个英勇杀敌的故事为素材，加工编写成京剧《大战东林寺》，在前线巡回慰问演出，大大地鼓舞了士气。

胡兰畦与著名战地记者范长江合作，赴战场实地采访，合写了《两下店第一功》《川军与抗战》《川军在前线》等战地通讯，在当时产生了重要影响。

1937年11月，上海沦陷，服务团随军撤离上海，辗转于江苏、安徽、浙江、江西、湖南、湖北、河南等各个战场，行程两万多里，劳军慰问，宣传抗日，被誉为"战地之花""当代花木兰"。她们用实际行动，为抗战胜利做出了贡献。

1939年夏，曾将胡兰畦驱逐出江西的蒋介石给她发了委任状，任命她为国民政府军委会战地党政委员会少将指导员，派她到第三、六、九战区指导工作。她成为近代中国第一位女将军。她利用老蒋给的这个特殊身份，为共产党做了大量工作。

1939年7月，在延安中国女子大学开学典礼上，周恩来对中国妇女在抗战中的作用给予高度评价，指出："中国妇女热烈参加前线工作，如胡兰畦、丁玲等所组织的战地服务团，在前线艰苦奋斗，获得全国人民的称颂。"

五　屡次蒙冤，矢志不渝

由于胡兰畦曾与国共两党很多高级人物的复杂关系，新中国成立后，她受到了误解、猜疑，自然会处于一种跌宕起伏、命运不定的境地。她革命多年，却似乎说不清、道不明；入党多年，为党积极工作，但因为没有党的组织关系，没法为她安排工作。真是"老革命遇到了新问题"，她被边缘化了。但她没有灰心丧气，相信党会实事求是地对待她。

新中国成立初期，上海的寺庙、庵堂有300多个，和尚、尼姑有几千人，这些人从前吃饭不成问题，现在，他们的生意萧条了，经济陷入困境。胡兰畦就到寺庙了解情况，她把僧尼组织起来，办起了"大众食堂"，一顿饭收两角钱，深受顾客欢迎，也解决了僧尼的生计问题。半年时间，办起了十几个大众食堂。后来，她又与一些服装店合作，发动僧尼为铁路员工做衣服、做鞋子，解决了很多人的吃饭问题。

1950年夏，胡兰畦从上海来到北京，见到华北大学工学院代院长曾毅，他请求胡兰畦留在学院工作，管理总务，把学院的食堂办好，她便留了下来。当时，学院的学生只有三四百人。不久，学院与中华大学合并，改建为北京工业学院。胡兰畦被分配到总务处任副处长，由于她工作积极，在学院成立工会时，她被选为工会副主席。

1951年底，全国开展"三反""五反"运动，动员会后，党委和学生会来人找胡兰畦谈话，要她谈经济问题，她心里非常坦荡，她参加革命不是为升官发财，现在经手财物，也是廉洁奉公，两袖清风。领导认为她态度不端正，想蒙混过关，便天天批斗她。元宵节那天，她被禁闭起来，有人轮流看守，要她写交代材料，大会小会批，各处轮流斗，甚至用人身折磨的办法来整她。由于被关在积水的房子里，使她患了风湿性关节炎。

"三反"结束后，胡兰畦被调到学院图书馆作副主任，工作一年多后，反胡风运动开始了。学院动员清查"胡风反革命集团"时，在会上她就被点了名。后来，有人揭发她与"胡风反革命集团"有关系，让她老实交代，学院决定她停职反省。她与胡风很早就认识，只是朋友关系，对他的活动并不清楚。这次没有

批斗她，没让她参加强制性劳动，只是让她反省，她利用15个月反省的时间，学会了针灸技术。

1957年的反右派运动，胡兰畦也没有躲过去。从当年7月到次年5月，她一直是写检查，挨批斗。她的发言被说成是"放毒"，他们要铲除这颗"毒草"。胡兰畦被划为"右派分子"，逐出图书馆，下放到学院实习工厂的铸造车间劳动。她负责清砂，用大锤敲打铸件，对一个年近花甲的人来说是多么不易。后来又去推煤车，一天推100多趟，加班加点是常事。1960年后，她曾被发配到延庆的炼焦厂、大兴农场劳动……

1966年开始搞"文化大革命"，胡兰畦更是在劫难逃。她被打成反革命，被抄家、挨批斗，挨耳光，挂黑牌，扫厕所，烧锅炉，住牛棚……受尽了各种磨难，但她绝不自杀，不愿背上"畏罪自杀"的恶名，她知道自己无罪，坚持忍受着。

1975年，胡兰畦退休，她主动提出回四川养老。1978年获得平反后，胡兰畦重新入党，1981年被增补为政协四川省委员会常委，1983年4月，参加了政协第六届全国委员会第一次会议。年过八旬的胡兰畦又可以为党、为人民工作了。她利用自己所了解的历史情况和一个共产党员的良知，积极为一些同志的冤假错案写证明材料，为一些含冤而死的人呼吁平反，还清历史的本来面目。胡兰畦还积极为四川老龄事业奔走，她建议关注老年人的赡养问题；参加全国政协会议时，向大会提出老年人养老问题的提案；她给邓小平写信，建议开展多样化的老年人活动，建立老年康乐园。她参与创办起四川老年大学、老年康乐园……

1994年12月13日，胡兰畦在成都逝世，享年93岁。她这样总结自己的一生："这辈子只知道赶着时代大潮走，在浪尖上奔呀、跑呀。有时被礁石碰得头破血流，也只能独自舔着流血的伤口。"这就是中国当代传奇女杰胡兰畦。

李 贞

开国唯一女将军

　　李贞（1908—1990）湖南省浏阳县人，有"开国女将军"之称。她6岁当童养媳，受尽各种苦难。1926年参加革命，次年加入中国共产党，参加湘赣边界秋收起义。1928年参加浏东游击队，是游击队里唯一的一名女队员。1935年11月19日，已有身孕的李贞和爱人甘泗淇一起参加长征，贺龙曾称赞他们夫妇是"两个模范干部，一对革命夫妻"。长征途中李贞早产后，李贞夫妇终身未育，但他们抚养了20多个烈士遗孤，李贞把伟大的母爱奉献给了这些孩子们。1955年，被授予少将军衔。

一　童养媳投身革命

　　1908年1月26日，李贞出身于湖南浏阳县永和镇小板桥乡的一个贫困家庭，父母是农民。她是家中第二个女儿，乳名旦娃子。当她6岁时，家中已有6个孩子。父亲李光田，是个本分的农民，靠租种地主的两亩半地和捕鱼为生，收的粮食扣除租子所剩无几，捕鱼时多时少。父亲经常唉声叹气，母亲整天忍气吞声。

抚养6个孩子成为家里沉重的负担，父母决定把6岁的李贞送给一个姓古的医生家当童养媳。父母哄她说，古家没有女孩，很喜欢她，所以让她去给人家当"闺女"。

一天清早，母亲把李贞叫醒，给她换上一身新衣服。李贞第一次穿新衣，心里很高兴，但是，真要离开家，离开父母，李贞还是真的舍不得，家里再穷也是家里好。但她没有选择的权利，幼小而懂事的她也只好为父母分忧。

古家是医生，日子并不富裕，只是比一般人家好一些。古家答应好好对待李贞，可当父亲一走，事情就全变了。李贞没想到的是，人家不缺闺女，已有3个女儿，个个比她大，其中一个说："你还不知道吧，你是来给我弟弟当老婆的！"

李贞不知道当老婆是什么意思，但从对方的语气和神色判断，当老婆比不上当闺女。她哭着喊着要回家。但她又怎能抗拒得了命运呢？她只得在古家做起了童养媳。

童养媳就是从小被公婆领养，长大后做儿媳的女孩子，简单说就是将来给这家一个儿子做媳妇的，属于预备或后备的未来媳妇，属于社会底层的底层，与奴仆、下等用人无异。童养媳并不是白养着，在长大之前要为这个家里干活，而且，为了从小把未来的儿媳妇调理好，还得干脏活累活，要学会所有的家务活，挨打受骂是常事，因为谁也不会培养出一个"祖宗"。所以，6岁的李贞要干沉重的家务：打水洗衣、砍柴做饭、带孩子……苦累不说，挨打成了家常便饭：端水洒了要挨打；砍柴回来晚要挨打；背孩子摔了要挨打；顶嘴不服气要挨打。挨打的名目多了，总之都是她的不是……未婚夫比她大4岁，他也要显示"男子汉"的权威，找各种理由和机会，对她拳打脚踢，打得她鼻嘴出血，身上青一块紫一块的。在古家真成了受气的小媳妇，李贞不知挨了多少次打骂。

对李贞来说，古家就是人间地狱。

李贞十四五岁时，已长成漂亮的姑娘。她个头不高，沉重苦难的屈辱生活，压得她不长个。压迫越深反抗越重，她胆子也越来越大。一次，她跟几个童养媳商量，逃离苦海，一起到城里做女工。古家人察觉了她的图谋。婆婆怕白养活她这些年，决定马上让她和儿子结婚。

1924年正月，李贞结了婚。但婚姻并没有使她脱离苦海。丈夫叫古天顺，还算是个好人，耿直忠厚，没什么坏心眼，就是脾气暴躁，急了就打人。由于十年受虐待，李贞对古家人没有好印象，却有一种难以化解、挥之不去的敌意。她表面逆来顺受，心里对丈夫却爱不起来，可以说毫无爱情可言。古天顺也不知道疼人爱人，没有甜言蜜语，还把妻子当作粗使丫鬟看待，婚后两人的感情并不融洽。

李贞永远不会忘记，一次砍柴回来，遇上倾盆大雨，待她湿漉漉背柴回家时，遭到婆婆的一顿臭骂。因为，家里其他人也下地干活，回来全身湿透，没有干衣服换，婆婆责骂她没有把衣服洗出来。李贞很委屈，自己也没闲着，她说："我也上山砍柴去了，哪里有工夫洗衣呢？"婆婆见她敢顶嘴，气更大了。古天顺耍起威风，抄起一根棍子，劈头盖脸地暴打她一顿。

婆婆不讲理，丈夫也不懂事，她伤心透了。她感到无助和绝望，觉得活着没有意思，还不如死了，这样一了百了。突然，她穿着一身湿衣服，披头散发地跑出家门，哭喊着直奔河塘而去，她要投塘自杀。邻居们怕出事，连忙把她追了回来。邻家的刘婆婆看着这个可怜的媳妇，含着眼泪劝她说："旦娃子啊，女人生来就是受苦的呀！你看我，60多岁的人了，还要上山砍柴，还要挨丈夫的打骂，这是命呐，女人的命啊！我们女人就要认命呐……"

命运也会时来运转。1926年的一天，姐姐告诉她：区里来了共产党，成立了妇女解放协会。妇女翻身解放有盼了，我们要跟着共产党干革命。

李贞还不懂"革命"的含义，但她意识到"革命"就是穷人

不再受剥削，不再受压迫，能过上好日子。她当然希望革命了。

第二天，姐俩到永和区秘密参加妇女协会。接待的同志了解到李贞是个童养媳，知道她是个受苦受难的人，马上同意，并随手拿出一张表问："填什么名字呀？"

"旦娃子。"李贞脱口而出。她没有大名，18年都叫旦娃子。

接待的同志望着她说："你也不姓旦啊？再想个名字吧。"旦娃子想着，自己姓李，再加个名。一个词突然闯进脑海：忠贞不渝。她知道，这个词就是忠诚不变，参加妇女协会就应该忠诚不变。她问道："叫李贞怎么样？"

"好名字啊！"接待的同志高兴地说，于是在登记表上写下了：李贞。从此，李贞这个响亮的名字，伴随着她走过了20多年的战争岁月，走进了新中国的将帅之列，走过了一位杰出女性的辉煌历程……

李贞参加妇女协会后，协会的大姐们对她很关心，教她识字学文化。李贞积极参加妇女协会的活动，总是走在前，抢在先。她跟随共产党员到处发动群众，组织农会、妇女协会和儿童团。当时党的许多秘密文件，都是她送出去的。在革命实践中，她的组织才能日益显现，她先后被选为浏阳县永和乡妇女协会委员长、区妇女协会委员。

1927年3月，李贞光荣地加入了中国共产党。一个多月后，蒋介石发动了"四一二"反革命政变，向共产党举起了屠刀。一天晚上，在团防局当伙夫的叔祖父找到李贞，对她说："快逃吧，他们的通缉令上有你的名字。"妇女协会的王兴大姐给她三枚铜钱，让她赶快逃走。

李贞跑进娘家附近的深山里。一天深夜，她悄悄潜回婆家取东西。婆婆以为她要回家躲避，跪在地上求她："旦娃子啊，求求你，你没做过好儿媳我不怪你，可现在你可千万别害了我们全家。"李贞知道婆婆怕牵连他们，扶起婆婆说："你老放心，不会连累你们，我拿一点东西就走，以后再也不会回来了。"

古天顺听了李贞的话，动了恻隐之心，他把几文私房钱硬塞给了她。李贞收下了，对他说："天顺，我跟你这辈子是做不成夫妻了，以后有合适的，你另娶一个吧。"跟公公、婆婆道别后，李贞走进了浓浓的夜幕中。从此，她再也没有进过这个家门。

1928年，李贞上了国民党反动政府的黑名单，大街上到处张贴着通缉她的布告。古家也受到牵连，反动派逼古天顺交出妻子。古家又惊又怕，托人送礼，并请邻居作证，证明李贞早和古家断绝了关系。好不容易平息了此事。古家为了避免再有麻烦，正式给李家下了休书，从此一刀两断。

李贞终于摆脱了这段不幸婚姻，她完全自由了，可以无忧无虑地参加革命活动了，她投身于波澜壮阔的革命斗争之中……

二 英勇的女游击队员

1927年5月21日马日事变以后，党组织派王首道到浏阳开展工作。11月，浏东特委设在永和附近的金狮冲刘先怡家，王首道任特委书记。金狮冲三面是山，崖高壁陡，草深林密，可退可进。刘先怡的父亲，是个贫苦农民，对党有深厚的感情。刘先怡是共产党员，对革命忠心耿耿。刘家地处偏僻，周围没有人家，便于开展党的活动。

王首道到了浏阳以后，得知永和区几名党员组织了临时支部，书记就是李贞。他安顿下来后，马上让联络员张启昌带着去见李贞。见面的情节在《王首道回忆录》中这样写道：

"李贞同志当时还是个年轻姑娘，我尚未见过。一见面立即感到是一位机灵的姑娘，态度从容，举止大方，说话急促，看来真爽快。经过交谈，我了解到，她这个支部只有四个人，其他三个都是男同志。李贞说，大家选她这唯一女同志担任支部书记，

主要是认为女同志好活动，不容易引起人们的注意。其实，我认为这是她客气，事实上我感到，李贞还是很有头脑，很有水平的。比如，她就准备了'后路'。她的窗外就是山，有情况可以立即跑到山里去。她还专门推开窗子要我看，真是个好办法。就这样，李贞就成了永和区第一个地下支部书记。"

1928年春，为反对敌人的"清剿"，特委决定成立工农暴动委员会（简称"暴委会"），由张启龙任暴动委员会主任。

暴委会成立后，接着建立了浏东游击队，由刘少龄任队长，共10多人。说是游击队，只有刘少龄有支手枪，其他队员都没有枪。所以，当务之急就是要搞到枪支弹药，这样才算得上是一支队伍。刘少龄为了搞到枪，常带人到永和团防局门口溜达。团防局是当时地主阶级反动武装机关，他想借机在团防局搞到枪，这样做是很危险的。

不久，王首道和刘少龄、刘先洵等人商量如何夺取武装的问题，刘少龄主张打张家坊团防局，夺取武装。王首道反复做工作，才把这种冒险的行动说服。经过研究，他们决定向平江游击队借枪。平江方面很支持，同意把一些枪支借给他们。一天晚上，王首道、张启龙、刘少龄、刘先洵、颜纪初、李贞等同志到河边上去接枪。大家有了枪，高兴极了，准备马上去打团防局。李贞这时还不是游击队员，她被游击队员的斗争精神所感染，要加入游击队，跟他们一起去打游击。队长刘少龄不同意，认为队里有女同志不方便。李贞不在乎这些，坚决要去加入，大家没办法，只好同意了。这样，李贞成了浏东游击队里唯一的一名女队员。

当时的游击队，就是整天到处游，四处击，居无定所，打到哪里住到哪里，哪里需要哪安家。有时露宿在山上，有时露宿在老乡的屋檐下。而且是昼伏夜出，搅得敌人不安生。

起初，浏东游击队主要在永和、高坪、蒋埠江地区活动。小有战果，队伍逐渐壮大，枪支越来越多。敌人吃了败仗后，疯狂反扑，调集兵力围追堵截游击队。在上洪地区一次战斗中，游击队寡不敌众，队长刘少龄不幸牺牲，党代表刘先洵惨遭杀害。

这时，平江游击队进入浏阳作战。为了加强力量，浏阳县委决定，将浏东、平江两支游击队合编，组成平浏游击队，由李石雄任队长。李石雄具有作战经验，军事素养较高，有指挥能力，后来带领平浏游击队打过很多胜仗。其中，袭击张家坊团防局的行动就很漂亮。

张家坊团防局气焰嚣张，到处搜刮民财，仗着人多枪多，欺压百姓，无恶不作。为了打击敌人的嚣张气焰，平浏游击队决定给他们点颜色看。张家坊四面环山，地势险要，处于湘赣两省交通要道，易守难攻。平浏游击队决心拿下张家坊团防局，为民除害。

1928年初夏，游击队员头天下午分散行动，天黑前到大众岭汇集，这里距张家坊10多里。队伍集合后，次日拂晓赶赴张家坊，包围了团防局。游击队事先做好了周密安排，安排了内应，了解了敌人内部的情况。根据内应的情报，趁敌人还在梦中，游击队冲进去，当场处决了张禄康等4个坏蛋，缴获了8支步枪和数百发子弹，其他的敌人，纷纷逃跑。游击队取得了胜利，大大鼓舞了士气。

随后，平浏游击队奉命开赴平江县，在芦洞地区打了几仗。后又杀了个回马枪，返回浏阳，在路过张家坊时，看到张家坊小学校里亮着几盏灯，他们知道，这里有几个老师很反动，曾杀过人，他们便冲了进去，这几个败类教师正在赌博，游击队便把他们当场处决了。

随后，游击队转攻江芦墩的李家大屋。这里的团总叫孔昭四，是地方一霸，疯狂地榨取民脂民膏，整天吃喝嫖赌。他的团防兵有十几条枪。强攻会吃亏，只能智取。游击队选派两人到李家大屋当团丁，里应外合，最后杀了反动团总孔昭四，游击队没开一枪，就缴获了十几条枪。游击队烧了李家大屋，打开粮仓，让群众把几十石谷子挑走了，为民除了一霸。平浏游击队经过几

个月的发展，队伍壮大到近百人。

同年9月，游击队第三次攻打张家坊。事先游击队先派人侦察了敌情，发现敌人设防严了，进城的人都受到盘查。团防局的联防队为防止游击队偷袭，晚上睡在外边街道屋檐下，天亮了才回团防局洗脸吃饭。王首道、张启龙、李贞等人商量，决定化装进入张家坊，兵分两路：一批人化装成收秋的短工进去，把枪支和土炸弹藏在筐里，随时做内应；一批人化装成迎新娘娶亲的进去，枪支藏在花轿里。这天清早，张家坊来了一支迎亲队伍，敲锣打鼓，噼里啪啦的鞭炮声和激越的唢呐声响个不停，穿着长袍短褂的迎亲的，也有四五十人。一队人抬着花轿，打着彩旗，吹吹打打，大摇大摆向镇上走去。李贞扮新娘子，坐在花轿里。轿子到城门口时被拦住了。迎亲的人递过红包，守城的家伙立刻放行了。张家坊热闹起来，人们都跑上街看热闹。队伍来到团防局门口，先进去的游击队员大声喊道："看新娘子啰！"团丁纷纷跑了出来，把小街堵得水泄不通。游击队员见多数团丁都出来了，马上从花轿里摸出枪支。队长李石雄朝天鸣枪，游击队员迅速冲进团防局，团丁们乱作一团。不多时，他们组织了反扑，游击队居高临下，密集的子弹射向敌人，赤手空拳的团丁逃之夭夭。游击队员搜遍团防局，缴获了十几支枪，接着打开牢房，放出了被关押的人，将缴获的粮钱布匹，分给了贫苦百姓。这次战斗，李贞成功的扮演了"新娘子"，为第三次打开张家坊立了大功。

在血与火的战斗中，并不是总是凯歌高奏。后来的一次战斗，浏东游击队伤亡惨重。为掩护伤员转移，李贞、王绍坤等人主动吸引敌人火力，将敌人引向狮子崖。到崖顶时，子弹打光了，他们就用石头向敌人砸去。敌人疯狂往崖上攻，李贞等人陷入绝境。

1985年，李贞对这次战斗回忆说："我们寡不敌众，最后退到了狮子崖上。敌人大喊大叫，要捉活的，我们跟敌人短兵相接，拼杀起来，最后剩下四五个人了。眼看就要被敌人捉住时，我以浏东游击队士兵委员会委员长的名义，向同志们发出命令：不能让敌人捉活的，往崖下跳！我眼睛一闭，抢先跳了下去。后面几个同志喊着口号，也跟着跳下山崖。跳下崖后，我也不知昏迷了多久，小腹部刀绞似的疼痛，一阵一阵的，怎么都挣扎不起来。当我清醒过来时，发现自己躺在血染的草木丛中，不远处还躺着两个队员，已经牺牲了。我是被树枝架住了，当时没有摔死，可我怀着几个月的孩子，却在跳崖后流产了……"

1928年10月下旬，游击队编入红五军红二纵队，纵队长黄公略，党代表张启龙，李石雄任五大队队长。红二纵队仍在浏阳一带活动。

三　建功红军妇女团

1930年，是浏阳第二次革命的高潮时期。4月，成立了浏阳县苏维埃政府；进行了土地改革，农民分了田；地方工农革命武装有了很大的发展，成立了6个赤卫师，在红六军的支援下，首次占领了浏阳县城。

这一年，李贞离开了游击队，转到浏阳县苏维埃妇女部工作。这时的妇女工作，主要是组织妇女参加生产，支援红军。白天，妇女们扶犁掌耙，晚上，就在灯下做军鞋、补军衣。打仗时，年轻的姑娘们参加救护。

8月，红军第二次攻打长沙，浏阳不少妇女参军参战。这时，李贞代理游击总队的政委兼县苏维埃政府宣传大队队长。这个宣传大队有百余人，多数是青年妇女，主要配合红军做一些宣传鼓动工作，他们在墙壁上写标语，总是赶到队伍前面把标语写好，部队战士见了很受鼓舞。宣传大队除写标语、贴布告、发传单外，在部队经过时，还说快板，搞化装演出，用歌声笑语鼓舞士气。宣传大队到长沙近郊时，战斗打响了，宣传队员就去抬担

架，搞救护，有的拿起武器，直接参加战斗。

这次攻打长沙并不顺利。由于军阀何键刚吃了红三军团的亏，他便在长沙城筑碉堡，挖战壕，拉电网，严防死守。久攻不下，红军只好撤离。

攻城未果，参战妇女却经受了战斗的洗礼和考验，大家的革命自豪感和责任感大大增强。革命热情高涨起来。湖南各地的青年妇女，纷纷向中共湘赣省委提出请求：要求单独成立红军妇女团，直接参战杀敌。

中共湘赣省委经过研究，接受了妇女们的请求，于1931年冬正式成立了红军妇女独立团，共500余人，省军区任命了团、连、排干部，李贞任该团政治委员。

妇女团的战士们斗志很高，他们吃苦耐劳，在艰苦生活条件下，保持着革命的乐观主义精神。

但也出现一些问题。这些女同志第一次当兵，以前没离开过家，突然成为红军战士了，一时适应不了，闹出了不少笑话。部队的纪律对她们似乎没用，白天站岗时，站一会儿就蹲下来，还互相捉虱子，警戒自然放松了。晚上放哨，一个人不敢去，非得几个人同去，为了壮胆，还大声说话。宿营时，横七竖八地乱躺，有人还到别的营地去睡。她们不愿背子弹带，觉得不好看，出勤时，往枪膛里装上几颗子弹，口袋里装几颗子弹就走了……根本不像一支队伍，更像是散兵游勇。

这种情况引起了上级领导的重视，认为这样下去不行。于是，独立团开展了军事政治训练，教导军事基本动作和基本常识，向这些女兵讲清革命道理，讲明遵守纪律的重要性。经过训练，自由散漫的状况改变了，政治素质和军事技术有了很大提高。

红军妇女独立团成立后，与红军主力部队一起参加了多次战斗，打了多次胜仗。但大的战斗只参加过两次，一次是阳城阻击战，一次是永新与莲花之间的战斗。

阳城阻击战发生在1932年春，参加战斗的只有红军妇女独立团和青年连。李贞带领一个妇女连，担任堵击安福方面敌人进攻永新苏区的任务。红军女战士个个勇敢沉着，坚守着阵地，阻击敌人。但在战斗的关键时刻，团长郭勇投敌叛变了，敌人从他的口里得知，阻击他们的不是主力红军，而是红军妇女独立团，并知道了红军的布防情况。于是，敌人火速调集兵力，妄想吃掉妇女独立团。

在这危急时刻，红军学校干部连前来增援。妇女独立团减轻了压力，立即调整部署，由红军学校干部连接替青年连阵地，迎击敌人；青年连接替妇女团阵地，妇女团一部分留在青年连阵地上，一部分作预备队。当敌人发起进攻时，红军全力应战，一次次击退敌人，一直坚持到第四天。敌人伤亡惨重，狼狈撤退。

阳城阻击战，妇女团3人负伤，顶住了敌人的进攻，受到中共湘赣省委、省苏维埃政府和省军区的表扬。

终因生理上的原因，妇女单独作战有许多困难。为此，省委决定将妇女独立团转为地方武装，改为担任保卫机关、维持治安、看守犯人等任务了。

红军妇女独立团从创建到改编只有几个月时间，但在红军建设史上，却留下了光辉的篇章，李贞在妇女独立团也留下了浓墨重彩的一笔。

四 "两个模范干部，一对革命夫妻"

1932年经组织批准，李贞和时任湘赣军区总指挥的张启龙喜结连理。婚后不久，张启龙被打成了"改组派""AB团分子"。李贞痛苦万分，她坚信张启龙是革命者，是个真正的共产党员，对革命无比忠诚，勇于献身。为了拆散这对夫妻，保卫局事先准备好一份"离婚申请书"，逼张启龙签字。为了不牵连李贞，他在离婚申请书上签了字。李贞接到判离通知后，悲痛欲绝，痛哭

一场。她找到保卫局申诉，不同意离婚，但遭到拒绝。一对恩爱夫妻在痛苦中分离了……

后来，另一位男子进入了李贞的生活，他们相依为命30年，这个人就是她的终身伴侣甘泗淇。

甘泗淇曾用名姜凤威、姜炳坤。湖南省宁乡县人，1903年12月生，1926年加入中国共产党。1927年，党派他到苏联莫斯科中山大学学习，1931年学成回国，任中国工农红军独立一师党代表，后调任中共湘赣省委宣传部部长。他到任后得知，原拟调李贞担任此职，李贞认为自己文化不高，要求调整，后改任红军学校政治部主任。甘泗淇这时还不认识李贞，但对她的谦虚谨慎的品德和对党的事业的忠诚精神很钦佩。后来，他们在工作中有了接触和了解，共同的革命目标把两颗心连得越来越紧。后来，经任弼时夫人陈琮英牵线，李贞同意与甘泗淇结婚。在长征即将开始时，由贺龙主婚，李贞和甘泗淇借了一间民房，结成了一对革

1942年李贞与姜国仁、王长德、甘泗淇、谢觉哉、陶铸合影，左三为李贞。

命伴侣。

1935年11月19日，红二、红六军团主力从湘西桑植县出发，开始长征。

长征中，李贞任红六军团组织部部长，她既要和别人一样行军打仗，还要做党团和干部工作、负责收容伤病员，统计伤亡人数。晚上宿营时，李贞还给小战士缝补衣服。尽管环境艰苦，工作劳累，但大家依然是保持坚定、团结、乐观的精神状态。后来，红军缴获了一批骡马，给李贞也配备了一匹马。为了照顾小战士，李贞和丈夫经常把马让给他们骑。宿营时，她把自己的帐篷让给年幼体弱的小红军居住。有位女战士病了，李贞把一件好的衣服送给她，自己穿一件单薄的旧衣。

长征出发时，李贞已有身孕，但坚持行军。由于过度劳累和饥寒，李贞病倒了，但她仍跟着部队一道行进。后来病情严重了，大家把她捆在马背上继续行军。后来，李贞高烧不止，被诊断为伤寒病，由于红军缺医少药，甘泗淇便把自己的一支金笔卖掉，买来了针剂，李贞的高烧才退。

红军过草地时，李贞怀孕已7个多月了。在这段最艰苦的征途中，李贞早产了。这时，红军战士靠吃树皮、草根为生，甚至吃掉了战马。虽然大家对这个小生命百般呵护，但还没走出草地，这可怜的小生命便夭折了。

失去孩子，李贞非常伤心，她的身体愈发虚弱，高烧不退、昏迷不醒。当时，李贞夫妇不经常在一起。甘泗淇尽量过来照顾她。李贞不宜骑马，甘泗淇便扶着她走，走不动就背着她走。战友们怕把两人全拖垮，就做了副担架抬着李贞。当李贞清醒时，浑身疲弱无力，但她坚持不坐担架。无奈之下，贺龙下命令，让甘泗淇跟随担架同行，以便护理照应李贞。甘泗淇为了减轻战友们的负担，抢着抬担架。

抵达甘肃哈达铺后，部队就地休整，李贞服了几剂中药，病情略有好转。此后，她不肯坐担架了，就骑马前行。部队北过

1955年毛主席为我军唯一的女将军李贞少将授勋章。

渭河时，为了保障李贞的安全，战士们把她"绑在马背上过了渭河"。

1936年7月2日，红二、红六军团与红四方面军在甘孜会师。7月5日，按中央军委电令，由红二、红六军团和红三十二军，共同组成红二方面军。贺龙任总指挥，任弼时任政委，萧克任副总指挥，关向应任副政委，李达任参谋长，甘泗淇任政治部主任，李贞任政治部组织部副部长。

红二、红四方面军会师后，携手北上，很快就进入荒无人烟的水草地。一天傍晚，李贞见女护士马忆湘独自落泪，询问后得知，马忆湘在过河时跌倒了，这时一个浪头打来，把她的粮袋子冲走了。李贞便抓了一把自己的青稞炒面给她，并马上把这件事告诉甘泗淇。甘泗淇召集政治部成员，号召每人拿出一把炒面，帮助马忆湘渡过难关。在甘泗淇、李贞的带动下，大家你一把，我一把，凑了三四斤粮食。马忆湘得救了，跟随大部队走出了茫茫草地。

红二、红一方面军胜利会师后，贺龙在一次总结会上，称赞甘泗淇、李贞夫妇是"两个模范干部，一对革命夫妻"。

五　把爱全献给人民

长征途中早产后，李贞再没有怀过孕，李贞夫妇终身未育，这也是他们为革命作出的巨大牺牲。但他们抚养了20多个烈士遗孤，李贞把伟大的母爱奉献给了这些孩子们。

陈小妹的父亲陈希云，抗日战争时期任八路军120师后勤部部长，新中国成立后任粮食部副部长，1957年在生命垂危时，对几个年幼的子女放心不下。李贞让他安心治病，放心家里的事，老战友们会照顾好的。随后，她把陈希云的大女儿陈小妹接到家里，从上小学到大学，一直到参加工作，十几年和李贞吃住在一

甘泗淇上将（前左三）与李贞少将（前左四）。

起。小时候陈小妹体弱多病，后来患了心膜炎，李贞悉心照顾，为她治病买药，精心调剂她的饮食，陈小妹生活得很幸福。

朱早观（1903—1955），湖南省凤凰县人，苗族，1938年3月入党。1944年，任八路军南下支队参谋长和军政委员会委员，协助王震指挥南下征战，为在湖南、江西、广东创建抗日根据地做出了贡献。1946年调回延安，任陕甘宁晋绥联防军区参谋长、西北军区副参谋长。新中国成立后曾任中央人民革命军事委员会办公厅副主任，国防部办公厅副主任。朱早观1955年病逝后，李贞夫妇承担了抚养他的女儿朱一普的责任。朱一普患胃病，李贞为她买牛奶，给以"特殊照顾"，鼓励她养好身体，将来做一个对国家有用的人。

孩子们相聚在李贞家，吃饭要两三桌。李贞常带他们去看电影，逛公园，大家庭里充满了温暖，其乐融融。李贞的工资并不高，可生活开支却不小。20多个孩子要吃要穿，处处都离不开钱。再加上招待亲朋好友的花费，李贞家在经济上很紧张，但她不计较这些，看到客人高兴、孩子们快乐成长，她心里很高兴。

李贞抚养的孩子虽多，但从不居功自傲，不以权谋私，要求他们以后在就业、调动、晋升等方面靠自己努力。她从不用自己的权力和影响为他们开"绿灯"。她对亲朋好友一视同仁，无一例外。

新中国成立初期，李贞见战友们个个儿女成群，其乐融融，而自己不能再生育，总觉得对不起丈夫。她曾对丈夫说："老甘，趁现在还来得及，我们离婚吧，你再娶个妻子，给你生个孩子吧。"甘泗淇一听就火了，他掷地有声地说："我要的是爱人！"

李贞无语了，她为丈夫这句话所感动。"我要的是爱人！"一句朴实无华的话，没有甜言蜜语，却表达了一位军人的忠贞，表达了丈夫对她的浓浓爱意！她的眼眶湿润了，从此，不再提起这个话题。他们一直相爱到永远。

李贞对别人慷慨大方，对自己却很吝啬，在别人看来是到了"抠"的地步。她的衬衣、外套、被子都是补了又补，缝了又缝。一双棉鞋穿了十几年，60年代的青布衣服穿到80年代，补了又补，染了又染。

1983年春节前，总政老干部福利局到李贞家拜年，给她200元钱生活补助费。她坚决不收，并请组织上不要再给特殊照顾了。

1975年后，李贞住在香山脚下一个四合院里。房子破旧，卫生间漏水，几家合用一个锅炉，冬天屋内温度低。总政领导多次劝她搬家，她总是说："房子还能住。我有办法御寒。"她的"办法"就是脚穿帆布羊毛大头鞋，身穿棉大衣，膝盖上放热水袋，"全副武装"地把自己包裹起来。1980年，李贞被定为大军区副职待遇，但她仍然住在这里。

1982年元旦，一位领导去看望李贞。见她家里空空荡荡，家具破旧，感到很心酸，提出让管理部门给换一换。李贞不肯，说这已经很不错了。

直到1984年春天，在组织部门的劝说下，李贞才搬进紫竹院附近一幢公寓里，住上了一套军职干部房。

1985年9月，李贞给中共中央和中央军委写报告，请求辞去中顾委委员和总政治部组织部顾问的职务，让位于年富力强，更能胜任的同志。

1990年3月11日，李贞走完了她光辉的一生。

人们清理她的遗物时发现，这位参加革命64载的女将军，全部财产包括：4枚勋章；四把用了15年的旧藤椅；一只用了40年的行军箱；一台用了14年的"雪花"牌单门电冰箱；11000元人民币；2500元国库券；战争年代留下的两根小金条。

李贞在遗嘱中对她的遗物做了安排：一根金条捐给她的家乡浏阳县，一根捐给甘泗淇的家乡宁乡县，用于发展教育事业；存款一分为二，一部分捐送北京市少年宫，一部分作为自己的党费。

这就是李贞，一个把爱全都献给了人民的李贞。

向秀丽

精神在烈火中永生

向秀丽（1933—1959），女，广东省清远市人。12岁在火柴厂做童工。生前系广州何济公制药厂工会委员、班长，多次被评为先进工作者。1958年12月13日，所在的车间因酒精瓶破裂，酒精蔓延起火，危及烈性易爆的金属钠，她侧身卧地，截住燃烧着的酒精，被严重烧伤，但避免了一场严重爆炸事故。经医院全力抢救，因伤势过重而光荣牺牲，献出了年仅26岁的生命。她被广州市人民政府追认为革命烈士。2009年，向秀丽被评为"100位新中国成立以来感动中国人物"之一。

一　苦难的童年

1933年5月13日，向秀丽出身于广州一户贫苦人家。她的童年时代，正处祖国烽烟遍野时期。当日本侵略者的铁蹄，践踏到珠江沿岸的时候，9岁的向秀丽便随着家人，逃难到肇庆大湾的舅舅家里。一家七八口人，就靠在乐昌做店员的父亲偶尔寄的一点钱生活。一家人经常吃不到一顿饱饭。有时候，要靠淘洗马粪里残存的黄豆渣来充饥。

一天，母亲眼含热泪地对她说："阿丽，你愿意听妈的话么？"

乖巧的阿丽说："我听你的话，妈妈！"

母亲对她说，家里孩子多，爸爸又没钱养活一家人，有人要收你做养女，到别人家里去，兴许还会有餐饱饭吃。说着说着，母亲就忍不住搂住阿丽哭起来了。

9岁大的阿丽不久成了一个姓容的地主家的"养女"。其实，"养女"的身份就如同婢女。她在养父家受尽了苦难，白天在地里干活，晚上住在低湿霉臭的角落，吃的是残羹剩饭。经常受到养父、养母的呵斥打骂。最令人难以容忍的是养父的儿子生性凶残，以折磨人为乐，向秀丽经常无缘无故地遭受他的一顿毒打。她在地主家里苦苦熬了两年，受尽了各种折磨。一次她下田干活，砸伤了脚趾，后来化脓溃烂。但是地主还是不放过她，依然逼迫她割草放牛，伤口越烂越厉害；最后连路也走不动了。地主家看她没用了，便把她推出了门。可怜的11岁的阿丽，蹒跚地回到了家。进门便扑到母亲的怀里伤心地哭了。

回到家里，家里穷得顿顿喝粥，粥稀得能照见人。母亲可怜年幼体弱的阿丽，常多捞一些粥渣放在她的碗里。她趁母亲不备，把自己的碗和弟妹们换了，有时母亲盯着她喝粥，她只好胡乱喝上几口，装肚子痛，煞有介事地按摩着小腹，借故把自己的那碗稠粥推开。每当她看到有钱人家米饭鱼肉富足的时候，回家也问母亲：我们什么时候才有顿饱饭吃呀？妈妈心如刀绞，只好说：熬着吧，总会有那么一天的。

看见别人家的孩子们背着书包上学，她很羡慕，也渴望能够上学。她多次问母亲："妈，我们什么时候才能上学校呀？我们能上学校么？"母亲也只是无奈地说：熬着吧，总会有那么一天的。

在母亲的精心照料下，阿丽的脚部伤口总算愈合了，但足趾却永久留下了伤残，成为她悲惨的"养女"生涯永远的痛。

向秀丽能走动后，母亲希望她回到"养父"家里，在那里好歹也能吃到两顿粗米饭，不至于饿死。可孩子幼小的心灵受到了深深的伤害，死活也不愿再回去。她跪在母亲的面前恳求：

"妈呀妈！别再送我去，别再送我去！你可怜可怜我吧，我宁可在家里饿死，在河里淹死，也不再到那儿去……"

母亲心软了，她不忍心再把女儿往火坑里推。就这样，向秀丽留在家里了，这年她11岁。为了减轻家里负担，她给别人家挑米、洗衣服、做保姆、钉纽扣、装火柴……凡是能挣钱的活，她能干的都干了。她从不叫苦，把挣来的一丁点儿钱全都给了母亲，能为母亲分忧她感到很快乐。

抗战结束后，向秀丽一家人回到广州。1948年，经人介绍向秀丽被和平药厂临时雇用，做了一名包装女工。那时她已经15岁了。她的命运并没有根本改变，辛苦的劳动，换来的只是一点微薄的工钱。1949年10月，广州解放了！苦难的日子终于熬到了尽头。

二 成长历程

解放大军开进广州城，人们夹道欢迎。鞭炮声、欢呼声和军乐声响成一片。向秀丽看到纪律严明、精神饱满的部队，她头一次感觉到激动和欢乐，头一次感到生活有了希望。她同大家一齐高喊："毛主席万岁！""中国共产党万岁！""中国人民解放军万岁！"她兴奋地紧随着大军行进，一直走了好远好远。

解放了，广州的革命秩序建立起来，人民生活渐渐安定。从前那些贪官污吏、流氓地痞、恶霸把头，纷纷落网或逃走……广州出现了生气勃勃的新面貌，受苦受难的人们彻底翻了身。

向秀丽一家的生活一天天的改善。哥哥姐姐们进工厂当了工人，有了稳定的工作和收入；母亲参加了街道工作，成为街道积极分子。向秀丽更高兴的是弟弟、妹妹上学读书了，她多年的上学读书的梦想弟妹们实现了！向秀丽经常对朋友说："旧社会，什么苦味我都尝过了，就是没有尝过甜的滋味。现在总算是尝到了。"她由衷地感谢共产党，感谢毛主席的恩情！

1952年，向秀丽开始积极投身群众性的政治活动，参与工会工作，她荣幸地担任了和平制药厂第一届工会组织委员和基层工会女工委员。当然，工会工作也不是好干的，她碰到重重困难。药厂的群众基础还很差，以前的很多职工都是凭关系进来的，他们中不少人是姓高的资本家的亲戚朋友，药厂被称为"高家祠堂"；向秀丽缺乏群众工作经验，文化水平低，开会、听报告和政治学习，做点笔记都困难。但她不灰心，经常接近群众，做群众的贴心人，很快树立起威信，逐渐成为群众拥护的工会工作者。

广州解放之初，百废待兴，和平制药厂也困难重重。原料和销路问题制约着生产的发展，药厂陷于半停顿状态。面对难关，有人无动于衷，有人悲观失望，有人提出把药厂分光吃净……向秀丽和厂里的积极分子决心保住药厂，他们依靠工会组织，到处奔走求援，终于从国营公司拿到了加工订货的任务，工厂得以正常生产。

向秀丽全力维护药厂和工人的利益。有一次，厂里的一个药师，因为对年终双薪问题不满，故意刁难，要求工厂添购一个价格昂贵的分析天平和一些化工仪器等器材，并自行停止了配料工作，生产陷于停顿。这时，向秀丽站出来。在一次职工会议上提出，是否非得添置这些昂贵的仪器，生产才能正常进行？二是过去没有那些器械也一直在生产着，为何不购置新器材就停止配料，停止生产？造成停工和影响职工生活，谁应该负责？药师见势头不对，又经向秀丽的劝说，也就顺水推舟，答应恢复配料工作。向秀丽经过实际的锻炼，逐渐成长起来。工人们赞叹地说："阿丽变了，她进步得很快！"她由柔弱而沉默寡言，变得越来越勇敢和坚强。

　　药厂老板看到向秀丽的威信日益提高，便半讥讽半威胁地对她说："阿丽，你自己进步好了，可不要搞风搞雨呀？"向秀丽针锋相对地说："只要是对工人有好处，搞什么我都会拼命搞。"

　　老板见她不吃硬的，又来软的一手。一次过节，向秀丽回家时，见有人送来蛋糕和鸡鸭等礼品，说是老板的意思。向秀丽严词拒绝，让把这些东西拿走。后来，老板借口她工作积极，准备给她加薪，也被她拒绝了！

　　1954年9月，向秀丽经过干部训练班学习，成为工会的骨干。同年的11月，她光荣地加入了共青团（当时叫新民主主义青年团）。入团之后，她更加勤恳踏实、积极负责。她是为了党的事业活着的，为了党的事业而工作着的。药厂包装工每月领取的是计时工资，由于搞工会工作，严重影响向秀丽的工资收入。基层工会主席让她尽量不在工作时间去搞社会活动，以免影响她的收入。她表示，决不能因为自己的工资问题而影响工会工作。她知道，现在的生活比旧社会强多了。

　　向秀丽总是想着：一定要干多些，干好些。她朝气蓬勃、充满活力地生活着，工作着，学习着。她对未来充满希望。

　　要为党多做工作，就要提高自己的政治水平和文化水平。向秀丽进了职工业余学校念书。她刻苦用功，不懂就问，坚持到业余学校上课，上过夜课才回家吃晚饭。1953年，团支部吸收她参加青工学习班。在课堂上，她第一次听到了刘胡兰、董存瑞、黄继光、卓娅、保尔·柯察金等许多中外英雄人物的名字和英雄事迹。她非常崇拜这些英雄人物，决心做个他们那样的人，时刻以英雄人物的事迹激励和鞭策自己。

　　1956年，广州市开始对私营工商业进行社会主义改造的时候，向秀丽积极投入这项工作，被推选为厂里的合营工作委员会的委员。同年2月全行业公私合营后，向秀丽被调到何济公制药厂做包装工人。她努力工作，任劳任怨，不计较个人得失。为了完成生产任务，她有时从早上8点一直工作到夜里3点。

1958年，何济公制药厂要试制新产品，向秀丽被调到"甲基硫氧嘧啶"生产小组，她由包装工变成了制药工。生产这种化学制剂技术复杂，制造时要使用金属钠。金属钠具有强烈的爆炸性能，遇火会爆炸燃烧。在试制过程中，也曾有好几个工人被烧伤过。向秀丽当然知道工作的危险性，但她却很乐意从事这种工作。有人问她为何调到这一岗位，她说："革命工作不能挑肥拣瘦，党需要我干什么，就干什么。如果大家都不干，谁来干呢！"

向秀丽的文化水平较低，要掌握化学知识和配制技术，就必须更加刻苦钻研。她虚心向师傅请教，回家后常常钻研到深夜。她认真做学习笔记、写工作日志。丈夫劝她休息，她就说："我不懂技术，不苦学就跟不上去。"经过刻苦钻研，她只用一个多月时间就掌握了基本操作技术，她们的"甲基"小组出色地完成任务，荣获了优胜红旗奖。向秀丽两次获得季度先进生产者奖。1958年10月31日，向秀丽被党组织接受为预备党员。她的入党介绍人吕燕珍曾这样评价说："向秀丽是个做事踏实的人，凡事听从组织安排，工作任劳任怨，从不讲价钱，不多出声，为人实在正直。"

三　勇扑烈火

1958年12月13日，一个周末的晚上。广州何济公制药厂四楼化工车间灯火通明。向秀丽和另外两个女工罗秀明、蔡秋梅紧张地劳动着。她们在制造药品"甲基硫氧嘧啶"，车间里一排10几个煤炉烈火熊熊。罗秀明从楼下提上来一瓶重25公斤的强力无水酒精，这是制药的配料。罗秀明年轻，个子较小，把酒精提到四楼已经很吃力了，当她挟着沉重的酒精瓶倾倒酒精时，身体摇摇晃晃的，有点支持不住了。

　“来，我来帮你忙！”向秀丽放下手头的工作，跑过去扶住酒精瓶，帮罗秀明把酒精注入容器。

　这是一瓶新买回来的酒精。装酒精的大瓶子跟以前他们使用的瓶子有点不同。当她们在转换量杯时，因操作不方便，酒精瓶底碰破了，瓶里的酒精泄漏出来，在地面四下流溢。不幸的事情刹那间发生了。

　由于酒精浓度大，车间又比较小，她们倾注酒精的操作台，距离那10几个煤炉很近，飞溅蒸发的酒精，遇到煤炉的灼烤，立刻燃烧起来。

　火势四处蔓延，一团团火焰好像无数毒蛇猛蹿，向秀丽的布鞋和裤脚被烧着了，罗秀明的围裙、口罩、头发也着了火。情况万分危急。

　她们三个人都没有灭火的经验，一时又找不到灭火的工具，心里不免着慌。罗秀明立刻离开了操作台，扯下了着火的围裙和口罩，扑熄了头上的火，随后倒地打滚，压熄了身上的火焰。

　车间里的火越来越大了。向秀丽想起车间的一角正放置着五六瓶金属钠，这是易燃的烈性爆炸物，而且还浸在石油里的；万一着火爆炸，整个工厂就会被炸毁，厂房又处在市区，灾害的波及面会更大。

　“不能让金属钠爆炸！”向秀丽脑海里闪出了这样的念头。她不顾个人安危，只想着迅速把猛烈燃烧的火焰扑灭，拼命也要保住那几瓶金属钠。

　她突然想起车间一角放着几个防火砂盒，便连忙奔过去，想用砂盒灭火。只听见蔡秋梅高喊：“阿丽，你身上着火啦！”

　向秀丽停住脚步。如果要取砂盒，就要经过放置金属钠的地方，那条通道很窄，带着火过去，就会引起金属钠的燃烧爆炸。她放弃了取砂盒的念头。

　火焰在车间里继续蔓延，在向秀丽的身上继续燃烧。火焰从她的腿部、腹部，一直烧到胸部。蔡秋梅赶忙奔过去，要扑灭她身上的烈火。

在这危急的时刻，向秀丽看见一股带火的酒精，正顺着倾斜的地面，流向放置金属钠的地方。

"必须把火遏住！"向秀丽完全忘掉自己了。"你们别理我，赶快叫人来抢救！"她高声向蔡秋梅喊道。蔡秋梅顿时愣住了。

"不要理我，快去叫人！快！快！……"向秀丽斩钉截铁地命令道。

蔡秋梅只好下楼喊人。当她走下楼梯时，回头看见向秀丽不顾自己遍身着火，俯下身来，毫不迟疑地用自己的双手和肉体，挡住那股蔓向金属钠的烈火。

烈火考验着向秀丽的意志，炙烤着她的肉体。火流被遏制在她的身躯和臂围之间，无情地在她的身上燃烧，她倒下了，她昏迷了，火流没有接触到金属钠，金属钠没有发生爆炸，工厂保住了，工厂周围群众的生命与财产没有受到伤害和损失……

"别管我吧！别管我，快走，快去抢救金属钠！"当领导和工友们赶来抢救，扑熄她身上的火焰时，从昏迷中醒来的向秀丽用坚定的声音这样说。

四　精神永存

在医院昏迷了三天三夜后，向秀丽清醒过来了。她说的第一句话就是："金属钠有没有爆炸？工厂有没有损失？罗秀明有没有受伤？"她想到的不是自己。

住院治疗期间，向秀丽的意志力令常人难以想象，她顽强地忍受着病痛的摧残。医护人员由衷地感叹："这是一个多么坚强的人啊！"每次为她清除腐肉、植皮、输血、注射，她都要经受撕心裂肺的疼痛，她紧咬牙关，强忍着、坚持着，医护人员都不忍心看她的脸。实在忍不住了，就叫医生打开留声机，让歌声淹

向秀丽的入党介绍人吕燕珍为大家介绍向秀丽生前事迹。

没自己的呻吟。尽管医院全力抢救，也未能挽救向秀丽的生命。
火灾33天后，向秀丽去世。

　　向秀丽的英雄事迹传开后，全国掀起了学习"向秀丽精神"
的热潮。林伯渠、董必武、郭沫若、陶铸等党和国家领导人为她
作诗题词。林伯渠在诗中写道：

　　　　磊落光明向秀丽，扶危定倾争毫厘；
　　　　一身正比泰山重，风格如斯世所师。

董必武写了七律：《纪念向秀丽同志》

　　　　烈物延烧势甚危，纵身扑火不犹疑。
　　　　谨防爆炸将旁及，忍受燔魚强自持。

风格在于维大局，精诚所到树红旗。

重伤百药都无效，忘我仪型永世垂。

郭沫若写了《赞向秀丽同志》一诗：

向秀丽同志，你全身都化为了光，

你是英勇的献身精神的形象！

酒精哪能够毁灭你呵，

而是使你永生在人们心上。

你没有辜负人民的期望，

你是优秀的党的女儿，

你永远是人民的榜样！

1959年，广州市人民政府追认向秀丽为革命烈士。2009年9月10日，在中央组织部、中央宣传部等11个部门联合组织的"100位为新中国成立作出突出贡献的英雄模范人物和100位新中国成立以来感动中国人物"评选活动中，向秀丽被评为"100位新中国成立以来感动中国人物"。

向秀丽的英雄事迹激励着一代又一代人，向秀丽精神在烈火中永生！

张志新

为信仰而献身

　　张志新，女，1930年12月5日身于天津一个大学音乐教师家庭，1950年被保送到河北天津师范学院，抗美援朝战争爆发后参加中国人民解放军，被保送到中国人民大学学习俄语，毕业后留校工作。1955年入党，1957年调往沈阳工作。1962年后任中共辽宁省委宣传部干事。"文革"中，她反对林彪、"四人帮"的倒行逆施，遭受残酷迫害，在1969年9月被捕入狱，但她不屈不挠，坚持斗争，两次被判处死刑、一次死缓。1975年4月4日被杀害。1979年3月获得平反，并被追认为革命烈士。

一　热血青年，突坠深渊

　　1930年12月5日，张志新出生在天津。父亲张玉藻有很高的音乐素养，早年曾参加过辛亥革命；母亲郝玉芝是一位知识女性，毕业于山东济南女子师范学校。张家兄弟姐妹7人，张志新有3个哥哥、3个妹妹。他们从小受到良好的家庭教育，特别是张家姐妹们继承了父亲的音乐天分，从小学会了弹奏乐器，她们曾被誉为天津音乐界的才女。

1950年，张志新被保送到河北天津师范学院教育系学习。这时，朝鲜战争爆发，张志新为响应党和国家"抗美援朝，保家卫国"的号召，毅然投笔从戎，参加了中国人民解放军；当时部队急需俄语翻译，她被保送到中国人民大学学习俄语。1952年张志新提前毕业，没被派往抗美援朝前线而留校工作，结识人大哲学系团委书记曾真，两人相识而后恋爱，1955年国庆，结为连理。1955年12月，张志新光荣加入中国共产党。1957年，夫妻二人被调往沈阳工作；1962年，张志新被调到辽宁省委宣传部当干事。

张志新在新的工作岗位上充满热情，全部身心投入工作，决心干成一番事业。就在这时候，"文化大革命"开始了，运动像风暴一样来临，迅速席卷辽沈大地。怀疑一切，打倒一切，一大批老干部成了"叛徒""特务""反革命"而被打倒在地。张志新愕然了，她不明白眼前发生的一切是为什么。她想从毛泽东著作中找到答案，她苦苦思索着：若老干部们是早已投敌的"叛徒"，为什么在阶级搏斗中却为革命立了功？如果他们早就是资产阶级代理人，为何在推倒三座大山的过程中不为蒋介石效劳？如果他们披的是"反革命两面派画皮"，为什么能够长期隐瞒下来？他们有什么罪？哪个罪名能成立？老干部一个个被揪出来，国家将来怎么办？一系列的问题，她不理解，让她感到不寒而栗！张志新变得沉默寡语了，脸上总是挂着哀愁与忧虑。大字报上那些对老干部上纲上线、必欲置之死地而后快的犀利言辞，犹如刀子剜着她的肉，如烈火炙烤着她的心。每次参加批斗原东北局和省委的一些主要领导的大会后，她都像得了一场大病一样。作为一个共产党员，她有多少心里话要向党说啊！可是党的组织在哪里呢？

随着运动的逐渐深入，张志新由重重疑虑变为愤慨；她仔细观察着"文化大革命"的进程，搜集研究各种小报和材料。她总是反复盘问自己："是谁，又根据什么做出了与事实相背离的诬陷？"那怀疑一切，打倒一切的种种行为，那些打砸抢的恶劣行

径、林彪、江青一伙的煽动性的讲话，使她渐渐明白了：那些被打倒的人，不一定都是反对毛主席的，这背后可能有什么名堂！而搞这些名堂的人，正是林彪、江青一伙。

1968年春天的一个星期天，张志新到一个女同事家里借江青的讲话资料。女同事要求张志新脱离她原来的那一派，站到她们那一派来，认为她们那一派才是真正的革命派。张志新说，我考虑的不是哪派的问题，而是"文化大革命"的问题，"文化大革命"好多问题我不理解，比如说江青叶群她们过去是干什么的我都不了解。说者无心，听者有意，女同事马上向她那一派组织的头头去汇报此事，张志新的这番话被写成了文字材料，装进了她的档案里。

在动荡的紧要关头，张志新决心用战斗来捍卫马列主义真理。她回到天津老家，清理和焚烧了个人信件与一些材料。她告诉母亲："现在是为国家贡献力量，也是为孩子们做出榜样的时候了！"她又到北京的哥哥、妹妹家中，告诫他们对任何事情都要多问一个为什么，并对父母疾病治疗和生活等事情向他们做了交代。为坚持真理而斗争，张志新作好了应对一切的准备。

二　卷进旋涡，激流搏斗

1968年5月，辽宁省革委会成立。10月，辽宁省三万余名机关干部，被送进盘锦的辽宁省"一〇·五"干校，张志新也在其中。她在私底下的言论成了罪行，她被卷入了政治斗争的旋涡，被造反派揪了出来，这名共产党员成了"现行反革命分子"！她白天参加劳动，晚上受审查批判，造反派要挖深挖透她的"黑思想"，逼她交代"罪行"，还专门成立一个"413"专案组。

其实，张志新的所谓"反动言论"，最初只是和同事无意说的，没有在公开场合说过，甚至对爱人也没说过。但在反复的批

张志新在读书。

斗和交代中，她被迫交出了很多问题，她的"黑思想"被挖掘得越来越深，她一步步走向深渊，罪行越来越严重。这一年，她的女儿曾林林12岁，儿子曾彤彤3岁。孩子们失去了母爱，女儿的心头蒙上了阴影。在无休止的检讨批斗中，张志新受尽了磨难，她想尽快结束这种折磨。1969年1月5日，张志新给爱人曾真写了一封诀别信——

曾真：

　　结婚14年我们生下了一男一女，我没有也无力完成自己的义务，希望你很好的抚养下一代，对林林要耐心，女孩子每长一年事就更多，要很好爱护她。叫她不要早婚，妈妈对不起他们。春节好好照顾。过去自己修养不好打骂过孩子，让她别往心里去！好好学习，锻炼身体。改正"没有坚持精神"的缺点。让她好好照顾小

弟弟，不要伤心，要坚强。

几年我对你没疼没爱，犯过的错误已结束了。彻底把我忘却，重新开始新的生活！原来为你买东西的那笔钱，是我平时结余的，打算为父母办理丧事用的，如能积起可交我母亲治病用。也是最后一次尽孝！不过不要告诉他们，这会使他们受刺激犯病（你尽可能这两三个月每月给他们寄15元吧！也可不寄，叫志勤寄）。平时多注意身体！为了革命多照顾自己吧！

我没给父母写信，如果沈阳家里没人照看，你可写信去和母亲商量是否把孩子放津！不过我考虑，他们若身体不好，困难会大些。如若可能还请何姥来照看，工资稍少些可减轻负担！总之担子都是你的了。对孩子要耐心！对不起你。

十几年辜负了党的培养！一个人不管是生或死只要是为了革命就是有意义的！

我懂得了革命，决心要为革命献出一切！

以前千错万错，如果不能饶恕，我愿接受最严厉的惩罚，毫无怨言。

真正的革命事业永远是兴旺的蒸蒸日上的。为盘锦的美好未来欢呼！再次欢呼这个胜利的前途！愿为美好的未来添点出点力。但有没有这种可能，确不是能由我所决定的。革命能否容纳，党和人民决定。怎么定我怎么领。

中国共产党万岁！

伟大的祖国万岁！

毛主席万岁！

志　新

1969年1月5日晚

这封信被装入了曾真和张志新的档案里。10年后，曾真才看到这封信。曾真与孩子读信时，声泪俱下，悲痛欲绝。曾真也曾经含泪泣血地给妻子写了回信，可在九泉之下的她如何体会到活人的悲痛呢？当然，这是后话了。

1月9日。张志新写下遗书，准备自杀。遗书被发现后，她的罪行更严重了，监管更严，并召开批斗会，批判她"以死向党示威，对抗运动"罪行。

在批斗会上，造反派质问张志新："你昨天写的所谓遗书，是什么意思？"

张志新："那是不对头的。"

造反派问："在遗书中的观点，你认为是对的吗？"

张志新回答说："这些观点，我认为是应允许存在的，应在今后的革命实践中去证实是正确的，还是错误的。"

造反派问："哪些观点需要在实践中证实？"

张志新坚定回答："两个司令部斗争问题，打倒那么多人的问题，这里面有些肯定是对的，但有些不一定对。"

造反派紧接着逼问："你在遗书中认为你是正确的，但为什么想死？"

张志新回答道："从我自己来想，是不想死的。但觉得我的想法，在时间、地点上，是得不到宽恕的。革命非常时期，革命就要坚决处理。"

当被追问曾真对她的影响时，她马上意识到，她的不幸会株连家人。她果断地说："我的思想观点与曾真无关。"她表示考虑要与曾真离婚。

三　身陷囹圄，以命抗争

1969年9月24日，张志新被捕入狱，罪名是"反革命"，在沈阳看守所关押，家人亲属不许探视，与外界隔绝了。

镜头作一下回放。从1968年12月20日张志新被当作"现行"问题揪出来，到1969年9月，张志新用她那支愤怒的笔，一共写出了十几万字的交代材料，提出了几十个问题，她系统地揭露了林彪、江青一伙的罪行，剖析其理论基础的由来和发展，语言犀利，分析透彻，论理精辟，逻辑严谨。她指出林彪所说的"主席的话一句顶一万句，主席的指示理解的要执行，不理解的也要执行"，这样下去局面是不堪设想的！她揭露了林彪的罪行，一针见血地指出：林彪的"五一八"讲话"是为大换班大清洗制造舆论，搞阶级斗争扩大化，不是从阶级出发，而是从某一宗派和集团出发"！她还揭露了江青："从江青的多次讲话及反映在文化大革命的斗争关系和社会舆论，我对江青的历史经历是有怀疑的"，"这个叛徒、那个特务，她自己怎么样"，"她同样存在着否定一切的问题，她对建国以来一百几十部电影的评价，就反映了她否定一切的态度，这当然不是方法问题"，"把很多电影、戏剧都批了，就剩下几个样板戏，唱唱语录歌，这样搞下去祖国的文化艺术不是要枯竭了吗？"她认为"武斗、分派、联合不起来"，背后就是江青在搞鬼。林彪、江青故意神化领袖，目的险恶。她认为不应定"六十一个人"为叛徒集团，应该给彭德怀同志平反……

张志新的思想冲破了牢笼，奔放驰骋，在林彪、江青一伙大搞封建法西斯专制的无比黑暗时空中，她的思想闪烁着耀眼的光辉！在那样一个人人自危、万马齐喑的年代，有很多雷区、禁区，触雷就死，触犯禁区，就会被戴上一顶反动、反革命等大帽子，受到批判、拘捕、判刑。张志新却无所畏惧。她用一个共产党员应有的权利，说出了多少人敢想而不敢说的话！表现了一个共产党员的大无畏精神！

究竟张志新在交代材料中还写了什么，后来《光明日报》记者陈禹山从张志新案的档案材料中抄录了几段原话，我们可以更全面、更深刻地了解一位共产党员的英雄气概和高尚气节。

在对毛泽东的认识上，张志新写道："我认为，在社会主义革命和社会主义建设阶段，毛主席也有错误。集中表现于大跃进以来，不能遵照客观规律，在一些问题上超越了客观条件和可能，只强调了不断革命论，而忽视了革命发展阶段论，使得革命和建设出现了问题、缺点和错误。集中反映在三年困难时期的一些问题上，也就是三面红旗的问题上。""把观点明确一些讲，就是认为毛主席在这个历史阶段犯了'左'倾性质的路线错误。"

张志新还说："毛主席在大跃进以来，热多了，科学态度相对地弱了；谦虚少了，民主作风弱了；加了外在的'左'倾错误者的严重促进作用。具体地说，我认为林副主席是这段历史时期中促进毛主席'左'倾路线发展的主要成员，是影响'左'倾错误不能及时纠正的主要阻力。导致的结果从国内看，是使我国社会主义建设、社会主义革命受到挫折和损失。这种局面确实令人担忧和不安。"

在对"文化大革命"的看法上，张志新认为："这次文化大革命的路线斗争是建国后，1958年以来，党内'左'倾路线错误的继续和发展。并由党内扩大到党外，波及到社会主义的经济基础和上层建筑的各个领域、多个环节。这次路线斗争，错误路线一方伴随了罕见的宗派主义和资产阶级家族式的人身攻击，借助群众运动形式，群众专政的方法，以决战的壮志，实行了规模空前的残酷斗争，无情打击。因此，在它一直占有了压倒优势的情况下，造成的恶果是严重的。我认为它破坏了党的团结，国家的统一；混淆了两类不同性质的矛盾；削弱了党的领导；影响社会主义革命、建设事业的正常进行……"

无须再摘录了，这在当时实在是太大胆了，甚至连命都不要了。1970年8月，张志新被判无期徒刑，投入沈阳监狱劳动改造，与第三大队女监犯人关在一起，实行集体关押。由于张志新坚持自己的言论，不久被单独关押，并且遭到非人的虐待。

四　两判死刑，惨遭杀害

张志新曾两次被判处死刑。

1970年5月14日，盘锦地区革命委员会人民保卫组曾判处张志新死刑，立即执行。可以想见，这是多么混乱和荒唐，一个"革委会"的保卫组就可以给人判刑！当案件呈送到沈阳市中级人民法院，中院同意判处死刑，立即执行。案件呈至辽宁省高级人民法院，高院的审判意见为刑期15年。但审判意见稿送到掌管高院的军代表手里时，审判意见稿全被改了，军代表连写了"六个恶毒攻击"，结论是：判处死刑，立即执行。再呈报辽宁省革命委员会审批。审批会上，与会者对盘锦地区革命委员会人民保卫组、沈阳市中级人民法院和辽宁省高级人民法院一致判处张志新死刑，均表示无异议。但在最后关键时刻，辽宁省最高负责人、沈阳军区司令员陈锡联却发话了：留个活口，当反面教员，不杀为好。于是，改判张志新无期徒刑，投入沈阳监狱劳动改造。

张志新躲过一劫，死里逃生，但很快又大难临头。

1973年11月16日，在犯人参加的"批林批孔"大会上，当报告人批判林彪推行"极右路线"时，已经精神失常的张志新突然站起来，高喊："中共极右路线的总根子是毛泽东！"在大庭广众之下，张志新敢"恶毒攻击毛泽东，证据确凿，罪行累累，"因而张志新被认定"仍顽固坚持反动立场，在劳改当中又构成重新犯罪"，被提请加刑：判处死刑，立即执行。

1975年2月26日，中共辽宁省委常委召开扩大会议，审批张志新案件。会上研究《关于现行反革命犯张志新的案情报告》，出席会议的毛远新等人认为张志新反动透顶，在判处无期徒刑以后，一直相当反动，死心塌地继续进行反革命活动，多活一天多当一天反革命，杀了算了。最后决定判处其死刑。次日，辽宁省高级人民法院遵照辽宁省委常委扩大会议决定，给沈阳市中级人民法院下发文件：

> 你院报省审批的张志新现行反革命一案，于1975年
> 2月26日经省委批准处张犯死刑，立即执行。希遵照执
> 行，并将执行情况报给我们。

3月6日，监狱有人提出张志新"是否精神失常"的问题，并向上级报告。3月19日，上级批示："洪××同志不考虑，她的假象，本质不变，仍按省委批示执行。"

4月3日，张志新被判处死刑，立即执行。第二天，反绑双手的张志新被拉出牢房，为使她发不出正义的呼喊，一把手术刀野蛮而残忍地切断了她的喉管。两小时后，张志新在大洼刑场被枪决……

五　绕过"禁区"，平反昭雪

1976年10月6日，以华国锋、叶剑英等为核心的中央政治局，采取断然措施，对王洪文、张春桥、江青、姚文元实行隔离审查，江青反革命集团被粉碎。全国亿万群众热烈庆祝粉碎"四人帮"的历史性胜利，"文化大革命"的十年内乱宣告结束。12月5日，中共中央发出通知："凡纯属反对'四人帮'的人，已拘捕的，应予释放；已立案的，应予销案；正在审查的，解除审查；已判刑的，取消刑期予以释放；给予党籍团籍处分的，应予撤销。"随后，全国各地开始清理纠正"文革"时期的冤假错案。

张志新案的平反过程却并非一帆风顺。张志新案最初由原办案人、沈阳市中级人民法院一名法官复审。他认为，张志新案"没有什么可改的"，理由是"反对毛主席，事实确凿"。因为

张志新。

中央文件规定：反对林彪、"四人帮"的要平反。但反对毛主席的，仍然定性为"反革命"。

辽宁省委令这名原办案人员回避，改由赵文兰复审此案。赵文兰边看案卷边掉泪。张志新说的那些话，表明了她对党的忠诚，她把心都掏出来了，不顾个人的安危，不顾家庭和孩子。赵文兰认为要翻这个案，一是看能否冲破"禁区"，即指所谓的反对毛主席；二是张志新在狱中被逼疯问题。这两个问题解决了，案子才能翻过来。

1979年3月1日，沈阳市中级人民法院发文宣布，为张志新同志彻底平反昭雪。

1979年3月9日，辽宁省委常委会议听取张志新案复审的汇报。省委书记任仲夷绕过了"禁区"，对张志新被害的主因避而不谈，非常巧妙地主张为张志新平反昭雪。

任仲夷在会上说："张志新案件是件奇冤大案。她的死是非常惨的。张志新同志是一个很好的党员，坚持真理，坚持党性，坚持斗争，宁死不屈。她最后死在林彪、'四人帮'及其死党毛远新的屠刀之下。我赞成将她定为烈士，予以彻底平反昭雪，对她的家属、子女要很好照顾，由此造成的影响要彻底肃清。要开追悼大会。要号召党员、革命者向她学习。她是很努力学习的。不学习是讲不出这么多言论的。我们现在搞解放思想，她早就思想解放了。要学习她那种'五不怕'的精神。省委要搞出一个很好的文件，给张志新同志以表扬。这个文件不仅下发，还要向中央上报。"

于是，辽宁省委做出了《关于为张志新同志平反昭雪、追认她为革命烈士的决定》（简称《决定》）。《决定》指出："张志新现行反革命案件，纯系林彪、'四人帮'及其死党一伙为了篡党夺权，疯狂践踏党的民主生活，破坏社会主义法制草菅人命，残酷迫害革命干部，实行法西斯专政造成的一起大冤案，必须彻底平反昭雪。""张志新同志惨遭杀害，是林彪、'四人帮'及其死党一伙阴谋篡党夺权，推行极左路线，搞法西斯专政所造成的严重恶果。"

1979年3月31日辽宁省委召开了为张志新烈士平反昭雪大会。

历史终于还张志新一个清白。张志新在1969写下的对毛泽东的评价，与10年后中共中央《关于建国以来党的若干历史问题的决议》中对毛泽东的评价部分有着惊人的相似。张志新用生命作代价，提前10年道出了一个思想者的内心独白。

吴健雄

享誉世界的"东方
居里夫人"

吴健雄（1912—1997），祖籍江苏太仓，民国十大才女中唯一的女科学家，对20世纪的实验物理学做出了一系列的重大贡献，有"世界最杰出的女性物理学家""核物理女皇""东方的居里夫人"之美誉。1944年，她参与了美国曼哈顿计划，1956夏天至1957年1月，吴健雄采用钴60进行β衰变实验，发现了宇称在弱相互作用下的不守恒，推翻了"宇称守恒定律"。1975年，吴健雄当选美国物理学会第一任女性会长，成为堪与费米、康普顿等科学巨匠比肩的物理学一代旗手。1990年，中国科学院紫金山天文台将发现的一颗小行星命名为"吴健雄星"，将她的名字留在了永恒的星空。

一　灵气斐然

吴健雄于1912年5月31日出生于江苏省苏州太仓浏河镇。作为家中的长女，她的出生给这个读书人家庭带来许多欢乐。由于她这一代排行健字辈，父母又以"英雄豪杰"顺次为子女名字，在年长3岁的大哥健英之后，吴家为女儿取名健雄，小名薇薇。

后来，健雄的弟弟名健豪。

吴健雄的祖父吴挹峰在清末中过秀才，难免有些重男轻女的守旧观念。因此，吴健雄虽是家中唯一的女儿，却没有受到溺爱娇宠。幼时的她眉清目秀，言谈举止间已经流露出逼人的灵气与不俗的见识。

有一次，吴健雄听见爷爷叫她母亲"平平"，小健雄便皱起眉头，给爷爷更正道："爷爷，妈妈不叫平平，叫复华，樊复华。"

孙女的机灵和淘气令吴挹峰喜欢，便继续问起道："薇薇，你知道妈妈为什么叫复华？"吴健雄说："复华，是由孙中山说的驱逐鞑虏，恢复中华。爸爸常说他是个大好人，就给妈妈改了叫复华的名字。"原本对吴健雄是个女孩有些许不快的祖父，也逐渐地疼爱这个孙女了。

由于父母都坚持提倡男女平等的开明理念，使得出身于书香门第的小健雄从小就得到了读书识字的机会。她的小学教育是在浏河镇的明德学校完成的，学校名为"明德女子职业补习学校"，取意于"大学之道，在明明德"和"明文德治"。吴健雄对这所学校具有极其深厚的感情，因为这所校园不仅给了她正规的知识教育，更蕴含着父亲在建校过程中所体现的勇于担当、勇于开风气之先的精神。这种精神让吴健雄引以为傲，也使她受到人生的启迪。从某种程度上说，父亲吴仲裔是小健雄人生中第一任重要的老师，父亲的开明与胆识对小健雄的一生有着最深远的影响。

父亲就曾在太仓县立第三高等小学学习，毕业后考入上海的南洋公学，它是上海交通大学的前身。父亲在南洋公学充满学术自由、竞争开放的氛围中，逐渐接触到西方国家的自由、平等思想，阅读了有关人权和民主方面的书籍。他不但思想进步，还是一个兴趣广泛的人。他在无线电、狩猎、风琴、吟诗作词等方面都很精通。他对子女并不强加要求，但在耳濡目染之下，子女们

也都继承了父亲热爱生活的情致与雅趣。据吴健雄回忆，父亲给家里装了一台矿石收音机，还组装了好几台送给乡邻。因为当时没有丰富的文化娱乐生活，闲暇时大家只能到茶馆小聚，谈谈新闻，讨论新鲜事物。于是，父亲便给每家茶馆送去一台，使喝茶的乡亲都能够了解外面的世界。

吴仲裔不仅是一名吟风弄月的读书人，还是一位侠肝义胆的男子汉，他曾率领民团剿灭当地土匪，击毙匪首，为民除害。

吴仲裔特别重视教导子女接触新知识，他将上海《申报》上一些科学趣闻念给孩子们听。此外，他还常看上海商务印书馆出版的"百科小丛书"，为小健雄讲述一些科学家的故事，吴健雄从小便对于探索奇妙的自然知识产生浓厚的兴趣。

吴仲裔在现代文明及自然科学方面对孩子的启蒙，使吴健雄立志于钻研自然科学，父亲的开明、胆识与人品对吴健雄日后为人处世及治学态度都有很大影响。

吴健雄的童年是一段"美好而快乐的生活"。父亲对她的一生影响很大，她曾说："如果没有父亲的鼓励，现在我可能在中国某地的小学教书。父亲教我做人要做'大我'，而非'小我'。"

读完小学后，吴健雄考入苏州市第二女子师范学校，开始了新的梦想和追求。

苏州第二女子师范是当时的名校，校长杨诲玉是一位教育家。她自己有新的教育理念，在苏州女师进行过多项实验教育，取得良好的效果，在海内外教育界享有盛誉。能够进入该校就读并不容易，吴健雄在苏州第二女子师范的入学会考中，在近万名考生中以第九名的成绩顺利入学。进入苏州女师后，吴健雄不但能够接受众多优秀教师的培养，还在新式的实验教育中进一步感受到了先进开明的新观念，由于经常邀请知名学者来校演讲，吴健雄的见识与视野也进一步开阔起来。

1929年，吴健雄以优秀成绩从苏州女师毕业，并获准保送进入南京国立中央大学。根据当时的规定，师范学生保送上大学需要先任教服务一年，她便留校在小学部担任教师。

二　恩师胡适

早在苏州女师时期，吴健雄就已经知道胡适的大名。通过阅读《新青年》《努力周报》等杂志上胡适的文章，吴健雄对于这位年轻的北大教授充满了钦佩与景仰。

一次，胡适应邀到苏州女师进行演讲，校长杨海玉知道校内有一位被老师赞为"笔大如椽，眼高于顶"的才女叫吴健雄，并且她又恰恰对胡适先生的思想充满崇拜，便特地让吴健雄记录整理这一次的演讲内容。

事隔经年，吴健雄还记得胡适演讲题目叫作《摩登的妇女》，内容在于探讨女性应如何在思想上走出旧传统的桎梏。吴健雄对于胡适在演讲中举的一个事例记忆犹新——胡适先生指出，中国一个一贫如洗的以拾荒为生的老太太，如果无意间在垃圾堆里找到钱或有价值的东西，一定不会送还人的。因为道德标准是和生活水准有着密切的关系。相对于以往学究一味倡言道德修身的陈腔，胡适这种以客观理性的方式评断人性的思路，也给了吴健雄很大的启发。

胡适结束苏州女师的演讲后，第二天到东吴大学演讲，吴健雄又赶过去听。在那次的演讲中，胡适不仅讲到了新时代的妇女，也对社会的改造提出了自己的见解，使得她的内心中思绪澎湃，激动不已。

前面说过，吴健雄被保送到中央大学后，没有立即进入大学深造，也没有去教书，因当时师范服务的规定并不严格。不愿意中断学习的吴健雄进了上海中国公学继续学习。

中国公学是我国第一所私立大学，当时留日学生因愤恨日本人歧视中国留学生，集体退学回国，并自力筹建了这所大学。

中国公学于1906年创办，胡适早年也曾投考该校并在此处就读。1928年，中国公学爆发学生风潮，胡适出面调停，在北大任教之余，亦兼任中国公学校长，并亲自教授"清朝三百年思想史"。

师范毕业的吴健雄，尽管成绩已经十分出众，但她觉得自己在数学、物理以及文史学科上，还有所欠缺。因此，她在中国公学就读期间，不仅选修了数学方面的课程，还选修了著名历史学家杨鸿烈教授的历史学以及知名社会学者马君武讲授的社会学。当然，给她印象最深也受益最多的，还是胡适讲授的"清朝三百年思想史"。

一次考试过后，批阅完试卷的胡适兴奋地对杨鸿烈、马君武说："我从来没有看到一个学生，对清朝三百年思想史阐述得这么透彻，我打了一个100分。"杨鸿烈、马君武闻言，均说班上有个学生总得100分。三人一经交流，发现总得满分的学生是吴健雄一个人。三位老师对她的才情赞不绝口，感叹"怪不得她能保送进中大呢"。胡适甚至曾在公开场合说过，与吴健雄的师生缘分，这是他生平最得意，也最值得自豪之事。

胡适对吴健雄十分赏识，一直关心着这位专心学术、满腹才思的弟子。胡适在旅行中看到书店有英国物理学家卢瑟福的书信集，认为吴健雄对此会感兴趣，就买了寄送给在美国念物理的吴健雄。胡适曾勉励吴健雄："凡治学问，功力之外还需要天才。龟兔之喻，是勉励中人以下之语，也是警惕天才之语。有兔子的天才，加上龟兔的功力，定可以无敌于一世。仅有功力，可无大过，而未必有大成功。你是很聪明的人，千万尊重自爱，将来成就未可限量。这还不是我要对你说的话，我要对你说的是希望你能利用你的海外往留期间，多注意此邦文物，多读文史的书，多读其他科学，使胸襟阔达，使见解高明，做一个博学的人。凡一流的科学家，都是极渊博的人，取精而用弘，由博而反约，故能大有成功。"对于胡适的栽培呵护之情，吴健雄心存感激，永远铭记。后来她承认，自己的所有研究成果，"不过是根据胡先生平日提倡'大胆假设，小心求证'之科学方法"所取得的。

三　投身科学

　　吴健雄在中央大学，最初读数学专业。由于吴健雄资质俊秀，学习勤奋刻苦，对所学课程轻松自如。强烈求知欲的驱使，使吴健雄阅读了很多物理学方面的书籍，对X光、电子、放射性、相对论等方面的理论很感兴趣，对伦琴、贝克勒尔、居里夫妇、爱因斯坦等科学巨匠佩服之至，他们对科学探索孜孜以求的精神感染和激励着她。于是，第二学年吴健雄便申请转到了物理学系。

　　中大物理系名师荟萃，系主任方光圻、天文学家张钰哲、电磁学专家倪尚达、近代物理教授施士元等都是顶级学者，在学术界赫赫有名。在这些大师门下学习，定会受益多多。

　　施士元在巴黎大学深造期间，在镭研究所曾经跟随居里夫人从事研究多年，是居里夫人仅有的中国弟子。施士元在教学之余，时常向同学们讲述居里夫人的故事，这些都使得吴健雄对居里夫人的崇拜敬仰之情与日俱增。据吴健雄的大学同学回忆，当时吴健雄和同学聊天时常常谈起居里夫人的事，对她佩服得五体投地，几乎到了言必称居

在哥伦比亚大学实验室。

里夫人的地步。

吴健雄的大学时代几乎日日鸡鸣而起，夜夜悬梁秉烛。她在中大的好友程崇道女士曾经写文章回忆，说吴健雄在面积不过一丈四方之室、仅容一桌一椅一榻的小屋中，经常是闭门在内读书，有时宿舍断电之后，还见到她在摇曳烛光里独坐看书的身影。为了时时鞭策自己，吴健雄在纸上写下"苦读"二字。当时，吴健雄有位叔父在南京任职，星期天总是开车到学校，想接侄女到郊外转转，可每次总是她的同学跟着出去玩。叔父担心她熬坏了身体，常劝她出来"透透空气"，但她总是被书本拴住。

1934年，吴健雄从中大毕业，受聘到浙江大学任物理系任助教，后进入中央研究院从事研究工作。1936年，吴健雄去美国攻读博士学位，8月，父母及亲友到黄浦外滩给她送行，她开始了海外求学及科研生涯。吴健雄本以为只是在外几年，很快就可以学成归来，却不知一别就是几十年。父母去世时，远隔万里千山的她，都没能赶回来见上最后一面，她只能把泪水咽到肚子里。

1936年的美国正处于大发展的起步阶段，那种朝气勃发的发展气氛令她耳目一新，兴奋不已。她本来只打算在旧金山停留一周，然后到密西根大学就读。却因机缘巧合，留在了加州伯克利大学。

当时伯克利大学的物理系，虽没有哈佛、耶鲁、哥伦比亚等名校历史悠久，却汇集了一批顶尖水平的年轻物理学家，像35岁的劳伦斯，因发明和建造回旋加速器而闻名。后来在学术界赫赫有名的奥本海默，当年还是一位绝顶聪明的年轻理论物理学家。

那时的吴健雄，对物理科学的发展已经有判断，伯克利大学物理系巨大的魔力吸引着她，这里才是她梦寐以求、施展拳脚的地方。因此，她放弃了原有的计划，决定在伯克利追求她的物理梦想。

经过四年的苦读，吴健雄于1940年获博士学位。在这一时期，吴健雄在原子核分裂和放射性同位素研究上的杰出成就，已经使她成为许多大科学家公认的"权威专家"。当时的塞格瑞在物理学界已很有名气，有人请他去讲核分裂问题，他却向吴健雄去借演讲的资料。

有一次，塞格瑞拿了一个经过中子照射的东西给吴健雄看，问她这是什么，吴健雄立即判定是铑（Rh）。塞格瑞在去世以前，曾经将那块铑交给吴健雄的同学赫姆霍兹。他对于这位东方弟子的欣赏与自豪之情由此可见一斑。

1944年，年轻有为的吴健雄参加了"曼哈顿计划"，从事研制原子弹的研究工作。

曼哈顿计划聚集了当时同盟国范围内的最优秀的科学精英。吴健雄由于在专业领域的杰出表现，也参与了该项目。当时，吴健雄没有美国国籍，美国政府为此签发了特殊保密许可，以确保她可以参加如此机密的国防科研的核心工作。

从1939年起，吴建雄和塞格瑞开始研究铀元素原子核分裂后的产出物，他们发现了一种对铀原子核分裂连锁反应起到关键影响的惰性气体——氙。

被后世称为"原子弹之父"的奥本海默十分认可吴建雄在核分裂方面的建树，每次研究核分裂及原子弹相关问题时，他都请吴健雄参加，因为"她知道所有关于中子吸收截面的知识"！

1945年7月16日，人类第一颗原子弹试爆成功。3个星期后，美国向日本广岛和长崎投放的两颗原子弹，最终促成了第二次世界大战的尽早结束。

因原子弹爆炸而升腾起的蘑菇云，及其所带来的极端悲惨的毁灭景象，不仅震惊了世人，也使许多参与曼哈顿计划的科学家们内心笼罩上了一层阴影。这些科学巨擘矛盾地思索着这项研究对于现实世界的巨大影响。谈起原子弹的摧毁性，吴健雄极其痛心。她曾用半是恳求半是祈祷的口吻回问："你认为人类真的会这样愚昧的自我毁灭吗？不，不会的。我对人类有信心。我相信有一天我们都会和平地共处。"

1981年意大利总统夫人范萨米向吴健雄颁发联合国教科文组织授予的"杰出妇女奖"。

尽管这些有担当的杰出科学家们心中难免有对于原子弹屠杀生灵的愧疚，但回顾当时的特定历史，如果同盟国不抢先完成原子弹的研制，而让纳粹德国抢先获得成功，则将不可避免地放任世界堕入一场更为悲惨的巨大浩劫。尤其对于中国，随着日本的投降，使得中国战场上保家卫国的战士终于停止了壮烈的前仆后继的牺牲。

1956年，李政道、杨振宁提出在 β 衰变过程中宇称可能不守恒之后，吴健雄立即组织进行了一个实验，即：在极低温的条件下，利用强磁场把钴60原子核的自旋方向极化，从而观察钴60原子核 β 衰变放出的电子的出射方向。

在实验中吴健雄发现：绝大多数电子的出射方向都和钴60原子核的自旋方向相反，形成左手螺旋，而非右手螺旋。如果宇称守恒的假设成立，则必须左右对称，左右手螺旋两种机会相等。

因此，这个实验结果证实了弱相互作用中的宇称不守恒，为李政道和杨振宁获得的诺贝尔物理学奖提供了实验证明。

基于一系列对于20世纪物理学科具有重大意义的科研成果，吴健雄得到一系列的认可与荣誉。尽管由于种种原因，她与诺贝尔奖错失机缘，但学界的普遍认可，仍旧奠定了吴健雄"东方居里夫人"的盛名。

1952年，吴健雄担任哥伦比亚大学副教授，1958年任教授。同年，46岁的吴健雄当选为美国科学院院士，并被普林斯顿大学授予了名誉科学博士称号——这是该大学首次把这个荣誉学位授予一位女性。1972年，吴健雄出任普林斯顿大学物理学教授。1975年，吴健雄出任美国物理学会会长，这是第一任女性会长，并获得美国国家科学勋章，这枚勋章代表着美国最高科学荣誉，她的勋章由时任美国总统的福特在白宫授予。1978年，吴健雄在以色列获得国际性的沃尔夫基金会首次颁发的奖金。

四　比翼偕行

1936年8月，吴健雄初次见到了袁家骝。当时，物理学专业的袁家骝带着吴健雄到伯克利大学物理系参观，直接改变了吴健雄原本的计划，她改为留在伯克利念书，因此和袁家骝成了同学。

袁家骝的父亲袁克文是袁世凯的庶子，早年因作"绝怜高处多风雨，莫到琼楼最上层"讽谏洪宪帝制而遭软禁，加上大伯袁克定野心很大，所以袁克文远离北平，在天津、上海广结文人雅士；母亲则带着孩子们在河南安阳乡下生活。在袁家骝的成长记忆中，一直衣食不愁，但没有名门世家的富裕奢华。因此，袁家骝的身上没有世家子弟的浮华习气，吴健雄最初认识他时，并没有想到这位意气风发的小伙子竟是袁世凯之孙。

吴健雄由于才貌出众，在学校内受到一些年轻俊杰的爱慕

与追求，她最终选择了志同道合、沉静谦和的袁家骝作为终身伴侣。

吴健雄和袁家骝的婚礼在新娘30岁生日的前一天举行，喜堂选在了袁家骝的导师密立肯家中。密立肯是诺贝尔奖的获得者，因测量出电子的带电荷而闻名，当时是加州理工学院校长。由于当时正值"二战"期间，吴、袁两家的亲人都不能前来参加婚礼。因此，两位新人便请密立肯为他们主婚。吴、袁二人在美国的同学好友出席了喜宴。当时担任中国同学会会长的钱学森，也参加了他们的婚礼。

袁家骝在高能物理、高能加速器和粒子探测系统研究上卓有成就，是一位享有国际声誉的物理学家。吴健雄与丈夫的相处之道在于相互尊重，成就彼此，在兼顾家庭的同时，最大限度地投入各自的工作。

当生活中出现意见分歧时，袁家骝的不二法门永远是："太

吴健雄夫妇与张文裕。

太第一。"吴健雄遇到棘手的问题时，也总说"等家骝来了再说"。

1973年，吴健雄与袁家骝回大陆探亲。周总理在人民大会堂宴请了这对蜚声国际学界的夫妇。根据惯例，总理通常是以客人的省籍来安排接见的地点。袁家骝是河南人，而吴健雄是江苏人，为了体现对二人平等的尊重，周总理充满智慧地决定安排在地理位置介于苏、豫之间的安徽厅接见二人。

吴健雄在美国生活了61年，在日常生活中，她嘴边挂着的总是我们中国人如何如何，行事生活也都按中国规矩、中国习惯。每次出席任何重要场合，吴健雄都一定是一身传统的中式旗袍。在她的内心深处，始终对祖国魂牵梦绕。

1997年2月，吴健雄在美国先一步驾鹤西行，袁家骝悲哀至极，遵照其生前叶落归根的遗愿，亲自护送爱妻的骨灰回中国安葬。

2004年4月5日，袁家骝去世。一辈子戏言男女平等的他，在最后还是选择了迁就爱妻，让自己的骨灰与妻子一同，长眠在浏河岸边的紫薇树下。

吴健雄杰出的学术成就和心系祖国的爱国精神赢得了世人的尊重，吴健雄的一位同学这样称颂她——

"她真是一位出类拔萃的女性，看到她，就仿佛看到平地上崛起一座青翠的山峰。"

林巧稚

创妇产事业，
谋母儿健康

林巧稚（1901—1983），1901年12月23日出身于福建厦门鼓浪屿一个教员家庭。1921年，林巧稚考入协和医学院，获医学博士。是协和医院第一位毕业留院的中国女医生，后为该院第一位中国籍妇产科主任。20世纪30年代曾到英国、奥地利、美国进修和医学考察。她医术高超，精益求精，一生亲自接生了5万多婴儿，在胎儿宫内呼吸，女性盆腔疾病、妇科肿瘤、新生儿溶血症等方面有突出贡献，是中国现代妇产科学的奠基人之一。

一 协和攻读，献身医学

林巧稚的父亲林良英是新加坡一所大学的毕业生，从事教学和翻译工作。林巧稚5岁时，母亲病故。7岁时，进入蒙学堂，后就读于鼓浪屿怀仁学校。3年后升入鼓浪屿高等女子师范学校，1921年，毕业于厦门女子师范学校。

在临毕业前，校长把林巧稚叫到办公室，说北平要招收医学生，问她愿意不愿意去。一听说是北平，她当然愿意去了，但又担心考不上。校长鼓励她能考好。但在征求家人意见时，多数人反对，因为上北平协和医学院，还要读8年书才能毕业，一是家庭的经济负担是个大问题；二是怕耽误了她的终身大事。女孩子毕竟要嫁人的，年龄太大了，嫁人会出现困难。林巧稚说自己不嫁人，读书就是她的终身大事。她的大哥林振明支持她，并说服了父亲。对林巧稚而言，报考医学院也是她最大的人生愿望。

早在1914年，林巧稚就已和班里的所有同学一起加入了基督教会。将来做个医生，治病救人，也是积德行善的乐事，她的母亲就是因为宫颈癌病逝的，她所在的鼓浪屿，很多人患病后因无医无药而死亡，自己学成之后，就能为父老乡亲祛病除灾，这也是一种布施于人。

1921年7月下旬，林巧稚和余琼英结伴去上海赴考。此时的上海，酷热难耐，而且要连考三天。第一场考试，林巧稚不免心里紧张，但细看考题也不是太难，她的心慢慢平静下来，开始专心致志地答卷，她对自己的答卷还比较满意。到第三天考英语时，她心里更有底了。英语是她的强项，她从小就跟着父亲学英语，初中三年级时，她已能自如地阅读英文小说。在考场上，林巧稚专心地答着卷子。忽然，教室里一阵哗然，一位女生在座位上晕厥过去，监考老师查明晕倒的学生是厦门人，就问有厦门来的女同学吗？林巧稚举手说，自己是厦门鼓浪屿人。老师问道："你送她去医务所行不行？"她看了一下自己的考卷，再有七八分钟就答完了，现在怎么办呢？她也担心自己的考分。她见那位晕倒的人正是余琼英。她马上说："好，没关系，我去吧！"她麻利地收拾好自己的东西，迅速走到余琼英身旁，一手抄起颈部，一手抄起双腿，使劲一挺，就把余琼英抱出去了。当她再回到考场时，考试已结束了。对考试的最终结果，林巧稚心里没底，因为，英语给她拉了分。让她没想到的是，她却被录取了！

协和是八年制医学院校，分3年预科，5年本科，实行淘汰制，75分为及格，一门主课不及格留级，二门不及格除名，没有

补考一说。进入协和后，林巧稚几乎就与世隔绝了，只顾埋头学习。晨读时，别人都读外语，而她却钻研物理、化学，因为她以前没学过这两门课。一年中，她把午休、礼拜天、节假、寒暑假都用在了学习上。3年预科下来，就已淘汰了五六人。可谓"物竞天择，适者生存"！但林巧稚凭着"死啃"而"生存"下来了。

在8年学习中，林巧稚一枝独秀，成绩一路领先。1929年6月毕业时，入学的25人，只剩下16人了！她高居榜首，获得了协和的最高荣誉奖——文海奖学金，同时获得了博士学位。她得到协和医院的聘书："兹聘请林巧稚女士任协和医院妇产科助理住院医师。聘期一年，月薪50元。聘任期间凡因结婚、怀孕、生育者，作自动解除聘约论。"她成为协和医院妇产科第一位中国女医生。

二 命比天大，恪守天职

自从林巧稚到妇产科工作后，整天忙个不停。并不是她的水平比别人高，而是因为她是女的。前来治病的妇女，她们在医生面前对话，怎么说都可以，但一听说要她脱下裤子，躺在床上，让一个外国男医生检查，很多患者转身就跑了，这些人宁可不治病，也不愿接受检查，哪怕换成了中国的男医生也不成。所以，一些男医生经常比较清闲，而她这个唯一的女医生就忙得焦头烂额了。

一个元旦的前夜，风雪交加，林巧稚在病房值班。急诊室突然来了个年轻患者，她子宫破裂，脸色苍白，呼吸微弱，急需抢救。林巧稚赶忙交代给她输液，并紧急止血。但患者还是血流不止，生命垂危，只能马上手术。但院方规定，医生给患者手术，必须经主任同意。于是，她马上给主任麦克斯维尔打电话，介绍了患者的病情。麦克斯维尔说：明天再说吧，让她先给病人止血，紧急处理一下。林巧稚非常焦急，说病人恐怕等不到天明了。麦克斯维尔说："如果已经来不及，我去也没有用，那就算了。如果还来得及，你就手术吧！让住院总值班替你选个助手。"说完电话挂上了。

林巧稚在医院还不到一年，从未单独动过手术，要给患者动手术，责任重大。她搞不明白主任是懒

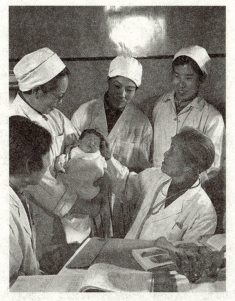

林巧稚（前右）在检查初生婴儿的健康状况。

得来呢，还是相信她能做这个手术。患者家属苦苦哀求："林大夫，你是中国大夫，就请你救她一命吧！"作为一位医师怎能见死不救啊？这濒临绝望的恳求，撕裂着她的心。救死扶伤是医生的天职，哪怕只有百分之一的生存希望，也要尽百分之百的努力啊！事不宜迟，必须马上手术！

无影灯下，林巧稚和助手们密切配合，紧张地抢救着。她全神贯注操作着，一刀一剪，剖开切除，仔细缝合，动作娴熟、细腻，手术干净利索，非常成功，垂危的患者得救了，她的第一例手术成功了。

事后，她也觉得害怕，在没有任何会诊的签署，没有上级大夫在场的情况下，直接给患者做了个子宫全切的大手术，万一出了事故，自己负得起这个责任吗？

第二天，麦克斯维尔仔细查看了林巧稚的手术志，脸上的阴

云散去了。他高兴地说："你真了不起，手术干净、利落，总算我没有选错助手。"同事们也交口称赞。

还有一次，住在病房的张太太要生产了，麦克斯维尔要林巧稚给自己当助手为张太太接生。张太太体质虚弱，盆腔狭窄，有的大夫主张剖宫产，林巧稚主张孕妇自娩。张太太好不容易娩出了婴儿，但问题出现了，胎盘并没有娩出。麦克斯维尔为难了，需要用手取出胎盘，他的毛茸茸的手像一张烙饼那样大，无法再去取出胎盘；不取出的话，张太太有可能丧命于胎盘滞留，这位权威的妇产科专家额头沁满了汗水。

林巧稚也是第一次遇到这种情况，她看到主任束手无策的样子，说："我来试试，行吗？"

"好吧！"麦克斯维尔发话了。

林巧稚把一只细嫩的手慢慢地伸进产妇的子宫，让她没想到的是，这件事竟是这样容易，她顺利地取出了胎盘，如同探囊取物一样。

麦克斯维尔简直不可思议，她这样娴熟自然地取出胎盘，这位文静瘦弱的女人太了不起了。他连声称赞说："好，好，好，太好了！"

林巧稚的名字在院内外传开了，也传到了一些外国驻华使馆里。

三　英美进修，根在中国

1931年，林巧稚被破格聘为协和医院妇产科总住院医师，常人一般需要5年才能成为总住院医生。1932年，林巧稚获得了到英国伦敦医学院和曼彻斯特医学院进修深造的机会。

有这次出国进修机会，林巧稚从心里感激麦克斯维尔主任，这位外国主任没有重男轻女思想，认为女人也能搞科研。在工作中，她对林巧稚既放心使用，又严格要求，悉心指导。这次去英国进修也是他极力争取的。临出发，他把林巧稚叫到办公室，递给她一沓推荐信，一共有13封。这都是写给他的英国同行的，他说："密斯林，这是我给你写的英国'通行证'，拿着它，你可能出去学到更多的知识。"林巧稚极为感动，下决心要多学新知识，为祖国妇产医学事业发展尽力。

林巧稚抵达英国后，进入曼彻斯特大学医学院进修。这个学院的妇产科医学十分发达，有一种妇科手术的操作方法，就叫曼彻斯特方法。随后，她又到伦敦大学医学院、剑桥大学等学校进修和学术访问。她在布朗博士指导下研究小儿宫内呼吸，在皇家医学院图书馆，查找了大量新资料；在镭放射中心，开始了对同位素放射治疗绒癌的科学思考。她整天泡在实验室或图书馆里，没有时间游览英国的名胜古迹和自然风光。几个月过去了，她还搞不清楚泰晤士河的流向。但她的研究却结出了硕果。她的"小儿宫内呼吸"学术论文，让美国妇产科学专家刮目相看。布朗教授把这篇论文选送到伯明翰市妇产科医学会议上宣读，林巧稚成了英国医学界瞩目的一位中国女士。

1933年，林巧稚转赴奥地利进行医学考察。她刚到维也纳，就收到协和医学院院长顾临发来的电报："经刘瑞恒先生提议，请林巧稚女士回国后改做公共卫生工作，接任杨崇瑞女士创办之北平助产士学校校长之职。杨女士则可受命去南京开办中国第二助产士学校。林巧稚愿接任否，速速电告！"

她拿着电报，心情很复杂。她知道，作北平助产士学校校长是很不错的，可培养更多、更优秀的助产士，这对发展中国妇产科学是很有意义的。她如果接任校长，改作公共卫生工作，就要放弃妇产科学研究。权衡再三，她意识到，妇产科学才是她的事业。她回电报说明："我选择终生从事妇产科学工作，不择其他职业，请原谅。"这就决定了她一生的命运。

抗战爆发后，日寇的铁蹄横行，祖国饱受战火之灾。林巧稚作为一个医生，感到无可奈何。当时，美国人开办的协和医院，

还算是一块净土，她只能沉浸科研之中。不久，她被晋升为副教授，这是协和唯一的中国女副教授。1939年10月，她又获得了去美国芝加哥大学进修学习的机会。

她在美国继续研究宫缩和婴儿宫内呼吸的课题。她工作刻苦认真，每天第一个进入实验室。室主任赞誉她是医生的楷模，她的成绩也赢得同行的赞赏，得到社会的承认。

芝加哥大学有个规定，凡是成绩优异者的照片将挂在教学楼的走廊里，以资表彰。她的照片很快挂上了。次年春天，她被芝加哥自然科学荣誉学会接纳为新会员。这个学会在美国学术界颇有影响，它对成员的甄选非常严格，这说明林巧稚的学术成就得到学术界的公认。林巧稚在领取证书、金会章和金钥匙的那一刻，心中的自豪感油然而生，这是中国人的自豪！

美国的生活是富足的，薪水丰厚、实验设备先进、图书资料丰富、有浓厚的学术研究气氛，在这里工作对科研是有好处的。这一点，林巧稚看得很清楚，但这些并不足以吸引她。芝加哥大学著名妇产科专家艾蒂尔博士曾挽留她，表示愿推荐她留在芝加哥大学工作。林巧稚回答得很干脆："我不能留在这里，我来进修的理想和目的，是为了办好妇产科，更好地为中国的妇女和孩子们看病。"

艾蒂尔问道："你的国家正在打仗，不是吗？"

林巧稚回答道："坐船经过日本，我看到了那个国家。那么一个岛国，想要吞掉这样大的一个中国是不可能的，战争征服不了中国！"

艾蒂尔不知说什么好了，眼前这位貌似柔弱的中国妇女让他刮目相看了。

第二天，林巧稚毅然踏上了归程。她的根在中国，她的魂在中国。

还有一个类似的故事。1948年9月，辽沈战役打响了，北平一些上层人士，纷纷南逃。

这时，有些同事和朋友劝林巧稚赶紧离开北平。说凭她的资历、医术，到哪儿都行，就是到英国、美国也吃得开！

对这些善意的劝说，林巧稚解释说："我个人走是容易的事，可是科里这一大堆病人谁管？医生、护士谁管？我是科主任，能丢下大家一走了之吗？"

1949年，人民解放军兵临北平城下，北平城防总司令傅作义的夫人给林巧稚送来一张机票，上面有傅将军的亲笔签名，她可以搭乘任何一次航班，去任何一个城市。傅太太说："这可是用金条也买不到的啊！"林巧稚谢绝了，说："我决定不走了，哪儿也不去，留在北平。"她深情地望着窗外，庄重地说："我和我的事业将与祖国共存！"

四　医术高超，精益求精

林巧稚在多年的行医实践中，创造了一个又一个奇迹，她的高超医术，精益求精的作风，赢得了广泛的赞誉。

有这么一位患者，名叫董莉，31岁了。结婚6年，初次怀孕，几个月后有少量出血。在协和检查，发现宫颈处有乳突状肿物。林巧稚为她做了复查，她的宫颈状态不好，取活体组织做病理检查后，怀疑为宫颈恶性肿瘤，也就是宫颈癌。

在协和妇产科，这样的病例并不少，惯例是切除子宫，防止癌肿扩散，以保住患者的生命。

但要决定手术方案时，林巧稚迟疑了。她在几次为董莉做检查时，感觉病情有些特殊。患者的宫颈肿物确与宫颈癌形态相似，但患者的子宫整体柔软、富有弹性，胎儿发育良好，患者身体整体状况正常。若真的是癌，它将迅速扩散，导致不治，手术切除是最好的选择；而一旦做了手术，胎儿不保，患者则不能再生育。

董莉的丈夫是家中独子，是一位大学教师，曾留学日本。他

1962年周恩来
总理和林巧稚在
一起。

恳切地希望保住妻子的生命，生活中不能没有妻子。董莉多年未孕，婆婆心中不满，想让儿子另娶个媳妇。董莉天天看婆婆的脸色，感到绝望，曾经服毒自杀，后被抢救过来。所以，董莉想保住孩子，不想做子宫切除手术。

这天，林巧稚又拿出董莉的病历，仔细翻看，一个决定清晰地在她心中形成了。她召集科里的医生开会，宣布自己的决定：

"从临床的观察看，患者的病症有可能是妊娠的一种特殊反应。切除患者的子宫，是不能重复的试验。因此，对这位患者暂不手术，让她出院后定期来医院检查，根据情况随时采取措施。"

林巧稚拉着董莉的手，嘱咐着要注意的事情：细心观察身体的变化，严格按规定的时间来医院检查；不要再做X光之类的检查，以防损害胎儿的健康；发现有什么不舒服，马上来医院找她。

以后每周五下午，董莉都会来医院检查，随着孕程的延长，董莉宫颈的肿物并没有发生任何变化。她的预产期还没有到，胎儿已经发育成熟。林巧稚为董莉做了剖宫产手术，一个体重6斤的女婴来到人世！更为奇怪的是，当董莉抱着孩子出院时，伴随着整个孕程的宫颈肿物自然消失了。

后来，医学界得出了结论：这种宫颈肿物是一种特殊的妊娠反应，它被称之为"蜕膜瘤"，虽然像瘤，却不是真正的肿瘤。

1962年秋，林巧稚收到一封内蒙古的来信，来信人名叫焦海棠，是包头市的一名女工，曾怀过4个孩子，除头胎小产外，其他3个孩子都是出生后全身发黄而夭折。现在，她又怀上了第5个孩子，她写信向林巧稚求救。

从来信述说的症状判断，这是新生儿黄疸，又叫新生儿溶血病，是一种母子之间因血型不合而引起的同族免疫性疾病。当时，新生儿黄疸在国内尚无存活的先例，国际上也罕有完全治愈的记载。林巧稚对这种病没有一点把握，她回信说请她就地生产，就地治疗。

没想到，这位执着孕妇又来信了。恳请她拯救这个生命！哪怕死马当作活马医也好，治不好也尽到了医生的责任！

林巧稚被这位执着的孕妇打动了，心情久久不能平静。她理解这位孕妇的绝望和痛苦，泪水充满了她的眼眶。

一连几天，林巧稚下班后就钻进图书馆里，查阅各国的最新医学期刊，搜寻着新生儿溶血病的点滴信息。国外的期刊偶有治疗病例报告，只说是通过婴儿脐带换血的方法。但手术的过程及换血后成活的胎儿情形等等，几乎都没有报告。

她认为，通过婴儿的脐带换血，应该是可行的。但手术究竟应该怎样做，具体的解剖位置在哪里等一系列问题，文献上没有记载，没有先例可循。她决定和儿科的专家们分头着手试验和准备。

　　林巧稚给焦海棠回信了，告诉她作好来京前的准备，最好在足月前，适当提前一点来协和住院，预防途中早产……

　　临近12月，焦海棠在预产期前来到了协和。林巧稚几次组织妇产科、儿科、病理科、血液科、外科专家会诊，制订出对新生儿全身换血的方案。血库准备了12瓶血浆。

　　临产的时候到了，林巧稚和其他手术医生整夜守候在医院里。在医护人员的精心护理下，孕妇顺利生下一个男婴。婴儿娩出后，母亲出血少，宫缩正常，胎膜完整，血压、脉搏稳定。一切按计划进行，新生儿的肚脐上，留出了15厘米长的一截脐带。

　　几个小时后，婴儿出现黄疸症状并逐步加重，新生儿变成了黄疸色。

　　林巧稚按预定治疗方案，开始给新生儿换血，抽出旧血与输进新血同步进行。待400毫升血浆输入婴儿体内，黄疸开始减退，婴儿心肺正常，安详入睡。

　　第二天中午，新生儿黄疸素又明显增加。林巧稚决定给婴儿第二次换血。这次换血速度再放慢，婴儿没有异常反应。经过两次换血，婴儿黄疸症状逐渐消失了……

　　溶血症被攻克了，新生儿得救了。林巧稚又填补了我国医学科学的一项空白。

五　医德高尚，治病救人

　　林巧稚作为一名医生，以治病救人为天职，毫无私心杂念，不图金钱、名誉和地位，在她眼里，来看病的人都是患者，都是上帝，高低贵贱一视同仁。

　　1942年，在协和医院被日寇强占的情况下，林巧稚在东单东堂子胡同的一家四合院里，办起"林巧稚诊所"。诊所是她和周华康两人协作，她主要看妇产科的病，周医生看小儿科的病，另请协和妇产科的樊护士做她的助手，她大哥的女儿负责管账。

林巧稚和孩
子们在一起。

　　诊所一开张,求医者络绎不绝。患者有的属富贵人家,更多
的是劳苦大众。林巧稚对病人不论贵贱,治疗上都一视同仁,热
情接待,细心诊治。

　　一个初秋的雨夜,林巧稚家的门铃响了,门外一个车夫急切
地求她出诊。她赶紧穿衣出门,车夫躬身就要下跪,央求救他女
人一条命。

　　林巧稚回屋拿了出诊包,跟随那位车夫到了他家。产妇的婆
婆见了她就作揖,说:"活菩萨,你行行好,救救我那苦命的儿
媳妇吧。"

　　产妇见大夫来了,声音微弱地说:"大夫,您来了,我怕不
行了,我就无所谓了,只指望您给这个家留条根。"产妇的话,
让林巧稚心里发酸,这是她从来没有听到过的肺腑之言,深深打
动了她的心。产妇是多么可怜,多么可敬啊!

林巧稚一边安慰她，一边马上检查，发现胎儿斜躺在腹腔中，产妇患盆腔狭窄，体质虚弱，能听到微弱胎音，产妇胎膜已破，羊水外溢。林巧稚迅速进行抢救。她顾不上像在医院那样严格消毒，这里也没有消毒条件，她为产妇扶正胎位，孕妇顺利生下了孩子。

当母亲听到婴儿的哭声，林巧稚也不敢相信，这样垂危的产妇，还有这样强的自娩能力。生命既是脆弱的，又是顽强的。

一切收拾妥当，即将返回时，孩子的父亲直搓双手。林巧稚明白，她不忍心再收他的出诊手续费，还从出诊包里掏出一些钱给这个穷苦家庭。

产妇的公公眼含热泪，说道："这个世道，救活两条人命，正是医生发财的机会。有钱才能有命。我家遇上了救命恩人，我就是倾家荡产，也报答不了你救两条人命这份情呀！"他不收林巧稚给的钱。林巧稚生气地说："算我付的车马费吧。"车夫拗不过，战抖地捧着钱，泪水淌了下来。

"林巧稚诊所"从1942年4月开业到1948年5月林巧稚回"协和"医院复职为止，仅诊所就诊者，林巧稚尚存的病历，即可见8887的顺序编号，还不包括出诊诊治的人数。患者赞誉她高尚的医德，一位6年为她拉车出诊的车夫这样评价：她是天底下打着灯笼也难找的一位好心肠的大夫。

"文革"期间，林巧稚成了"反动学术权威"。她尽管身处逆境，但仍以高度负责的精神从事医疗工作。

一天深夜，彭真的女儿傅彦给林巧稚打来电话。当时，她在河南农村下放劳动，自己得了"血崩"症，父母仍在羁押中。她被疾病折磨得痛苦不堪，回京求助于林巧稚。

林巧稚没有犹豫，让傅彦马上来家里，给她做了检查，止住了大出血。第二天，又安排傅彦住院，为她做了全面的检查，确诊为"子宫功能性出血"，她亲自给傅彦精心治疗。

林巧稚当然知道，为傅彦治病会给自己带来麻烦。果然，医院就有人批判她治病不讲阶级性，对"黑帮"的女儿如此关心，是政治立场、阶级感情有问题。

对这样的诘难，林巧稚回答道："给一个人下政治上的结论，这不是医生应该做的事情。给病人看病不能贴标签和带偏见。我是一个医生，医生自有医生的道德，我怎能见死不救！"

林巧稚就是这样一个人，一生投入中国的妇产事业，为中国妇产科学的发展做出了巨大贡献。1983年4月22日清晨，林巧稚在昏睡中呓语："快！拿产钳来！……产钳！"12时20分，她的心脏停止了跳动。当代的一颗医学巨星陨落了，享年82岁。

于 蓝

银幕上的革命母亲

　　于蓝,1921年6月3日生于辽宁岫岩,曾用名于佩文、韩地。早年丧母,父亲曾任地方法官。九一八事变后全家迁居北平。1938年赴延安,先后在中国人民抗日军事政治大学(简称"抗大")和中国女子大学学习,1940年进入鲁迅艺术学院的实验话剧团,出演《惯匪周子山》等革命斗争题材剧目。新中国成立后转为电影演员,主演的影片《翠岗红旗》《龙须沟》《林家铺子》《革命家庭》《烈火中永生》等,塑造了程娘子、江姐等一批银屏形象,多次获得国际国内大奖。1981年后主要从事儿童电影事业和社会公益事业。

一　奔赴延安

　　1937年"卢沟桥事变",于蓝正在北平上中学,她每天用棉被堵上窗子,听中央政府的广播,听到国军英勇抗战、却全面撤退的消息。当时她家住在新街口,常见到日本军车在城里横冲直撞,她感觉车轮就像从自己的胸口辗过。她恨透了日本兵,一心想去参加抗日。

于蓝与在天津上学时的一位好友一起，决定投奔平西抗日根据地，她们联系到平西抗日根据地的副主任黄秋萍。两人本来准备从香山赴平西，但联络点被敌人破坏了，她们返回平民小学，找地下组织的杨英华。没想到杨英华等人被捕了，她们一进平民小学也被抓住了。

于蓝借去厕所的机会，把联络密码扔掉。两人被关进派出所，后被关进宪兵队。她和好友事先商量好，提供假姓名和住址。她们不知道的是，假姓名和假住址，更让日本人疑心。两人被分开关押，好友恰好在另一间牢房里见到杨英华，杨英华指点说：日本人会核实情况，越是假名假住址越危险。好友在审问时说出真姓和住址。于蓝不知道这种情况，却一口咬定自己的口供。审讯她的人从腰间抽出大刀来，吓唬着她，还狠狠地抽了她一鞭子。

第二天，好友见面，在她的暗示下，于蓝改口说自己是害怕继母责骂才用的假名字。经核实，两人才被释放了。

这件事惊动了家里，家人知道她要去找共产党参加抗日，就派大哥看着她，但她参加抗日的决心没有变。她说服大哥，与黄秋萍在国立北平图书馆见面。在黄秋萍的带领下，他们绕过日军、土匪的关卡，顺利到达平西。后来，晋察冀军区一分区司令员兼政治委员杨成武把他们安全地送到延安。从平西到延安，路上走了两个月，旅途辛苦可想而知。

到了延安，她感到进入了一个新的世界。当晚就举行了欢迎晚会，于蓝看完了整场演出，这让她兴奋不已。在窑洞里，睡的是大通铺，地上铺着薄褥子，几个人挤在一起睡，冷得睡不着觉，她没想到陕西会这么冷，心中不免有一丝失望。第二天早上去报到处填表，表格的左右两边写着："中华民族优秀儿女""对革命无限忠诚"，看到这两句话，顿时一股暖流涌上心头！她感到"延安是世界上最艰苦也是最快乐的地方"！

在延安，于蓝先后在抗大和女大学习。她白天上抗大读书，

晚上参加演出，从跑龙套开始，到主演《一二·九》《火》，于蓝的演技水平日渐提高。在党组织的帮助与教导下，于蓝进步很快，1939年2月17日晚上，于蓝光荣地加入了中国共产党。至今她还清楚地记得：延河边的一个窑洞里，点着一盏油灯，墙上挂着党旗，上方是马恩列斯的像，下方是毛笔写的入党誓词，她在党旗下举起右手、紧握拳头，庄严地向党宣誓，介绍人是丁汾、王珏。后来她曾回忆说："入党对我是个鼓舞，鼓舞我去学习，去战斗，去做一个真正的人。"

二　难忘鲁艺

1940年于蓝进入鲁迅艺术学院的实验话剧团。演员的生活仍然是艰苦的。她的老师熊塞声对她说，表演可不是玩，这是一个战场，你就是要死在舞台上。对老师的这番话，于蓝当时没有深刻理解。后经熊塞声介绍，于蓝结识了田方，两人走进了婚姻的殿堂。

1943年冬，中共西北局决定将"鲁艺"等专业文艺团体，分别派到陕甘宁的5个分区，慰问战士和为群众演出。于蓝随"鲁艺"去了绥德分区，在4个月的时间里，给于蓝留下了难忘的印象，她留心观察当地农民的行为举止，他们的劳动热情，语言风格、幽默智慧，她都记忆深刻，对毛主席所讲"生活是文学艺术创作的唯一源泉"这句话有了更深刻的理解。

一次，鲁艺演员在双谷峪参加一位公安烈士的追悼大会，民兵们扛着红缨枪，很多群众列队进入会场，会场庄严肃穆，安静极了。

忽然，一人牵着毛驴走向会场，上面坐着烈士的妻子，她是一位身穿旧棉衣、系着粗毛腰带的中年妇女，头髻上带有白色标记。她神情庄重，不哭不喊，悲痛而凝重。眼神里充满悲伤，她的凝重透出觉悟。她并不漂亮，却给于蓝留下了深刻印象。她的目光中蕴藏一种真实和自然的美，一种具有气质魅力的美。

当时，"鲁艺"工作团编写出《惯匪周子山》多幕歌剧，取材于延安子洲县的一个真实事件，在土地革命斗争时期，周子山被敌人腐蚀，叛变投敌。为了铲除这个毒瘤，共产党员马红志领导群众开展对敌斗争，攻进村寨，活捉了周子山。剧本有了，但由于缺少当时的生活经历，排练起来很不顺利，总感觉不到位。后来，团里从区里请来一位叫申红友的干部，他参加过土地革命斗争，了解当时的斗争情况，而且他还懂得戏剧。在申红友的帮助指点下，排练起来顺利多了。第一场戏是红军小队长谢玉林来到马家沟，找到马红志，研究攻打黑龙寨的方案。于蓝演马红志的妻子。排练中，谢玉林来到马红志家，当他叩门时，演员于蓝一出来就要开门，申红友对她说："你不能马上开，是什么人？是敌人？还是自家人？要听听是不是自己人的暗号……"当马红志举灯出来时，申红友觉得动作不对，对他说："你不能一下子就出来，你要想到深更半夜农村油灯不能端出来……你要拿个称米的斗遮住油灯……"演员一下子找到了土地革命斗争时期的生活感觉，戏排练成功了。演出在绥德、米脂一带引起巨大的轰动……

其实，于蓝扮演马红志的妻子时，那位公安烈士妻子的精神气质经常浮现在她的眼前，对她的角色创作起到很大的启迪作用。她体会到烈士妻子的神韵是她与丈夫在多年的劳动生活与革命斗争实践中磨炼出来的。这种气质正是演员应去捕捉的东西，有了这种气质和神韵，演员才能与角色浑然一体。她的审美标准和观念发生着潜移默化的变化，不再追求双眼皮大眼睛的化妆美，而注重质朴真实、充满生活气息的内在美、气质美，注重时代特色和艺术魅力。

《惯匪周子山》成功了，它获得了陕甘宁边区文艺演出甲等奖。

从此，于蓝对艺术有了更为深入的体会，懂得了如何塑造角

色，懂得了怎样去热爱生活、观察生活。陕北那些热情憨厚的大娘、大嫂，那些羞涩腼腆的姑娘、媳妇，那些实在淳厚的大爷、大哥都是她观察捕捉的对象，都栩栩如生地印在了于蓝的脑海里，她热爱他们！他们是她的好友、老师，是她艺术创作的动力和源泉。

三 银屏异彩

解放前夕，于蓝从话剧演员转为电影演员。她的第一部电影是《白衣战士》，她扮演一位热心为伤病员服务的庄队长，对这部处女作于蓝并不满意。1951年初，她完成了电影《翠岗红旗》的拍摄，饰演在革命低潮期却苦苦等待革命胜利的红军家属向五儿。影片中注入了更多人性内容。为此引起一些非议，有人指责向五儿这个角色只是消极地等待革命胜利。第六届卡罗维发利电影节本来要给《翠岗红旗》最佳影片奖，但最后只是最佳摄影奖。在中国作家协会创作委员会电影文学组的一次座谈会上，于蓝在会上发言说：向五儿反映了苏区广大人民群众所受的苦难，反映了他们心中珍藏着革命的火种，他们等待着，也斗争着。她是一位充满革命信心的母亲。

1951年末，她被安排出演电影《龙须沟》里既刁蛮、又贤惠的程娘子。那时，已经有话剧《龙须沟》，并且非常成功。于蓝要创造属于自己的程娘子，她去天桥一带观察了解老百姓的生活情况，观察体会卖大饼的小媳妇们言行举止的一举一动；到德胜门早市上观察妇女怎样数票子，观察她们使用鸡毛掸子时的动作幅度……

一个偶然的机会，于蓝对程娘子的形象清晰了。宿舍门房苏宝三的妻子苏嫂这个经常见面的人突然引起她的注意。当时，于蓝的妹妹生病刚出院，苏嫂碰见于蓝就问起情况。于蓝说妹妹已出院了，但以后还不知道怎么办好。苏嫂一听就急了，两眼圆睁，手一摆，粗脖大嗓地说："这您可不能不管，这不是要把人救活嘛！"苏嫂透着一股有气魄、有胆量的劲头，透着对人真诚的关心。于蓝一惊，这不是程娘子的影子么？

于蓝开始接近苏嫂，观察苏嫂的一举一动，把观察到的东西写进日记里。一次谈起旧社会的苦日子，苏嫂说："我和丫头去讨饭，腰里还别着把梳子，我和丫头天天要梳头。"连讨饭都要给自己和女儿梳头的苏嫂，突然让于蓝联想到同样自尊自爱的程娘子。一次，她们俩说话时，小猫不停地叫，苏嫂听得不耐烦，高声喊道："别叫唤了，老爷子！"她觉得苏嫂的语言很有特点，说话非常直率。她还观察到苏嫂一个动作颇有个性：她在叙说几件事时，经常一手在下，用手指数着，或一手在上用手背拍点着手心。她感觉这就是程娘子的劲头！她把观察体验经过与演员于是之交流，于是之认为很生动，建议她从苏嫂特殊鲜明而有特色的动作中，挑两个动作练习。

对现实生活的仔细而敏锐的观察、对艺术的准确把握和感悟，于蓝和所饰演的角色融为一体。她鲜活地完成了程娘子的塑造。话剧《龙须沟》的导演焦菊隐这样评价："解放前，戏的开始，程娘子性格不够稳定，但对地痞流氓的斗争演得很好，解放后的程娘子形象很丰满。"

于蓝另一部代表作是《革命家庭》，影片取材于陶承的《我的一家》。从一开始，康生就指责这部电影是歌颂"错误路线"。夏衍却坚持说，即使在错误路线下，我们党的好同志也要歌颂。他坚持把电影拍完。1961年影片公映后，周恩来在香山接见中国电影工作者，握着于蓝的手说："你演了一个好妈妈。"她扮演的主人公周莲是一位革命母亲，周莲在经历了失去丈夫和儿子的惨痛，被捕入狱的严酷折磨中，逐渐成为一名坚强的革命战士。于蓝从少女演到老太太，人物性格变化很大，她的表演恰到好处，人物形象饱满而富有感染力。她因此而荣获1961年莫斯科国际电影节"最佳女演员奖"。这部影片的成功，于蓝被评为

20世纪60年代新中国"22大影星"之一。

四 "江姐"诞生

于蓝在银幕上成功塑造的一系列人物中，家喻户晓的角色就是江姐，程娘子和江姐是于蓝艺术生涯的两座高峰。

1961年，于蓝住在医院检查身体，每天看《中国青年报》上的《红岩》小说连载，她被深深地打动了。出院后，于蓝参与了《红岩》电影剧本的改编，改编花了整整两年时间。于蓝和导演张水华等人到重庆采访幸存的共产党员，宋曰勋整理成20万字的记录。他们几个人改了三稿，还是不理想。人物太多，每个英雄人物都割舍不得，剧本中很难形成一条主线。后来张水华和北影厂厂长汪洋说服夏衍做编剧。于蓝去广东见夏衍，用了3天才将手中的材料汇报完，夏衍忽然问道："你们怎么不写江姐？"

夏衍解释说："江姐有丈夫、孩子，丈夫牺牲了，自己又被捕了，观众会关心她的命运的。"一语惊醒梦中人，于蓝觉得很有道理。夏衍最终决定，以江姐和许云峰两人为主线，几天就写完了剧本。于蓝对剧本并不满意，她比较较真儿，认为小说里很多精彩的斗争都没写。导演张水华知道于蓝的性格，不容争辩地对她说，就按这个本子拍，不许再提反对意见了。这部电影就是黑白故事片《烈火中永生》。

在剧组里，于蓝是女主角，但她不摆架子，抢着干苦活和危险的活。有一组俯瞰嘉陵

于蓝饰演江姐。

江上军舰的镜头，要把摄影机升到江面6米之上的高度才能拍摄，只能把升降机架在船上，于蓝又当起了安全组组长，每次拍摄前都亲自进行安全检查，然后才让导演和摄像开始工作……

江姐的艺术形象成功了，江姐形象成为新中国电影画廊中的不朽经典。于蓝承认，银幕上的江姐是她电影艺术事业中的生命和灵魂。

五 献身"儿影"

1981年3月，中央召开工作会议，号召全党全社会都要关心青少年的成长。随后，决定成立北京儿童电影制片厂，在"六一"前夕，于蓝接到任命，担任北京儿童电影制片厂厂长。当时，她刚做完乳腺癌手术，身体还在恢复期。而且她刚好过完60岁生日，按照现在的规定，60岁该退休了。接到任命后，她欣然投入紧张繁忙的工作中。

白手起家组建儿童电影制片厂，谈何容易。为了招兵买马、筹措拍片经费、添置器材设备、解决基建过程中的难题，于蓝四处奔走，忙得团团转，克服一个又一个困难。可想而知，这对于一个60岁的人来说是多么不易。她为此还付出了一节手指的代价。

刚建儿影厂时，搭建的是临时工棚，冬天办公室没有暖气，门背后安根弹簧，以便"自动"关门。后来弹簧断了，就用两根接起来。1983年冬季的一天，于蓝开门的时候，被快速弹回的门夹了手，一截断指留在门缝里。她赶到医院，大夫说手指能接上，但得住院，接上断指要做手部手术，20天可以康复。于蓝放不下工作，她没有工夫在医院里待上20天。大夫建议她无须接手指，将伤口直接缝合就行了。于蓝顺手把断指扔进垃圾箱，缝好伤口后就上班了。于蓝右手无名指从此短了一截。

于蓝为北京儿童电影制片厂付出了太多太多，儿影厂也一步

步发展壮大，这一干就是20年！她曾调侃地说："我的工龄是最长的。"

是的，她的工龄是最长的，她的贡献是巨大的，她一生在为信仰而工作，为信仰而生活！

于蓝和孩子们。

袁雪芬

越剧泰斗，
求索艺术人生

袁雪芬（1922—2011），浙江绍兴人。11岁入嵊县四季春越剧科班学戏，1942年起致力于女子越剧改革，曾参与整理并主演了传统戏《梁山伯与祝英台》《西厢记》《木兰从军》《红粉金戈》等，她是越剧袁派创始人，她演唱的《香妃·哭头》《梁祝·英台哭灵》《一缕麻·哭夫》成为著名的"尺调三哭"，一时广为传唱。1946年，演出了根据鲁迅小说《祝福》改编的《祥林嫂》，成为越剧改革的顶峰之作。1953年主演的《梁山伯与祝英台》是中国第一部国产的彩色戏曲电影，曾获国际电影节"音乐片奖"。她在几十年的舞台生涯中塑造了数以百计的人物形象，被誉为"中国越剧的一面旗帜"。

一　自食其力改变命运

1922年3月26日袁雪芬出生在浙江嵊县（今嵊州市）甘霖镇上杜山村，父亲是一位乡村私塾教书先生。她小时候读书不多，但从小父亲就教导她："女孩与男子一样都是有用的，都可以自食其力，你要不靠爹、不靠娘、不靠丈夫，要做到人穷志不穷……"

"长大后一定要自立。"父亲的教导，让她从小有自立意识。由于家里只靠父亲教书糊口，生活贫困，她曾亲眼看着妈妈把一个妹妹送去育婴堂，也看见过把一个出生40多天的妹妹送人。生活的残酷迫使她下决心，自己要谋一条生路，不让妹妹们遭灾，爸妈受苦。11岁那年，袁雪芬不顾家人的劝阻，离家出走开始了越剧生涯。

袁雪芬首先进入了四春科班学戏，开始学的是男班丝弦正调腔。学戏是个苦差事，富人家的孩子很少有唱戏的，唱戏是被人看不起的。袁雪芬学戏吃了很多苦，遭了很多罪。经常受到师傅用藤条或竹片抽打，学得不好，演得不到位，都免不了挨打。在八年科班生活中，绍兴、杭州、宁波和上海等地都留下戏班的足迹。袁雪芬痛感社会现实，以及"戏子"的社会地位的低下。

袁雪芬13岁那年，有一天晚上，她住在外婆家。突然，地主裘芹冠带着几个狗腿子闯了进来，说她爷爷没有缴裘家的田租，要让她顶替缴租，不容分说，强行把袁雪芬拉到裘家。

另一位地主裘孝楼也来趁火打劫，纠缠着袁雪芬，要她做自己的小老婆，许愿说只要跟了他，以后会给房子给她钱。袁雪芬没见过这种阵势，吓出一身冷汗，大叫说："我不做小老婆！"裘芹冠好像和裘孝楼串通好了一样，骂袁雪芬不识抬举，一辈子当戏子的命。袁雪芬不理他，愤怒地冲出来，跑回了外婆家。

这段风波，对袁雪芬刺激很大，她的性格也发生了改变，原本活泼开朗，好说好笑的她，变得心事重重，缄默不言了。她开始懂得要保护自己，懂得要保持清白。

二　自掏腰包改革越剧

八年科班及演出生活，给袁雪芬留下的是痛苦和憎恨，她对科班里的阴暗和丑陋深感厌恶。为此，她决定离开科班另起炉灶，她要闯出自己的一片天地，改变自己人生命运，甚至要改变

袁雪芬在指导青年演员。

越剧的剧种。

　　袁雪芬觉得，越剧总是老套子是没有出路的，不改革就会被淘汰！于是她一直苦心琢磨，先后观摩了昆曲、京剧等其他戏曲。在一次看话剧表演时，她认为话剧与看戏曲大不一样，尤其是台上与台下的共鸣让袁雪芬耳目一新，给她一种全新的感受！那时，袁雪芬有了一个大胆的想法：用话剧的编剧、导演、舞美设计、演员等一整套东西来改造越剧。

　　而在当时那种环境下，改革阻力重重。没有一个戏院敢迈出改革的第一步。无奈袁雪芬最后提出，用自己的薪水聘请编剧、导演和舞美等人员来参与越剧改革，所有的风险她一人承担，剧场老板坐地收钱。同时，她也对剧场老板约法三章：不拜客、不唱堂会；不许闲杂人员进出后台；不许干涉上演剧目。并要求剧场去掉陋习，为演出营造一个安静和谐的环境，为观众营造一个欣赏品味的氛围。

　　经过袁雪芬的多方努力，1942年10月28日，20岁的袁雪芬在上海大来剧场登台，正式开始了对越剧的改革。

　　1943年11月，袁雪芬表演《香妃·哭头》中"听说夫君一命亡"唱段，在演到看见被杀害的丈夫小和卓木的头颅时，哀从心起，悲痛欲绝，她没有按原来的唱腔和戏词来演，而是从胸中发出一声高叫，哭出一个长腔，满腔悲情自然喷涌而出。琴师周宝财受她感染，随机应变，即兴地改变定弦和伴奏与之适应，用京剧中的"亮音"予以衬托，用碎弓配合袁雪芬后面的哭腔唱段，使整个唱腔充满委婉深沉、凄切悲恸的情绪……由于袁雪芬唱出了不同于四工腔的新曲调，唱出了越剧新一代的唱腔"尺调腔"。后被其他越剧演员吸收与不断丰富"尺调腔"唱法，使之发展成越剧的主腔，在此基础上出现了不同的流派。"尺调腔"旋律淳朴，节奏富于变化，感情真挚细腻而深沉，韵味醇厚，缠绵委婉，声情并茂，被称为"袁派"。音乐家刘如曾说："现在常有'一个戏救活一个剧种'的说法，而从越剧'尺调'来讲，可说是一个'调'发展了一个剧种。"越剧改革迈出了关键一步。

　　"袁派"在40年代的唱腔音调一般低沉哀怨，突出叙述性和倾诉性，袁雪芬注意转换唱腔层次，唱腔与剧中人物感情融为一体，唱腔音调平中出奇，刚柔并济。袁雪芬演唱的《香妃·哭头》《梁祝·英台哭灵》《一缕麻·哭夫》成为这时期著名的"尺调三哭"，曾广泛传唱。

　　1946年初的一天，编剧南薇拿出一本分析鲁迅先生小说《祝福》中祥林嫂形象文章的杂志给袁雪芬看。袁雪芬被《祝福》里面的内容打动，立即说："你赶快把它改编出来，我一定演好它。"

　　改编鲁迅的作品应征得鲁迅夫人许广平的同意。袁雪芬和南薇找到许广平，谈了她们要把《祝福》搬上越剧舞台的想法，许先生听后说："绍兴越剧演的都是公子小姐，《祝福》没有爱情，又没有好看的打扮，观众要看吗？再说，现在看鲁迅的书都要被戴'红帽子'，你们演鲁迅的作品，当局会同意吗？"面对许先生的顾虑，袁雪芬解释说："只要有意义的戏就演。改编《祝福》，我们就是希望祥林嫂的命运在现实社会中绝迹。"许先生被袁雪芬的真诚与勇气所打动，欣然同意将《祝福》改编成越剧。

经过一个多月的紧张排练，《祥林嫂》上演了。许先生邀请了胡风、田汉、于伶、欧阳予倩等文艺界人士观看，他们对这出戏高度赞赏。第二天，上海各报都刊发了演出消息。《祥林嫂》却惹恼了国民党反动派，认为袁雪芬是地下党员、赤色分子。特务开始到袁雪芬家门口盯梢，这年8月27日，发生了轰动上海的"粪包事件"。60年后袁雪芬回忆起当年这件事仍记忆犹新："当年我乘着黄包车从家里出来，去苏联电台做播音，粪包从头上兜下来后，我马上叫抓人，应该有警察在场，但他们无动于衷，证明是买通了的。结果只有我和拉黄包车的工人一起去追。等我回到家，好友对我说，这粪包哪里来的非常清楚，应该就是前几天强迫你参加越剧职工会的人干的。"除此之外，甚至有人拿枪威胁她。

无奈之下，袁雪芬的剧团宣布解散，袁雪芬也暂停演出。许广平知道后，非常气愤，她在《文汇报》上发表了《慰袁雪芬》一文，她写道："暂时休息一下也好，中国需要您这样一位有灵魂的好女儿，人民需要您这样一位热诚为公服务的艺术家。等着吧，不久大家就会起来敦劝您重返舞台的。"

《祥林嫂》成为越剧改革的顶峰之作。

在停演的日子里，她想了很多，要提高自己的演艺水平，要主宰自己的命运，就应该让所有越剧成员参与到改革中来。另外，剧团要有自己的剧场，要培养一批越剧的接班人，培养出一批越剧优秀演员。于是，袁雪芬四处游说，动员尹桂芳、竺水招、筱丹桂、徐玉兰、范瑞娟、傅全香、徐天红、张桂凤、吴小楼等越剧名伶，共同参与为建造剧场的集资活动。她的提议得到大家赞同。1947年7月29日，这10位越剧名伶在上海签订联合义演"合约"，她们后来被称为"越剧十姐妹"。但集资活动却百般受阻，因为上海的越剧演员受到老板的严格控制与盘剥，她们

周恩来、邓颖超与
袁雪芬合影。

是老板挣钱的机器，她们想有自己的剧场，实际是分流了老板的
财路，自然会受到老板的百般阻挠。同年8月19日，越剧十姐妹
在上海黄金大剧院联合义演《山河恋》，8月28日晚，警察局送
来"勒令停演"的禁令，袁雪芬、尹桂芳、吴小楼等人，到社会
局与局长展开说理斗争，对方被问得理屈词穷，最后只得同意恢
复演出。这样《山河恋》获准继续演出，到9月12日义演结束。
随后，义演的收入又被冻结，最后的收入只够办个越剧学习班。
"越剧十姐妹"的理想最终落空。

三 博采众长不断创新

　　新中国成立后，袁雪芬的艺术创作达到新的高峰。1950年
4月起，她先后担任华东越剧实验团团长、华东戏曲研究院副院

长、上海越剧院院长等职。20世纪五六十年代，袁派努力塑造新的人物音乐形象，在创腔时注意体现人物的感情内涵，在继承传统的基础上博采众长，融化吸收，敢于突破，创造新腔。1950年演出《相思树》时，她取男班艺人支金相的唱腔之长，创造出一种表达复杂感情的"男调"。

1953年10月，周恩来总理为了庆祝《中朝经济及文化合作协定》的签订，招待朝鲜金日成首相，下达给华东越剧实验剧团一个任务，排演越剧《西厢记》。剧团抓紧赶排，11月23日晚，该剧在怀仁堂演出，招待金日成，周恩来陪同观看。剧中袁雪芬饰崔莺莺，她运用娴熟的音乐语言，吟诗作画般的唱腔，快慢结合的字位节奏，把崔莺莺的气质和心态表现得淋漓尽致。

1952年下半年，第一次全国戏曲观摩大会举行，指定袁雪芬、范瑞娟进京演出《梁山伯与祝英台》，上级通知说：毛泽东指示，马上要开拍彩色电影。

《梁山伯与祝英台》（简称"梁祝"）的故事在中国流传已久，在越剧舞台上它起初叫《梁祝哀史》，1940年，袁雪芬等人改编成《新梁祝哀史》，剔除了原来大量糟粕内容，天真忠贞的祝英台，与呆板可爱的梁山伯演绎了一段纯洁美丽的爱情悲剧。新梁祝在当时影响很大，每次演出，台下都哭声一片。所以，袁雪芬对梁祝烂熟于心，电影版的梁祝基本成型，加之袁雪芬和范瑞娟多年在梁祝中的出色演技，为电影版梁祝奠定了良好基础。

1952年年底，中国电影制片厂开拍电影梁祝。在当时，拍摄彩色电影并不是一件容易的事，资金、技术、人员、设备等方方面面都有很多困难。一部彩色电影要40多万元，今天，说出这一数字根本不算什么，而在当年，却是个非常大的开支。技术、设备上也不过关。当时从苏联进口了两盏阿克炭精灯，亮得让演员睁不开眼，而且一闪一闪的，甚至有的演员眼睛被照得红肿。所以，中国的电影制片厂厂长屡次建议改拍黑白片。而苏联专家的话更刺激人："你们要拍彩色电影，再过3个五年计划再说，现

在拍好黑白片就可以了。"就是说，15年后中国才有能力拍彩色电影！

无奈，只能改拍黑白片。原先准备的彩色布景和服装都要重新设计调整，在拆除布景时，电工偶然发现：掉头安装的阿克炭精灯不闪了，能正常拍摄了，原因就是灯头装倒了。袁雪芬非常兴奋，她把上海市委宣传部部长夏衍请到摄影棚，看到镜头里的彩色画面非常清晰明丽，大家都很高兴，最后决定还是拍摄彩色影片。

经过11个月的艰苦努力，《梁山伯与祝英台》拍摄成功，中国第一部国产的彩色戏曲电影诞生！影片中袁雪芬根据祝英台的性格特点，演唱既热情奔放，又含蓄内敛。通过一系列演唱技法的转换变化，表达出祝英台内心情感的起伏。影片放映后，风靡全国。

1955年，周恩来总理出席日内瓦会议，把这部影片带到日内瓦放映，200多名外国记者看后极为震撼，很多人第一次感受到中国悠久的历史文化，称之为中国的"罗密欧与朱丽叶"。

袁雪芬在几十年舞台生涯中，塑造了数以百计的人物形象，她从少年唱到老年，从乡村唱进都市，从中国唱到世界。她的越剧唱响了长城内外、大江南北。她是中国越剧史上的一个传奇，无法比拟，无可替代，是百年越剧史上的一座丰碑。

袁雪芬的功绩，很多业内人士和专家都给予很高评价。导演刘厚生曾说："袁雪芬的一生，都在执着地追求艺术，努力使越剧走上高品位的发展道路。"

音乐家刘如曾说："昆曲有'一出戏救活一个剧种'的说法，在越剧也有'一个调发展一个剧种'的事实。"

著名戏剧评论家沈祖安把袁雪芬比喻成"中国越剧的一面旗帜"，认为"京剧的梅兰芳、昆曲的俞振飞、黄梅戏的严凤英、豫剧的常香玉、越剧的袁雪芬，都是各个剧种的代表人物。袁雪芬在越剧前辈中辈分并非最大，但贡献无可比拟"。

这就是人们心目中真实的袁雪芬！

秦 怡

东方美女，慈母仁心

秦怡，1922年1月31日出身于上海南市一个封建大家庭，原名秦德和。1935年"一二·九"运动中参与抗日广场剧《放下你的鞭子》的演出。1938年离家奔赴抗日前线。20世纪40年代是重庆舞台上的"四大名旦"之一。新中国成立以后，饰演《女篮5号》《铁道游击队》《青春之歌》《摩雅傣》《雷雨》《千里寻梦》等电影。她积极参与社会公益活动，关心慈善事业和电影事业。她是一位坚强、伟大的母亲，数十年悉心照料病患儿子。从艺70多年，曾获中国电影世纪奖最佳女演员奖、纪念中国电影百年诞辰"国家有突出贡献艺术家"、第10届中国电影表演艺术学会奖终身成就奖（金凤凰奖）、第11届上海国际电影节华语电影终身成就奖等。

一　不当亡国奴

1922年1月31日，秦怡出生，这一天是农历正月初四，是传统新春佳节中接财神的日子。父亲秦粟臣按照辈分，给她取名秦德和，意为和气生财、和和美美。果然，秦怡成名后，承担起养

活全家11口人的重任，她成了全家的"财神"。

秦怡四五岁开始进入大伯在家里办的私塾，6岁进洋学堂读书，7岁时就在报上发表了一副绘画作品，还得了一块钱稿费。她从小喜欢看戏、看电影，用今天的话说，她是阮玲玉的"粉丝"。在大姐的支持下，她参加了南市少年宣讲团的活动，宣讲团经常举办各种文艺活动和报告会。她还如饥似渴地阅读了大量的中外名著。小学毕业后，她进中华职业中学读商科。学校开展抗日救亡活动，秦怡参加了校红十字会。她参与为前线将士做背包、棉鞋等活动，学习战地急救技能，慰问十九路军时她参与救护包扎和抬担架；参与声援"七君子"的请愿，被高压水龙冲得全身湿透。"一二·九"运动爆发后，参与学校组织的示威游行，参与抗日广场剧《放下你的鞭子》的演出，积极呼吁停止内战，一致对外。秦怡在校的活跃表现，引起训育主任的不满，要求她退学，秦怡不得已转到仿德女子中学。1937年"八一三"事变后，秦怡一家搬到公共租界一间小房子里。仿德女子中学在炮火中毁了，秦怡转到华东女子中学。这时，学校无法读书了，隔三岔五就有学生离校出走，奔赴抗日前线。16岁的秦怡不想做亡国奴，她想上前线做战地护士。1938年8月的一天，秦怡和几位交大的学生，登上了去香港的轮船，后辗转到了人生地不熟的武汉。秦怡找到8年没见面的哥哥，可哥哥自顾不暇，无力帮助她。身无分文的秦怡在武汉熬过了几天挨饿的日子。报上一则广告给她带来了希望，驻守武汉战区的第22集团军招聘三名30岁以下的女文书，条件是高中文化程度，立志抗日者。秦怡按照地址去应聘，报名者有300人，其中还有大学生。应聘者要参加统一考试，考题是写一篇自传，秦怡的读书功底派上了用场，她洋洋洒洒地写了厚厚的一叠纸。但由于一位军官总在她身边转悠，搅得她心烦意乱，写得怎样她心里也没数，估计自己可能考不上。三天后她收到了录取通知书，让她喜出望外。另外两位被录用的女文书，一位叫骆亚琳，沪江大学毕业；一位叫钟湘，上海音专毕业。作为军部文书，每月120块钱，可以衣食无忧了。

第二天，22集团军开赴襄阳。路上走走停停，不知哪一天才能开到前线。三位女文书只是开会做个记录，或抄个通知，别无他事。部队快到襄阳时，驻扎在一座古庙里，士兵无所事事，秦怡就教士兵们唱《大刀进行曲》等抗战歌曲，以鼓舞士气。和士兵熟了，她们才知道，这支队伍是个杂牌军，军饷常被克扣，连肚子都填不饱，军官却花天酒地、大吃大喝，根本算不上是抗日的队伍。三位女文书商量着如何逃跑，经过秘密策划，一天深夜，秦怡和骆亚琳借机偷渡到樊城，又转火车到了武汉。但刚进客栈就被两个宪兵抓住了，因为火车再快也没有电话快。她们被带到集团军驻武汉办事处，审问她们时，隔壁电话响了，一个军官接完电话就挥手把她们俩放走了。原来，10月21日广州失守，日军转攻武汉，各路国民党军队忙于撤退，没有心思再审逃兵了，两人躲过一劫。随后，她们偷渡上了开往重庆的轮船……

二　偶遇名导演

秦怡和骆亚琳登上了重庆朝天门码头，来到一个崭新而陌生的城市。在船上，她俩已商量好了，到重庆就住基督教会办的女青年会宿舍，那里收费低廉，骆亚琳又认识里面的工作人员。所以，她俩很快住进了女青年会宿舍，食宿每月16块钱。接下来，秦怡要尽快找到工作，解决生存问题。

女青年会宿舍住着各种各类的人，上至社会名流，下至逃难和无家可归者，可谓三教九流，什么人都有。女青年会成了秦怡了解社会新闻的窗口、交友的平台，在这里锻炼了她人际交往的能力。她和一位从香港来的女记者相处很好，秦怡经常和她聊天，女记者对时事、政治、人生哲学、抗战等见解，对秦怡有很大启发，她从中学到了很多知识。

在女青年会里，秦怡还结识了一位朋友朱嘉蒂，她是中国电

年轻时的秦怡。

影制片厂的演员。她经常拿来一些话剧票，叫秦怡去看演出。当时国民党政府控制电影界宣传抗日，抗日题材的电影很难拍摄。因此，中国电影制片厂一些爱国的编剧、导演和演员，为唤醒全民抗战，不得不变换手法，他们以中国万岁剧团、中国万岁合唱团的名义，编排了一些抨击时弊、宣传抗日的话剧。秦怡借朋友朱嘉蒂的光，看了不少话剧。

一天晚上，中国万岁剧团彩排新戏《八百壮士》，朱嘉蒂带着秦怡去观看。看完彩排，朱嘉蒂上了卫生间，秦怡在门厅等候。这时，场内走出两个中年男子，从秦怡面前走过，没走多远，两人转身走到她面前。其中一位问道："小姑娘，你在等人吧？在哪里工作？"另一位上下打量着秦怡。

秦怡见两位儒雅有礼，不像坏人，如实回答说："我刚到重庆，还没有工作。"

两位男子知道她还没有工作，便主动邀请她到他们那里去。秦怡正为工作的事发愁，心里有点激动。但得知他们是演戏的，她去了是做话剧演员，不免失望。因为她没想过要当演员，她不住地摇头。两人鼓励说，不会可以学嘛。他们感到秦怡有艺术天赋，是一块当演员的好料。秦怡依然推辞，两人惋惜地走了。但就是这一次偶遇，却改变了秦怡的人生。

朱嘉蒂从卫生间出来，惊奇地看见秦怡在和那两个人说话，她认识那两个人，知道他们的名字。她迫不及待地问："你认识他们？"

秦怡摇摇头，说是他们主动搭话，还要请去参加他们的演出，她没同意。

朱嘉蒂激动地说，这两人都是赫赫有名的导演，一个叫应云卫，一个叫史东山，和她说话的就是应云卫！被他看中，机会就像从天而降！

秦怡兴奋不已，大导演就在自己面前，而且和自己说话，她觉得太幸运了，以前虽没见过他们，但他们的大名她是知道的。

为了生存，秦怡必须找一份工作。朱嘉蒂热心帮忙，她把在中国电影制片厂工作的许珂介绍给秦怡认识，请求许珂帮忙介绍工作。许珂是个见过世面的人，他认为秦怡形象很好，可以培养成为一名好演员。

秦怡对当演员没有信心，认为自己没有演戏才能，国语也说得不好，不会国语怎么演戏？

许珂鼓励她说：国语不好可以练，可以做见习演员，跑跑龙套，演演群众角色。特别是听了朱嘉蒂的介绍，大导演应云卫和史东山已相中了秦怡，更有信心了，极力劝她先进入合唱团，唱唱歌总可以吧！

盛情难却，秦怡不好再推辞了。她觉得在合唱团唱唱歌，自己还是能够胜任的。毕竟有一份工作，也解决了吃饭问题。

当时，中国电影制片厂从武汉迁到重庆不久，正在招收演员。许珂找到厂长郑用之，积极推荐秦怡，说她形象秀丽动人，是块当演员的材料。导演应云卫和史东山也说秦怡气质不错，他们也想吸收她进来。郑用之认为，这几个人都觉得这人不错，便同意收下秦怡。

几天后，许珂兴冲冲地告诉秦怡，中国电影制片厂同意录用她了，说应云卫和史东山两位大导演非常欢迎她加盟。要她填一

张表，并说填表是个形式，是履行必要的手续。交了表，秦怡就是中国电影制片厂的演员了。许珂告诉她说，实习期3个月，月津贴30元；期满转正，每月工资近百元。

天无绝人之路，正当秦怡为今后的生存而奔波的时候，天上掉下了馅饼！1938年11月底，秦怡有了正式工作。这时她从武汉到重庆还不到两个月，在这个人生地不熟的城市，她有了立身之地，有了自己的饭碗！

秦怡原名叫秦德和，正式成为演员后，许珂认为秦德和拗口，提出最好改名。秦怡就请许珂帮她改一个名字。许珂绞尽脑汁，才想出了"秦怡"这个名字。此后不久，在重庆话剧舞台的四大名旦中，有了一个响亮的名字——秦怡；在日后的中国影坛上，有了一个响亮的名字——秦怡！

三 艺坛铸辉煌

秦怡进了中国电影制片厂，演的第一个话剧是《中国万岁》，这是一部鼓动群众参军的抗日戏。秦怡演一个要求参军抗战的热血青年，具有坚决抗战的决心。她在剧中只有一个动作、一句台词：背对着观众，举起拳头，站起来说："我也要去！"就这一句台词，她拼命地练，反复地念，别人说这孩子练得发疯了。她没有学过演戏，不懂什么是创造人物，常去向有经验的演员请教。后来她觉得自己不是演戏的料，1940年她就离开了电影制片厂。

1941年上半年，中国电影制片厂排演曹禺改编的一出独幕剧《正在想》，他们又让19岁的秦怡演一个40多岁的老嬷嬷，这确实有点难度。但她穿上嬷嬷的服装，再一化妆，就找到了一点嬷嬷的感觉了。因为她那时已病了很久，人长得又瘦，打着一把洋伞，肩挂黄布袋，在镜子前晃来晃去，越看越像个嬷嬷。她忽然有了一种创作欲望，觉得自己还能演戏。这个独幕剧很成功，受到观众好评，很多人都说秦怡会演戏，这使秦怡重新燃起对艺术的热爱，唤起她喜欢电影、喜欢文艺的感觉。

1941年中共南方局成立了中华剧艺社，秦怡加入了剧艺社。第一部话剧是《大地回春》，她演了一个非常可怜的女子。剧中可怜女子在亲情、爱情方面都有很多痛苦，秦怡觉得自己和戏中的角色有相似之处，能够体会那种痛苦的辛酸，她把角色塑造得非常成功。演出一炮打响，秦怡开始走红。

秦怡演的第二部剧《天国春秋》，她在剧中只有一场戏，演一名青楼女子。导演应云卫要培养锻炼她，告诉她说重要角色或次要角色都要演好。这名青楼女子还是爱国爱民的，她不愿意屈服于敌人。秦怡把青楼女子演得很成功，人物刻画得恰到好处。后来，演了很多戏，扮演了一个又一个人物，也演了很多革命的戏。她成了重庆舞台上的"四大名旦"之一。

秦怡在《北国江南》中的剧照。

新中国成立以后，秦怡的创作进入黄金时期，她成功地塑造了一系列脍炙人口的银幕形象，在《女篮5号》《铁道游击队》《青春之歌》《摩雅傣》《雷雨》《千里寻梦》等电影中都有出色的表现。

新中国成立后上影的第一部故事片是《农家乐》，她主演新中国的一位叫拉英的农村妇女。为了演好这一角色，她与张伐、仲星火、卫禹平等演员到胶东莱阳体验生活。到了莱阳，住的是堆着牛粪的草屋，满屋都是牛粪味。她看到那里的孩子都骨瘦如柴，她没想到那里如此贫困。但村民热情好客，敲锣打鼓欢迎他们。秦怡根据角色，住进了一个青妇队干部家里，两人形影不离，一起吃，一起住，一起劳动。她们一个推车一个拉车，把一车车石头运上山，她们一块儿唱山东小调。秦怡还学会了烧灶锅、收割高粱等农活。一个月下来，秦怡仿佛变了个人。当她穿上土布袄衫，简直就是一个农村姑娘。秦怡的最大收获是从青妇队干部身上见到了拉英的影子，体验到拉英应具备的质朴、热情、勤劳、乐观的品质，她对"生活是创作的源泉"有了更深的理解。最终，银幕上的拉英成为一个有血有肉的当代农村新女性形象。1950年秋这部影片在全国公映，秦怡以崭新的面貌登上新中国的影坛。

1959年5月，秦怡光荣地加入了中国共产党。同年，她参与《青春之歌》的拍摄，扮演女革命者林红。在拍摄临刑就义的一组镜头时，林红大义凛然，昂首挺胸，从容不迫，视死如归，从她的眼睛里看到了未来。影片公映后，林红成为当时青少年心目中的光辉形象。

四　人美心更美

秦怡的明星故事具有传奇色彩，家庭生活却不免悲凉。1947年12月15日，秦怡和"电影皇帝"金焰结婚，郭沫若是证婚人，茅盾夫妇、翦伯赞、丁聪、夏衍、吴祖光等五六十位知名人士参加婚礼。

金焰本是韩国人，后来加入中国国籍，他对中国共产党和新中国充满了热爱，是上海电影制片厂的著名演员，也是上海演员剧团的团长。1958年，率团出访德国，在德国给团里买了几台录音机，自己也买了一台。但团里有人对使馆人员说：金焰向外国人索要了一台录音机，这是有损国格的事。使馆人员信以为真，并没有调查核实，便书面向文化部报告此事。更为戏剧的是，临回国前，使馆人员把一份密封材料交给金焰，让他交给文化部领导。金焰对此毫不知情，到北京就把文件袋交给了文化部的领导。当他回到上海时，这份材料已到上海电影厂领导手里。领导也没调查，此后不再派他出国。这件事成了金焰终生的痛苦，他从此借酒消愁，后来因饮酒过度，造成胃出血。手术后虽保住了性命，却只能长期卧床休息，这位"电影皇帝"从此与孤灯、病榻相伴。在"文革"中，金焰遭受许多莫须有罪名的折磨。1983年，久病的金焰去世。

丈夫不顺，儿子也不省心。

1948年7月，秦怡的儿子金捷出生，昵称小弟。秦怡一家三口度过了一段幸福时光。1965年儿子金捷突然发病，患了精神分裂症，久治不愈，其后由抑郁症转为狂躁症。家庭气氛由沉闷一下子转为躁动。从那一年起，秦怡把大部分情感倾注在金捷身上。儿子长期来患

秦怡与陆亚萍荣获中国十大女杰称号。

着精神分裂症，情绪不稳定，生活不会自理，活在痛苦之中。儿子的痛苦比自己的痛苦还难受，秦怡悉心照料儿子生活的点点滴滴。她白天忙着拍电影，回家忙着给儿子吃饭穿衣，喝水服药，无微不至地照料儿子。她常说："儿子得了这种病，最痛苦的是他自己，最操心的是母亲，我必须加倍给他真挚的爱。"她做到了，处处表现出一位母亲伟大的母爱！她做得心甘情愿，无怨无悔！她是一位坚强、伟大的母亲！2007年3月7日，59岁的金捷病逝，秦怡陷入巨大的悲痛之中……

秦怡从悲痛中走出后，耄耋之年的她，积极参加各类社会公益活动，把爱倾注在慈善事业和电影事业，把爱奉献给更多的人。"5·12"汶川特大地震后，秦怡捐出21万元，这是她一生的大部分的积蓄。

秦怡不但是周恩来总理赞誉的最美的中国女性，她的心灵也是纯洁美丽的！

戴爱莲

芭蕾之母，荷花飞天

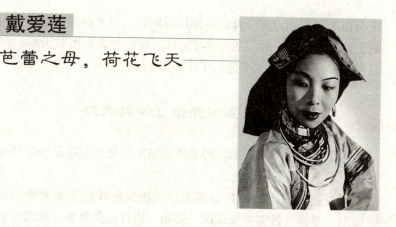

戴爱莲（1916—2006），出生于西印度群岛的特立尼达，祖籍广东新会县。14岁赴英伦学习舞蹈，受业于世界著名舞蹈家安东·道林。在抗日战争最艰难的时刻，她毅然回到祖国，创作出《卖》《游击队的故事》《思乡曲》《空袭》《东江》等作品，以舞蹈为武器投入抗日斗争。　她创作的《荷花舞》与《飞天》堪称"20世纪中国舞蹈经典作品"。她是中国当代舞蹈艺术先驱者和奠基人之一，她为中国舞蹈事业做出了杰出贡献，是当之无愧的"中国舞蹈之母"。

一　与舞蹈结缘的童年生活

戴爱莲原名叫爱琳·阿萨克。她父亲是家中的老大，人称"阿大"，广东话的"大"与"戴"相近，"戴"便成为她家的姓氏，"爱莲"由英文的爱琳转译而来。

戴爱莲自小就活泼好动。由于受到母亲的影响，她从小节奏感就极强，小伙伴在游戏和舞蹈时她显得灵巧出众。母亲发现她的舞蹈天赋，将她送到了舞蹈学校，她成为岛上华人学生中第一

个与白人同校学习芭蕾舞的。她的舞蹈技艺迅速提高,很快成为班上的舞蹈明星。她从7岁学习钢琴,在钢琴方面也有天赋,经过7年的苦练,钢琴水平通过了中级考试。

二 赴英国开始了学舞之路

为了更好地学习舞蹈,1930年,14岁的戴爱莲跟随母亲远赴英伦,踏上了专业学舞之路。

戴爱莲是幸运的,到英国之后,很快便开始在英国舞蹈名家安东·道林的教室上舞蹈课。安东·道林是世界著名舞蹈家,有机会跟大师学舞,她做梦也没想到。她全身心地投入芭蕾舞学习。当时,学习芭蕾舞这种纯西方的艺术形式是白种人的专利,其他有色人种学习芭蕾的几乎没有。戴爱莲个子矮小,在芭蕾舞上她很难有发挥的机会。道林老师对她却很看重,相信她是棵舞蹈的苗子,在舞蹈上会有所作为。道林老师悉心指导她的舞蹈技艺,鼓励她不断提高。所以,道林老师既是她的舞蹈导师,也是她的良师益友。师生的友谊持续了一生。当戴爱莲晚年回忆起这段经历时,依然让她感激不已。

在英国芭蕾舞的大本营中,戴爱莲如鱼得水。除了跟随恩师道林学舞外,她还求学于其他芭蕾大师,而对现代舞也情有独钟,她学习了魏格曼的舞蹈艺术思想、舞蹈理论家拉班的舞蹈动作理论和尤斯的现代舞蹈,她博采众长,融会贯通。她开始揣摩用舞蹈做语言,用舞蹈动作表达自己的思想。

后来她回忆说,在英国学习期间,除了芭蕾舞和现代舞,最有意义的是学习了拉班舞谱。拉班舞谱是世界范围内运用最广泛的一种舞蹈记谱方式。拉班舞谱在中国的应用就是戴爱莲引进的。

三 以舞蹈为武器，投身抗日

戴爱莲一边学习，一边寻找工作。她在经受了战争磨难和西方社会的人情冷暖之后，发现发达的英国和欧洲没有她施展才华的舞台，她回到祖国的念头越来越强。

戴爱莲在回国之前，正当卢沟桥事变爆发，这位爱国华侨姑娘义愤填膺，她以舞蹈为武器，投入抗日斗争中。

当时，英国、美国、南非、印度等国的正义人士愤怒而起，掀起了声势浩大的反对日本侵略者、声援中国人民的斗争。伦敦"援华运动委员会"号召人民为灾难中的中国人民募捐。戴爱莲参加了该组织的募捐义演活动，捐款所得全部送到由宋庆龄领导的"中国抗战同盟"，她为自己能为祖国的抗战做点贡献感到欣慰。

欧洲战事加紧，英国对德宣战，形势催促戴爱莲赶快回到多灾多难的祖国。1939年9月3日，戴爱莲踏上了回国之路。

戴爱莲曾回忆说，她一生幸运的事情太多，其中之一是到达香港后遇到宋庆龄。她参加了由宋庆龄组织的抗日募捐义演。戴爱莲用自己的舞蹈，为抗击日本侵略者助威。

在香港、重庆、桂林等地戴爱莲都用舞蹈语言表达抗议的吼声。《警醒》《进行曲》《哭泣的垂柳》《卖》《游击队的故事》《思乡曲》《空袭》《东江》……戴爱莲通过一系列的舞蹈作品，唤起人民的反抗斗争精神。

《警醒》这个作品中，在没有音乐伴奏情况下，用敲击腰鼓敲出紧张的节奏和警惕的氛围，表现了第一次站岗放哨的游击队员的紧张心理。

《进行曲》是戴爱莲开始学习现代舞时创作的，表现的是中国的游击队员。当时，有人怀疑戴爱莲能否编出这类现代舞的作品。为了证明自己的实力，她请朋友帮忙找到了普罗科菲耶夫创

作的进行曲做伴奏。伴着刚强有力的音符，戴爱莲证明了自己有这个能力。在香港演出《进行曲》时，宋庆龄建议她把服装改成国旗图案，以表现中华民族不断前行的精神。这个舞蹈作品为戴爱莲的舞蹈事业增添了浓墨重彩的一笔。

回到祖国的戴爱莲，面对日军的暴行，她的创作激情空前高涨。创作出《卖》《游击队的故事》《思乡曲》《空袭》《东江》等一系列的作品，作品符合中国社会现实，鼓舞了战争时的人民。

1941年，戴爱莲在一篇报道中了解到，日本飞机轰炸广东东江的渔船，船翻人亡，渔民死伤惨重。为了表现出东江渔民和中国人民对敌人的愤恨，她用现代舞的技巧创作并表演了独舞《东江》。

1942年在重庆上演了一部有四个人物的小舞剧《空袭》，舞剧通过一位母亲与3个子女在日寇轰炸下的悲惨遭遇，控诉日军暴行。戴爱莲扮演的女儿，她用肢体语言愤怒控诉着侵略者的罪恶行径，深深地打动了观众。

《思乡曲》表现的是一位妇女在战乱的环境下，流离失所，四处飘荡，但她对故乡无比思念。为了表现思乡的真切情感，戴爱莲特地设置了一驾马车做道具。著名小提琴家与音乐教育家马思聪现场伴奏，那幽怨、悲怆的旋律，与戴爱莲委婉的舞蹈语言，深深感染着每位观众。后来戴爱莲在美国表演《思乡曲》时，没有马车，便用一只木箱子代替，同样有铁蹄下的民众流离失所的效果，唤起了美国观众的极大同情。

戴爱莲抗战时期的创作和表演都达到了新高度。而后戴爱莲创作的"边疆舞"也轰动一时。在回国后，她走遍祖国各地表演和采风。广西、贵州、云南、西康、新疆等地都留下她的身影，她虚心向少数民族同胞学习民族舞蹈技艺，研究民族舞中所表达的感情，吸取其精华，融汇到现代舞当中。她创作了《马车夫之歌》《瑶人之鼓》等优秀作品。此外，她还从桂剧中吸收营养，根据桂剧《哑子背疯》这出哑巴背疯婆的戏，改编成舞剧《老背少》，她自编自演，哑巴和疯婆一身兼。在一次晚会上，戴爱莲受延安文工团的演出启发，创作了大秧歌剧《朱大嫂送鸡蛋》等舞蹈。

1946年在重庆，戴爱莲推出了一台多彩多姿的"边疆舞蹈大会"，维吾尔族舞《青年舞曲》、苗族舞《苗家月》、藏族舞《春游》、彝族舞《倮倮情歌》等，都给观众耳目一新的感觉，美妙的舞蹈令观众陶醉，领略了中华民族舞蹈的多姿多彩。中国人过去只欣赏西洋舞蹈的时代已经过去。一时间，"边疆舞"成为山城的热门话题。"边疆舞"风随后刮到了上海大中专学校，并遍及全国，戴爱莲的"边疆舞"，演绎了中国现代舞蹈史上的一段佳话。

四　培养中国舞坛后备军

在新中国成立之初，培养人才、组建队伍、编创新作，成为发展中国舞蹈事业的当务之急。当时，中国没有一家专业的舞蹈团体。面对新中国成立后中国舞坛的落后状况，戴爱莲主动请缨，挑起了发展中国舞蹈事业的重担。

新中国成立后，戴爱莲担任过华北大学三部舞蹈队队长、中央戏剧学院舞蹈团团长、中央歌舞团团长、北京舞蹈学校校长等职，可以看出，她与中国的舞蹈事业紧密相联。在华北大学舞蹈队，她为新中国培养了第一批舞蹈演员。在中央戏剧学院，她主持组建了新中国第一个舞蹈团，该团后来成为中国中央歌舞团。1954年，她主持了新中国的第一个舞蹈学校——北京舞蹈学校的教学工作。新中国第一个芭蕾舞团——中央芭蕾舞团，也是在她的领导之下成立的。在她的努力下，一批批舞蹈人才，成为中国舞坛上的生力军。她创造了中国舞蹈史上一个个第一，留下了中国舞蹈史上一个个经典之作。

1987年10月，戴爱莲与花保葫芦笙舞演员交流。

戴爱莲一生最重要的代表作是女子群舞《荷花舞》。它取材于陇东、陕北的民间舞"荷花灯"。1953年，戴爱莲以比兴的手法对其再创作，表现了荷花美丽无瑕、出淤泥而不染的秉性，以"盛开的荷花"象征祖国的欣欣向荣。

在很多外国人看来，《荷花舞》几乎成为中国舞蹈的代名词。台湾著名舞蹈家林怀民曾被《荷花舞》感动得无以复加，他说舞蹈所表现出来的那种中国人所独有的大气和健康之美，让他感喟不已。

戴爱莲的另一部传世之作是女子双人舞《飞天》。它取材于敦煌壁画的舞蹈，运用戏曲中"长绸舞"的形式，把它加工为纯舞蹈艺术。舞蹈以绸带飞扬瞬间的舞姿造型和流畅优美的舞步，表现一种飞天意境……

《荷花舞》与《飞天》先后于1953年和1955年参加世界青年与学生和平友谊联欢节国际舞蹈比赛并获奖；1994年被确认为

“20世纪中国舞蹈经典作品”。

戴爱莲为中国舞蹈事业做出了杰出贡献，是当之无愧的“中国舞蹈之母”。

五　淡泊和宁静的晚年生活

戴爱莲晚年生活淡泊和宁静。她继续着中国拉班舞谱学会的教学与工作，继续着中外文化的交流工作，让中国舞蹈走向世界，让更多的国际友人认识和了解中国舞蹈。她还完成了她的自传体著作《戴爱莲·我的艺术与生活》。

2005年7月，一个名为“荷香妙舞敬爱莲”的中国舞蹈专场晚会，在加拿大多伦多市开幕。晚会上，当地9位专业舞蹈家专门为戴爱莲和现场观众做了舞蹈表演。她所获得的荣誉和褒奖自己也数不清。

戴爱莲80寿辰时。

荣誉已属过去，她还有一个追求多年的愿望没有实现。

2005年12月26日，在北京协和医院的一间会议室里，举行了一场庄严而意义特殊的入党仪式。在这里，戴爱莲实现了多年加入中国共产党的夙愿。宣誓中，她已经没有力气说出完整的话语，但她凝重的神态，让人难以忘怀。

宣誓之后的戴爱莲这样说："我很自豪，入党是一件无上光荣的事。当我还在国外的时候，就受到了党的影响。那个时候我就知道，中国唯一的希望就是中国共产党。我很幸运，看到了繁荣的今天！"

2006年2月9日，"中国舞蹈之母"戴爱莲因病医治无效，在北京逝世，享年90岁。

新凤霞

评剧创新派，
妙手著文章

新凤霞（1927—1998），评剧新派创始人。原名杨淑敏。祖籍江苏。6岁学京剧，12岁学评剧，14岁任主演。新中国成立后，她主演了《志愿军的未婚妻》《会计姑娘》《乾坤带》《杨乃武与小白菜》《凤还巢》《三看御妹》《花为媒》《杨三姐告状》《阮文追》等几十出剧目，其中的《花为媒》等成为新派艺术的经典之作。她偏瘫以后，创作出版了《新凤霞回忆文丛》《人缘》《评剧皇后与作家丈夫》《舞台上下》等书籍；作为国画大师齐白石的弟子，她还是一名很有成就的画家。

一　幼年被拐自创腔调

新凤霞1927年出身于一户贫民家庭。后来，由人贩子卖到天津，落到一户姓杨的贫苦人家，她的生身父母成了一个谜，养父养母成了她的亲人，在她心里他们就是自己的生身父母。

那时的女孩很少有名字，大家都叫她"小女儿"，后来有一天，一只小鸟飞进屋里，家人认为吉祥，便给起名叫"凤"，"凤"就是新凤霞的名字了。

新凤霞的二伯父和堂姐姐都是贫苦艺人，二伯父是京剧琴师，会拉大弦、二胡，弹三弦；堂姐叫杨金香，唱京剧刀马花旦，是个好演员。新凤霞从6岁开始，跟堂姐去戏园子学戏、练功。她有演戏的天赋，很快就能登台演出了。她渐渐地对大家喊她"小凤"听着不顺耳，希望别人叫她"大凤"，大总比小好。堂姐提议给她起个艺名，她很高兴，姐俩最后商定就叫杨金凤。父亲忠厚耿直，他不喜欢二伯父一家人。当知道女儿有了艺名，非常生气，认为这是败坏门风。生气也没辙，不唱戏又有什么别的出路呢？

13岁时，新凤霞开始拜王仙舫、邓砚臣、张福堂等学评剧。因为跟堂姐学过京剧，有戏剧基础，很快上台演出了，15岁后担任主角。她主演了《乌龙院》《女侠红蝴蝶》《可怜的秋香》《双婚配》《三笑点秋香》等剧目。一天，师父对她说："你应该起个艺名了。"师姐师妹中有新红霞、新艳霞、新翠霞等带霞字的，师傅给起了新凤霞的名字。从此，新凤霞在天津、上海、济南、秦皇岛等地声名鹊起，直到成为"评剧皇后"。

1949年新凤霞从唐山来到北平，迎接新中国成立。她怀着无比愉悦的心情，在欢庆的人群中打腰鼓、扭秧歌。她在妇女讲习班听邓颖超、蔡畅等述说妇女解放的故事，眼界大开，思想认识有了很大提高。

新中国成立后，新凤霞应聘至天桥万盛轩演出。那时的天桥还是个"下九流"的地方，矮小破旧的戏园子很多，一些地痞流氓活动猖獗，外号"皇上""阎王"的恶霸势力很大，万胜轩里也有恶霸班主，演员还受着剥削。那时也没有作家给演员写剧本，导演排戏也就是写个提纲，演员根据提纲分场内容，上台即兴表演，临场发挥。在新歌剧的影响下，新凤霞想演一个解放区新型妇女形象，她找到市妇联主席张小梅说明想法，张小梅给她推荐了一个说书本子《刘巧团圆》，她们按照过去的老办法列提纲排练《刘巧儿》，新凤霞演刘巧儿。演员们通过长期的舞台合作，彼此演唱的习惯和方法都很熟悉，配合默契。乐队对每个演员的一抬手一举足也很清楚，演员的一招一式，乐队就配合相应的锣鼓点子，一张嘴就知道唱什么曲牌。新凤霞饰演的刘巧儿在剧中是主要角色，她的唱、念、做、打成为重头戏。身穿绿袄红裤的巧儿小碎步上场，端着一笸箩白线，走到炕边，放下笸箩。上炕的动作细腻而有特色：一腿先跪在炕沿，另一条腿爬上去；双腿跪好，双手扶炕，两脚磕打那双鞋，农村妇女上炕不脱鞋都是这个动作。她的每个动作都传神到位，她的唱功更是引得观众叫好。

1959年，《刘巧儿》进行了重排，有了正式的剧本，服装、美工等都精心设计，也有了布景。经过反复排练，一个全新的《刘巧儿》呈现在观众面前，风靡全国。新凤霞成功地塑造了刘巧儿的艺术形象，并创造了独特的评剧疙瘩腔唱法。人们通过《刘巧儿》知道了新凤霞，她的名字也走进了千家万户。

至今，人们耳畔还回响着那轻松欢快的唱段：

> 巧儿我自幼儿许配赵家，我和柱儿不认识我怎能嫁他呀。我的爹在区上已经把亲退呀，这一回我可要自己找婆家呀！上一次劳模会上我爱上人一个呀，他的名字叫赵振华，都选他做模范，人人都把他夸呀……

随后，新凤霞把鲁迅小说《祝福》改编成评剧《祥林嫂》，她成功地塑造了在封建社会受尽摧残迫害的劳动妇女祥林嫂的艺术形象，她的唱腔艺术又进一步提高，展现出更深层次的艺术魅力，丰富发展了新派演唱艺术，受到广大评剧观众的喜爱。

二　戏戏有特色戏戏不重复

前门到西单应该是近在咫尺，但在新中国成立之初，"前门

外"和"城里头"却是城里城外截然不同，尤其在演艺界，两者有着天壤之别，等级差别很大。似乎天桥的演员演的都是下里巴人，城里的大剧院演的都是阳春白雪。所以，天桥的演员要到城里大戏院演出唱戏是很难的。一次临时救场，新凤霞登上了西单长安大戏院的舞台。第一次登上大雅之堂的新凤霞以她高超的演技和独特的唱腔征服了观众，台下不时爆发出热烈的掌声，剧场经理深感意外，天桥也有出类拔萃的演员！从此，新凤霞从城外冲进了城内，舞台从"天桥"变成了"长安"。

有一件事让她难忘。她发现城里的观众也喜欢听她创造的"疙瘩腔"。每次她用疙瘩腔演唱，台下的掌声不断。在一场演出中，她的疙瘩腔刚一亮出来，观众们的掌声立刻雷鸣般响起，她的情绪也调动起来了，一场戏用了五次疙瘩腔，台下的掌声接连不断，她也非常得意，观众的掌声代表了她受欢迎的程度。

演出后，她兴致勃勃地走出剧场，一位扫地的场务员亲切地和她打招呼。她说："您忙呐？辛苦啦。您看我今天唱得行吗？"场务员是位直性子，真诚地说："您这疙瘩腔真是唱绝了。就是唱得太多了，新老板，再好的东西也不能这么卖呀，您忘啦，这艺尽人缘散呀！"

新凤霞顿时一惊，脸上有点挂不住了，这道理是很简单的，自己一激动就把什么都忘到脑后了！她对场务员说："您的提醒太重要了，我这辈子也忘不了您这句话。"场务员觉得说过了头，不好意思地说："我也

新凤霞剧照。

是瞎说，您新老板和气，要是别人我也管不着。"

事后，新凤霞说过，那位服务员的话太重要了，演戏不能以为观众叫好就对了，还要注重特色，注重创新。一味走老路，最终没出路。于是，她给自己立下原则：一戏一招，戏戏有特色，戏戏不重复。

本着有特色、不重复的原则，新凤霞和音乐工作者大胆创新，创造了很多新板式和新曲调。她主演的评剧《乾坤带》，在唱腔方面有明显的提升和突破，创作演唱了凡字调大慢板。剧中几大段核心唱段体现了演唱者的极高功力，该剧被誉为评剧经典剧目。在《无双传》中，新凤霞创作演唱了反调大慢板；在《春香传》《金沙江畔》《三看御妹》《调风月》《六十年的变迁》中，分别创作演唱了三拍子调、格登调、降香调、蜻蜓调、送子调……这些创新极大地丰富了评剧的唱腔艺术，推动了评剧艺术的发展与进步。

新中国成立后，新凤霞主演了《志愿军的未婚妻》《会计姑娘》《乾坤带》《杨乃武与小白菜》《凤还巢》《三看御妹》《花为媒》《杨三姐告状》《阮文追》等几十出剧目，其中的《花为媒》等成为新派艺术的经典之作。她成功塑造了刘巧儿、祥林嫂、春香、银屏公主、珠玛、无双、小白菜、燕燕、张五可等艺术形象，为评剧艺术谱写了绚丽的篇章，为后人留下了弥足珍贵的艺术遗产。

三　惊人毅力开拓进取

1957年，新凤霞和爱人吴祖光都被打成右派，他们在北京东单的四合院被强占。1964年，新凤霞在完成戏剧电影《花为媒》之后，舞台生涯结束，此后再没有登台演出。这一年，她年仅38岁。"文革"中夫妇二人都受到严重的迫害。新凤霞被剥夺了做演员的权力，成了任人驱使、叱骂、欺辱的对象，别人演戏，她

成了前后台的杂役。一次，中国评剧院的造反派在大院开批斗会，被打倒的各类"专政对象"跪了一圈，一声令下，乱棍齐挥，新凤霞重重地挨了一棍，她本能地看了一眼，这下激怒了那位打人者，他把新凤霞单独拉出来毒打，她的左膝半月板受了重伤。1975年，她因脑血栓发病导致左半身偏瘫。1979年，新凤霞才得到彻底的平反。

为了事业的传承和评剧的发展，她拖着病残的身体，坐在轮椅上给弟子们说戏、指导、示范，把自己对评剧的理解、感悟和想法传给她们，培养出谷文月、刘秀荣、王曼玲、赵三凤、戴月琴、高闯等高徒，她们成了新派艺术的优秀传人，她把自己的一生都奉献给了评剧事业。

自从离开舞台后，新凤霞开始写作和绘画，她和爱人"抢"家中的大书桌，书桌上堆着她写的回忆文章，满屋都是她画的荔枝、扶桑花。她酷爱泼墨作画，她虽告别了评剧舞台，但仍怀着对美好生活的向往，相信自己在绘画方面会有所成就，因为她不能辜负齐白石大师的栽培，作为亲传弟子她不能给大师丢脸。

新凤霞从小就对绘画很感兴趣，绣戏衣、绣枕头等都是自己画花样。新中国成立初，他们家也买过不少齐白石老人的画，很多都是精品。买画是爱人吴祖光的一大嗜好，吴祖光的父亲吴瀛也是著名的书画家，故宫里都藏有他的墨迹。他天天在家里画画，新凤霞耳濡目染，无形中受到艺术的熏陶。还有一个得天独厚的条件：他们家经常是画家群集，张光宇、张正宇、徐悲鸿、黄永玉、丁聪、郁风、黄苗子、尹瘦石、叶浅予、潘絜兹等著名画家都是她和爱人吴祖光的朋友，常来家里画画聚会，他们对新凤霞给予很多指点，她得到很多真传。

拜师齐白石源于一次聚会。新中国成立初期，爱人和她商量在家里举行一次"敬老"宴会，请的客人是齐白石、于非闇、欧阳予倩、梅兰芳、夏衍、老舍、阳翰笙、洪深、蔡楚生等老人，包括年轻一点的于伶、陈白尘等。同院的盛家伦、黄苗子和郁风夫妇也以主人身份参加宴请。

白石老人和大家打完招呼，拉着新凤霞的手目不转睛地看她，别人提醒说别总这么看着，老人不高兴了，说："我这么大年纪了，为什么不能看她？她生得好看。"新凤霞解围说："您看吧，我是演员，我不怕人看。"黄苗子夫妇说："老师喜欢凤霞，就收她做干女儿吧。"老人高兴了，当场她就给干爹行礼，此后，新凤霞做了白石老人的干女儿并拜师学画。白石老人耐心地教她画画，告诉她似像非像才是艺术，指点她如何画梅，如何画藤，告诉她怎样布局、构图……后来，新凤霞创作了很多清新淡雅的绘画作品，成为一名很有成就的画家。

新凤霞不甘寂寞，不愿做个碌碌无为的人，她的腿脚不便，但脑子还灵活，右手还活动自如，她要用自己手中的笔，记录下自己所走过的坎坷人生路程和丰富的生活阅历。以坚强的毅力，百折不挠的精神，坚持写作，创作出版了《新凤霞回忆文丛》（四卷）《人缘》《评剧皇后与作家丈夫》《舞台上下》《少年时》《新凤霞卖艺记》《我和皇帝溥仪》《发愁》《以苦为乐》《艺术生涯》《我当小演员的时候》《我与吴祖光》《绝唱》《恩犬》《新凤霞的回忆》《新凤霞说戏》等书籍，约四百万字。这些作品展示了她演艺生涯丰富多彩的成就和酸甜苦辣的奋斗历程，是一幅壮丽的人生画卷。

四 相濡以沫演绎经典爱情

关于新凤霞和吴祖光的婚姻与爱情故事，新凤霞曾写了《我与吴祖光》一书，在《新凤霞回忆录》中也有相关介绍，《吴祖光回忆录》中也涉及这方面的一些内容，下面做一些内容的摘述。

新凤霞与吴祖光的认识是作家老舍从中牵线，老舍为成就这一对姻缘可谓没少费心。两人认识后，吴祖光很忙，他在文化部电影局工作，很少和新凤霞见面。新凤霞是北京首都实验评剧团

的团长和主要演员，团里的一切事都要经过她处理。他们都没有时间去谈情说爱。

吴祖光对新凤霞说，先打好事业基础，结婚的事情可往后推。但想不到反对的人在明里暗里说他们坏话：新凤霞有一大家人，父母、弟弟、妹妹七八口人，都要靠她养活，她不识字，父母也都是文盲，吴祖光闯进这个家，可是自找麻烦；没有共同语言，唱戏的家庭，太俗气。吴祖光是书香门第，怎么能跟这样的艺人在一起生活？也有人劝新凤霞，不要上当，吴祖光能跟你长久吗？别叫他要了，哭都来不及……

但是棒打鸳鸯不散，两人还是走到了一起。

1951年，新凤霞结婚那天，穿上了一件紫色旗袍，一件灰色绒小背心，黑色半高跟鞋。吴祖光穿着一身从香港带回来的蓝色西装，白衬衫，系着红花领带。结婚场面很大，在南河沿北京市政协文化俱乐部的大厅举行鸡尾酒会，自助餐，男方主婚人欧阳予倩，女方主婚人老舍，证婚人阳翰笙。文艺界、电影界的专家学者来了很多，老一辈不少人也都来了。戏曲界来的人更多，从北京城南天桥到其他各大剧院都有人参加。

新凤霞与丈夫吴祖光。

结婚后，日子过得甜蜜、温馨。然而这样的生活过了没多久，便到了1957年。吴祖光被打成"反革命"，去了北大荒，新凤霞和婆婆一起拉扯着三个孩子。新凤霞一直记得吴祖光对她说的话："对你一生负责。"

三年北大荒生活结束后，整个家庭又回到

了温馨。但这样的日子不长，一场意想不到的灾难——十年浩劫降临了。新凤霞也因跟丈夫有"反革命串联"的罪名被痛打、批斗。她本来有胃病，有一天早晨还吐了血；她的高血压病发作了，受过风寒的左肩背疼痛，加上有病不许休息，导致了她左半身瘫痪，从此，新凤霞彻底告别了舞台，却以坚强的毅力写作和绘画。

吴祖光一边照顾新凤霞的生活，一边鼓励她写作。吴祖光曾这样说："她是我的妻子，我曾鼓励过她识字、读书，但是在短短的十几年取得这样丰硕的成果，实在是我始料不及的，深深感到这是个'异数'，新凤霞大可列入行传。"

在这近半个世纪的风雨历程中，吴祖光一直遵循着当初的承诺："对你一生负责。"

新凤霞的女儿吴霜这样说过："多少年里，有不少和我父母熟悉的人们在心里未必觉得我爸爸和妈妈的婚姻是那么的适合。并且他们可能从一开始就会觉得这段婚姻有可能会半途而终，就像许多同类的婚姻那样……但是几十年过去了，许多人认为可能会发生的事情没有发生，两个南辕北辙的人殊途同归，在人们的一路祝福声中稳步前行，最终走向生命终点。"

1998年4月12日，著名评剧表演艺术家新凤霞在江苏省常州市逝世，享年71岁。

常香玉

人民艺术家，
人民是爹娘

常香玉（1922—2004），河南巩县（今河南巩义市）人，9岁开始学戏，15岁时有了自己的戏班子，她饰演的崔莺莺和红娘在当时给观众留下深刻印象。抗日战争时期她就组织赈灾义演，抗美援朝时期，她通过组织义演捐献了一架"香玉剧社号"米格–15战机。她主演了《拷红》《白蛇传》《大祭桩》《花木兰》《破洪州》《朝阳沟》《李双双》《红灯记》等剧目，创造了独特的常派艺术，"戏比天大"是她一生的座右铭。

一　吃苦学戏改变命运

1922年9月15日，常香玉出身于河南省巩县董沟村一个农民家庭，父亲张茂堂给她起名叫张妙玲。张茂堂曾是一个唱戏的，后来因为嗓子坏了，再不能登台演唱，就在戏班里做一些打杂的事情。当时，这个贫苦人家常常一天只能吃一顿饭，年幼的常香玉曾和母亲一起四处讨饭。

由于家境贫寒，9岁那年，家里曾想把常香玉卖掉做童养媳。但父亲知道童养媳的苦楚，因为常香玉三个姑姑都做过童养媳。他怕孩子被人家打死，下决心让她学戏。张茂堂曾对常香玉说过这样一句话："我宁可让你跟我学戏被我打死，也不能让别人把你给打死。"旧社会，唱戏的人地位极低。族长认为家族中出了个唱戏的，是丢人现眼的事，提出不准她姓张，不能给张姓丢脸，死后也不能进张家祖坟。后来，卖胡辣汤的常会庆，一个人称常老大的人，收她为义女，她开始跟随姓常，并起名为常香玉。

就这样，常香玉开始了她的学戏生涯。并拜翟燕身、周海水为师。

在学艺的路上，泪水和挨打一直伴随着常香玉。寒冷雪天，在外面靠着墙倒立是常事。为了做到声音圆润动听，常香玉每天起早睡晚地刻苦练习。在她练低音时，父亲躲到百十步以外去听，纠正她的吐字发音。她一遍又一遍，一字又一字，一句又一句地反复吟唱。正是这种残忍的磨炼，让常香玉练就了"吐字重而不死，轻而不飘"，高音不尖，低音可辨的绝功。

为了积累舞台经验，提高演技水平，常香玉参加各种演出，扮演各种角色。她曾回忆说"老父亲什么角都让我演：小生、武生、丑角、老婆。"就这样，年仅12岁的常香玉崭露头角，一个月能挣八块大洋，说明小小年纪的她，身价已经很高了。

1935年，常香玉的演艺生涯正式步入正轨。这一年，她在开封演了《曹庄杀妻》，这是她人生中最重要的一场戏。那时的她还不是主角，但她的演技很吸引观众的眼球，戏中有"屁股蹲儿"的动作，她做得干净漂亮，在演追打戏时，她的一连串"小翻"、利索的"劈叉"，显示出深厚的功底，赢来观众阵阵喝彩。虽是垫戏，却一炮打响了。

父亲张茂堂深知，常香玉要想成为大家，必须有自己的看家本领，有一手别人没有的"拿手戏"。1936年，常香玉结识了剧作家王振南、史书明，他们想扶持她成立戏剧班子，演他们编的戏。1937年，常香玉在这两位剧作家和父亲的扶持下，成立了中

州戏曲研究社，她有了自己的班子和舞台。随后不久，中州戏曲研究社推出了自己的新戏，王振南、史书明编剧的《六部西厢》上演了，常香玉也有了属于自己的角色。在前两部戏中，她饰演闺门旦应工的崔莺莺，她演得深沉、含蓄，外表凝重，内心却充满激情，活脱脱的一个崔莺莺展现在观众面前。在后四部戏中，她改演花旦应工的红娘，一个聪明机智、仗义大胆的舞台形象也给观众留下深刻印象。所以，《六部西厢》一经出演，好评如潮。常香玉的名字也越叫越响。当时有这样一句话："看了常香玉的戏，叫你一辈子不生气。"

在随后漫长的艺术生涯中，常香玉博采众长，吸收南曲剧、京剧、昆剧等多个剧种的声腔技巧，形成了独特的常派艺术，深受广大群众喜爱。

二　经典爱情

常香玉在19岁那年一场新戏中，认识了她以后生活、事业上的伴侣陈宪章。演出结束时，陈宪章用幽默语言发表的意见引起了常香玉的注意。他针对常香玉戏中的一句台词说："'我看他眉清目秀人忠厚'这句词用得不准确。你根本就不了解他，就怎知眉清目秀的人一定是忠厚老实的呢？"常香玉听了之后，觉得这个人不仅懂戏，语言也风趣幽默，对他有了好感。后来因为常香玉父母因陈已经结婚，极力反对他们继续交往，两人分开了8个月。

在常香玉和陈宪章结婚前，她根据陈宪章和自己的情况提出三条：一是不嫁当官的人，二是不给别人当小老婆，三是不能因为她是个唱戏的就看不起她。对于常香玉的要求，陈宪章全部答应，与前妻离了婚、并把官辞了。结婚后陈宪章专心为常香玉的事业忙碌，并开始为她编写剧本，其中最著名的就是《花木兰》。

同时，为了让常香玉集中精力从事戏剧，陈宪章承担了里里外外的大事小事，从不因为任何事情而影响她的演出。常香玉曾说："宪章是帮我帮惯了，所以我什么都不会，除了唱戏，别的都不会，他不仅给我教词还要解释，里头每句词的意思他都要解说。我们家里头的大大小小，所有的一切事情都不跟我讲，天塌下来的事情也不能跟我讲。"

常香玉事业的成功，也有丈夫的辛劳和付出。

三　慷慨解囊

在中国人民革命军事博物馆里，陈列着一份《香玉剧社半年来捐献演出的工作总结》。这份褪色的"总结"，真实地记录了常香玉为筹措为志愿军捐献飞机的费用，1951年8月至1952年2月率领香玉剧社到6省市巡回演出的情况。

简朴是常香玉平时生活的代名词。她的衣服总是破了补补，枕头是用旧衣服裹成的。她自己的生活很"抠门儿"，不许孩子乱花钱，不许他们在馆子吃饭，为了节省菜钱，要求保姆下午去买菜。

就是这样生活中处处节俭的人，在抗美援朝时期为志愿军捐献了一架米格–15飞机。

一天，广播里说，志愿军某高地遭受百余架敌机狂轰滥炸，全连战士壮烈牺牲。听到这条消息，常香玉就同丈夫商量，要为国家捐献一架飞机。为此，他们在各地演出，将演出得到的钱积攒下来。丈夫陈宪章还特地写了剧本《花木兰》，常香玉拿出了所有积蓄，还卖掉了自己的卡车和房子。为了不影响演出，她把三个不满10岁的孩子送到了托儿所。

就这样，香玉剧社在全国各地巡回义演，辗转开封、郑州、新乡、武汉、广州、长沙6个城市，半年演出170多场，终于筹到了15亿人民币（旧币），捐献了一架名为"香玉剧社号"的米格–15战机。常香玉曾说："前方同志拼了命，流了血，保卫了

"香玉剧社号"飞机。

我们的幸福生活,而我们为抗美援朝捐献一架飞机,这能算得了什么呢?"

常香玉和香玉剧社的义举,在全国产生了巨大的影响,人们称他们是"爱国艺人"和"爱国主义的典范"。不仅如此,她还到朝鲜战场前线慰问志愿军,一次次穿越美军封锁线,为志愿军指战员们演出。坑道里和掩体下常常成为演出的舞台,经常是十几位战士观看她的演出。"当时慰问演出怕遭敌人飞机扫射,都是夜里赶路。有一回夜宿防空洞里,敌人飞过来的炮弹连防空洞的门也给炸塌了。"艰苦危险的环境,并没有让常香玉退缩。

在今天提起捐飞机,很多人仍很惊讶常香玉的勇气。常香玉的女儿对此曾解释说:"她的想法很简单,觉得自己可以帮忙,就去帮忙了。"国家有难时她站出来了。

为灾民筹粮,为学校集资,常香玉一生参加过多少次义演,连她自己也记不清。"国家的难,就是自己的难。"这句质朴的话充满了豪情。

1938年，蒋介石为阻挡日本军队前进，下令炸毁黄河花园口大堤，河南大量灾民流离失所。常香玉的第一场义演就是为灾民子女上学读书募捐。新中国刚成立，按当时的工资定级她一个月可以拿到800块钱，她第一个主动要求减薪。平日手上一有余钱，她就买公债支持国家建设。

1998年初，75岁高龄的常香玉偕家人、弟子在河南人民剧院义演，6万多元票房收入全部捐给了"河南省送温暖工程基金会"。随后她和家人又向基金会捐助了3万元人民币。2003年"非典"时期，常香玉慷慨解囊，捐款1万元钱用于河南省农村"非典"防治工作。

在常香玉去世之前，曾对子女反复叮嘱：后事从简、从速，不发讣告；不准以她的名义向组织上提任何要求。为此，常香玉还专门做了公证。小女儿常如玉说："妈妈走了，她一生的积蓄将全部捐给她的出生地，以报答人民对她的养育之恩。"

四　艺为人民

为了让戏"顺应民心，反映时代"常香玉与时俱进，紧跟时代潮流，演艺水平不断提高。她和丈夫合作，既改造传统题材的戏，又演绎现代题材的戏。《拷红》《白蛇传》《大祭桩》《花木兰》《破洪州》等一系列的传统剧目，经过他们的改编和创作，戏融入现代内容，历史与现实产生了共鸣，这些剧目成为常派艺术的传世之作。《朝阳沟》《李双双》《红灯记》等现代戏，紧扣时代脉搏，与时代同步，使常派艺术具有时代色彩。

"她一辈子就是这样，戏比她的生命还要重要，你让她丢掉什么都行，就是不能丢掉戏。"常香玉的大女儿常小玉曾经这样回忆自己的母亲。常香玉的演艺生涯也有波澜曲折和不幸，但她对戏曲的热爱与追求却一往情深，再大的困难与挫折，也不能

常香玉（前排右二）。

动摇她一心向艺。"文革"期间禁止她演戏，她躲在被窝里唱；在农村改造时，她到苹果园里唱。嘴长在她头上，只要没有被封住，她就要唱，不能大声唱就小声唱，不能公开唱就背地唱……

20世纪80年代，常香玉已成为剧团领导，她带领演员深入基层，一次到陕西一个边远县演出后，一位老人拉着她的手说："常老师，这么多年一直是从收音机里听您唱，想亲耳听您唱两句。"常香玉当场为她清唱一段《红娘》，老人非常感动。这位老人是捡垃圾的，常香玉并没有嫌弃她。

"戏比天大"，这就是常香玉的座右铭。2003年12月23日，常香玉正在北京住院。当得知有一场慰问奥运场馆建设者的演出，她拔掉输液管，冒着严寒来到五棵松奥运体育场馆建设工地，在家人的搀扶下登上舞台，清唱了一段《柳河湾》。这是一位癌症患者的真情表白，是一位艺术家一生舞台生涯的绝唱。台下的观众是来自老家河南的民工，她以这样近乎悲壮的方式告别舞台。

2004年6月1日，常香玉在河南省人民医院与世长辞，享年82岁。

冰 心

世纪冰心，与爱同行

　　冰心（1900—1999），原名谢婉莹，笔名冰心。原籍福建福州长乐。五四运动的爆发，让冰心投入了时代的洪流，随后走上文学之路，其散文"清丽""典雅"，富有韵味，她创造了"冰心体"语言。抗日战争时期从事文化救亡运动。新中国成立后以旺盛精力和满腔热情投入祖国的各项文化事业中，出版了《小桔灯》《樱花赞》《拾穗小扎》《寄小读者》等多种作品，翻译出版了多种译作。她是著名的社会活动家，曾任中国文联副主席，被誉为"20世纪中国杰出的文学大师"。

一　海边女儿初长成

　　1900年10月5日，冰心出生在福州三坊七巷谢家大宅，父亲名叫谢葆璋，他为心爱的女儿起名婉莹，意为谢家一颗温婉晶莹的明珠。这颗明珠，就是后来被称为"文坛祖母"的冰心。

　　冰心的祖上多不识字，也因不识字吃过大亏。有一年春节，她的曾祖父外出要账，因不识字，被人家赖了账，一分钱也没要回来。曾祖母听说后，一气之下上了吊，幸亏及时发现，才捡回了一条命。他们夫妻二人跪地起誓：若生儿子，定让他读书识字！最终，冰心的祖父谢子修成了谢家第一个读书人，由于发愤苦读，后来成了一位学问家，冰心的两位伯父也都识文断字，做了教书先生。而冰心的父亲谢葆璋，年轻时深得严复赏识，推荐他进入天津紫竹林水师学堂读书，他为谢家光宗耀祖，当过清朝政府海军练营营长、海军军官学校校长。这位年轻的巡洋舰军官，曾到过英国、法国、德国、日本等国，他接触到了西方的先进科学技术，也接触到了西方开明的思想。

冰心自小与海结缘。在她7个月大的时候全家搬到了上海，4岁的时候又搬到了山东烟台。自此，便开始了一段与大海长期相伴的生活。

她在《自述》里，曾生动地描写过这一段生活："我从小是个孤寂的孩子，住在芝罘东山的海边上。三四岁刚懂事的时候，整年整月所看见的，只是青郁的山，无边的海，蓝衣的水兵，灰白的军舰。所听见的，只是山风，海涛，嘹亮的口号，清晨深夜的喇叭。生活的单调，使我的思想发展，不和常态的小女孩，同其径路。我终日在海隅山陬奔游，和水兵们做朋友。"大海和大山对她的诱惑，远远超过了一切，读书识字对她都没有这样大的吸引力。即使母亲把她关在房中，父亲用马鞭吓唬她，小冰心也会想尽办法跑出去，在山海之间享受着无忧无虑的童年时光……

大海，是冰心一位特殊的老师，甚至是她在生活和后来创作中不可或缺的重要环节。大海净化了她的灵魂，开阔了她的心胸，触发了她的灵感。

冰心经常随父亲在海边散步、玩耍，父亲给她介绍威海卫、大连、青岛的港湾风景、历史，告诉她这些北方港湾多数被外国人占领了，"只有烟台是我们的"，父亲还给她讲解在航海中的故事，讲解军舰上的设备和生活情况，小冰心听得津津有味。

从小冰心就有独来独往的性格，胆子也很大，不怕生人。她有时跑到军营门前，新奇地摸着水兵的枪，还天真地问水兵：

"你打过海战吗？"

"没有"，水兵如实回答。

"我父亲就打过，可是他打输了。"

水兵当然知道她的爸爸是谁，这个机灵的小姑娘会把他的话传给父亲。水兵哄着她说："你等着，总有一天你父亲还会带我们去打仗，我们一定要打个胜仗，你信不信？"

水兵的话多少年来一直在她耳边回响，海边营房的一切都深刻地印刻在她的脑海里。1962年9月，她写的散文《海恋》，记述的就是这段童年生活，并把那里的一切比作她最初的舞台："……这个舞台，绝顶静寂，无边辽阔，我既是演员，又是剧作者。我虽然单身独自，我却感到无限的欢畅与自由。"

辛亥革命之后，冰心随着家人回到了福州，1912年，冰心考入福州女子师范学校预科，她是谢家第一个正式进入学堂读书的女娃娃，是谢家一个引以为傲的事。1913年，父亲升任中华民国海军部军学司司长。就这样，小冰心又随着父母迁居到了北京。

在北京，冰心进入了贝满女中就读，这是一所教会学校，在当时来说也是一所新型的学校，和传统的学校不同的是，学生不是读四书五经，而是学习数学、物理、化学等现代课程。陌生的环境、严肃的学校、严谨的课程、竞争激烈的同学……一切都让冰心无所适从，而第一次月考不及格的成绩，更是让她大受打击，一度心灰意冷。后来，冰心慢慢地与同学相熟识，在他们的帮助下，冰心的课程逐渐赶了上来，除了数学，她的其他科目的学习成绩都很好，作文更是她的强项，曾考出过120分的高分。与此同时，枯燥的校园生活也变得生动了许多：她发现表面上刻板的同学们其实很淘气，她们既会因冰心的本名叫她"小婉儿"，也会因为她的烟台口音而叫她"小侉子"……就这样，冰心在基督教义的影响下逐渐成长了起来。她说："潜隐的形成了我自己的'爱'的哲学。"学生时代形成的爱，影响了她一生，这在她的文学作品中得到了充分体现。

二　立志踏上文学路

1918年夏天，冰心以优异成绩从贝满女中毕业，冰心升入了协和女子大学理预科，立志成为一名救死扶伤的医生。父亲曾鼓励她说："古人说：'不为良相，必为良医。'东亚病夫的中国，是很需要良医的，你就学医吧！"

然而，冰心成为医生的梦想终究也没能实现。

五四运动的爆发，让冰心投入了时代的洪流，她被推选为大学学生会文书，参加了北京女学界联合的宣传工作。她把自己的命运和民族的振兴连在了一起。冰心曾说过，正是五四运动的惊雷把她"震"上了文学创作之路。

群众游行示威、演说、火烧赵家楼……风起云涌的爱国学生运动，使冰心激动不已。在这股热潮的激荡下，冰心的第一篇散文《二十一日听审的感想》和第一篇小说《两个家庭》发表在了1919年8月的《晨报》上，《两个家庭》首次使用了"冰心"这个笔名。在《两个家庭》中，冰心通过深入地刻画和生动地描写，以及运用对比的方式，触及了妇女解放和家庭等问题，描写了摧毁旧家庭、建立新生活的社会期望。之后，冰心又发表了小说《斯人独憔悴》。在这篇小说中，表面描写的是在反帝运动中父子的矛盾，实则反映的是深刻的社会矛盾，是具有新思想的一代年轻人与封建家长制度之间的矛盾。在文中，颖石、颖铭二兄弟曾积极参加反帝爱国运动，但最终还是在封建官僚家长的高压下屈服，冲破封建牢笼是多么困难，她感到无助、无奈、绝望，发出了"斯人独憔悴"的哀叹，充分表现了知识分子的软弱性。随后，她又发表了《去国》《秋风秋雨愁煞人》等"问题小说"，这些小说反映了封建家庭泯灭和摧残人性，表现了新旧两代人的激烈冲突，揭示了军阀混战给人民带来的灾难。这些作品涉及和反映了当时的重大社会问题，在当时产生了一定的影响。

由于社会宣传活动和写作，冰心的功课落下了。对于无法补救的课程，冰心焦虑无比。正在她左右为难时，朋友们劝她弃理学文，冰心改变了学医从医的初衷。1921年，冰心两年理预科毕业，改学文科。从此，冰心踏上了文学之路。

冰心改学文科之后，更是积极地开展了文学创作。她在"为人生"的创作旗帜下，发表了小说《超人》。这篇小说引起评论界的重视。小说里的主人公何彬是个对一切都极冷漠的人，他信奉"爱和怜悯都是恶"，禄儿对他说："我有一个母亲，她因为爱我的缘故，也很感激先生。先生有母亲吗？她一定是爱先生的。这样我的母亲和先生的母亲是好朋友了。"禄儿的话感动了何彬，何彬痛哭流涕，似乎是如梦方醒，顿时良心发现，他转变了自己的观点，认为"世界上的儿子和儿子也都是好朋友"。这也是冰心的"爱"的哲学。

冰心还发表了小诗《繁星》《春水》，引起社会文坛强烈反响，推动了新诗初期"小诗"写作的兴起。冰心发表了许多趣味盎然、耐人寻味的小诗。在这些诗作里，有微笑，也有泪水。在那时新一代的诗人们，涉世不深，经验、阅历都很不足，对世界和人生的见解和了解，大多都是从书本上认识的，现实是什么、人生是什么、前途是什么，年轻单纯的诗人们并不了解，因此，便有了不同的果实：向往的、颓废的，追求的、放弃的，热爱的、憎恶的，希望的、幻灭的……如同当时许多的知识分子，冰心也感到茫然、困惑。当时正值社会大动荡的时代，当心中的方向标模糊不清的时候，冰心不知该何去何从，感觉只有母亲的怀抱才是"无遮拦的天空下的荫蔽"。诗中的无奈感，曾悄悄地触动过许多人的心弦，也感染过许多的人。这些清新隽永、充满格言的小诗发表之后，引发了人们的模仿热潮，一时间竟然独成一派，被称为"冰心体"。

冰心散文的语言特点是"清丽""典雅"，富有韵味。她善于把口语提炼成文学语言；她品味古典文学中的辞章和语汇，经过精心提炼加工，消化吸收，融化成现代语言，形成浑然一体，凝练明快而又清新婉丽的风格，给人以如诗似画的美感，又增强了语言的音乐性。以致一些人也模仿这种风格，后来把既有白话文的流畅、明晰，又有文言文的洗练、华美的语言，统称之为"冰心体"语言。

由于冰心"爱的哲学"已根深蒂固地融入了她的人生观、世界观，她的文艺观也受到"爱的哲学"主宰，在她所有的文学创作之中，一直坚持的主题就是"爱"。而在冰心心目中，最为强大的爱当属母亲的爱。她认为母爱拥有最为伟大的力量。她认为人间的隔膜与罪恶，是由于人们不相爱造成的，只有母亲是"灵魂的安顿"所在，母爱是人间最温暖的所在。冰心在《悟》里说："茫茫大地上，岂止人类有母亲？凡一切有知有情，无不有母亲。有了母亲，世上便随处种下了爱的种子。于是溪泉欣欣的流着，小鸟欣欣的唱着，杂花欣欣的开着，走兽欣欣的奔跃着，人类欣欣的生活着。万物的母亲彼此互爱着，万物的子女，彼此互爱着，同情互助之中，这载着众生的古地，便不住的纤徐前进。懿哉！宇宙间的爱力，从兹千变万化的流转运行了。"

冰心的"爱的哲学"是随着时代的发展而变化的。1931年，冰心不仅听到了阵阵传来的枪炮声和呻吟声，也看到了在死亡边缘痛苦挣扎的苦难人群。这一切，产生了冰心"爱的哲学"中叛逆成分。也就是在这一年，冰心创作生活中第一个分水岭、她创作的一个新高度的小说《分》诞生了。这个小说带有几分童话色彩，冰心描写了两个刚刚降生到人世的婴儿，一个是教授的儿子，一个是屠户的儿子，通过两个孩子的对话、对比，以及两个不同的家庭生活背景、不同的前途，表达了作者对劳苦大众深切的同情与真挚的爱。在这之后，冰心又陆续创作出了《冬儿姑娘》《我们太太的客厅》等作品，这些小说都显示出更为深层的社会内容，与以往的作品大大不同，这无疑是冰心的成熟，更是冰心的进步。

三　风雨难挡爱国心

　　20世纪30年代，中国到了最为危机的时刻，每一个中国人，对于自己的国家、对于自己的民族，都开始有了自己的认识，也都作出了自己的抉择，而这时，冰心选择了从美国回国。

　　1922年冰心以优异的成绩于燕京大学提前毕业，1923年，她取得美国威尔斯利女子大学的奖学金。在出国前后，冰心也没有忘记文学创作，中国现代儿童文学的奠基之作《寄小读者》就是创作在这个时期。冰心是乘坐杰克逊总统号邮轮去往美国的，这次美国之行，冰心收获颇多，她不仅攻读了威尔斯利女子大学研究院文学硕士学位，更收获了与吴文藻的爱情。1925年夏天，冰心和吴文藻同在康奈尔大学补习法语，两颗年轻的心碰撞出爱情的火花。1926年，冰心获得文学硕士学位回国，先后执教于燕京大学、北平女子文理学院和清华大学。而吴文藻则继续在美国攻读社会学博士学位。1929年，冰心与学成归国的吴文藻在司徒雷登的主持下，在燕京大学临湖轩举行了婚礼。

　　然而冰心并没有从此过上安稳的生活。1936年，冰心随丈夫吴文藻受邀前往欧美游学。在欧美一年的所见所闻，并没有给冰心带来美好印象，带

冰心留美学习期间在慰冰湖。

冰心婚礼。

给她的只有不满与失望。当她从欧美回到祖国的时候，正赶上
七七事变，抗日战争全面爆发，冰心开始了颠沛流离的生活。
1938年冰心一家辗转到昆明。1940年移居重庆，她出任国民参政
会参政员。不久，她参加中华文艺界抗敌协会，从事文化救亡活
动，发表了《关于女人》《再寄小读者》等散文。

1946年11月冰心随丈夫吴文藻赴日本。她在东京大学开设
了中国文学的课程，成为该校女性教授第一人。在日本期间，冰
心和吴文藻积极从事爱国和平进步活动，他们追求光明，永不止
息。在侨居日本的五年之中，冰心创作的作品并不多，只有一些
散文小品如《寄日本小读者》。

就在冰心在日本为传播中国知识而努力的时候，中国又被
推入了内战的火海。拥有一颗晶莹透明心灵的冰心，也为祖国的
多难而心急如焚，创作的心绪像遇霜的秋叶，逐日枯萎。然而，

归国又谈何容易。为了能够更加贴近祖国，冰心从香港朋友那里弄来几本革命著作，偷偷跑到海边，依靠着岩石潜心阅读。冰心说："1949年10月，祖国解放的消息传来，我感到了毕生未曾有过的欢乐。"她这个时候才感到祖国和人民真正有了光明，她那逐渐形成的理想，也有了具体的寄托。

经过多方的努力，冰心一家人于1951年回到了祖国母亲的怀抱，找寻回了缺失多年的、真正的母爱。当冰心回到魂牵梦绕的祖国，她焕发出极大的创作热情，用她的话说是"从'五四'以来从未有过的写作热情，和'五四'时代还没有感到的自由和幸福"。她以旺盛精力和满腔热情投入祖国的各项文化事业中，投入国际交流活动中。她出访许多国家，在世界人民中间传播友谊。她发表大量歌颂祖国，歌颂人民的作品。她翻译出版了多种译作。她所创作的大量散文和小说，结集为《小桔灯》《樱花赞》《拾穗小扎》等。

冰心与叶圣陶（左）。

　　正当冰心满怀热情创作的时候，1957年的反右斗争把丈夫吴文藻卷进了旋涡，也让这个刚刚稳定的家庭受到了沉重的打击。就在冰心痛苦万分的时候，周恩来总理给予了她极大的鼓励和亲切的安慰，她才有力量重新振作起来，继续文学的创作工作。

　　然而，痛苦并没有结束。1966年，"文化大革命"席卷祖国大地，冰心也没有在这场风暴之中幸免于难——抄家、批斗、检讨、劳改，使她被迫十年放下了手中的笔。然而，即使是遇到这样不公的待遇，冰心也没有忘记自己心中的信念，坚信真理一定胜利，她还要继续为自己最亲爱的祖国执笔、创作文章。她曾在《世纪印象》一文中写到："九十年来……我的一颗爱祖国，爱人民的心，永远是坚如金石的。"

　　抱着坚定的理想信念，冰心终于迎来了光明。"四人帮"覆灭后，她怀着一颗至纯至美的爱心，在《儿童时代》上发表《三寄小读者》，她的青春与新时代的春色、与孩子纯洁向上的心灵紧紧交融在一起。从《寄小读者》发表到《三寄小读者》，前后五十多年，这五十多年是冰心所走的文学历程，也是她人生跋涉的历程。这三个《寄小读者》，文字虽然清丽可爱，却表现不同思想情调，映照的是三个不同时代。

　　正当冰心迎接她第二次创作高潮之时，不期然老之将至。1980年4月，由于工作紧张劳累，她突发脑血栓病。八旬高龄的冰心并不惧怕疾病，她还笑谈："我想从1981年起，病好后再好好练习写字，练习走路，'生命从八十岁开始'，努力和小朋友一同前进！"

　　然而，病魔终究还是没有放过这位用生命热爱祖国、热爱文学的老人。1999年2月28日21时冰心在北京医院逝世，享年99岁。因一生正好度过一个世纪，人们尊称她为"世纪老人"。

　　冰心逝世后，党和人民给她以高度的评价，称她为"20世纪中国杰出的文学大师，忠诚的爱国主义者，著名的社会活动家，中国共产党的亲密朋友。"她把她的一生都献给了祖国和人民，

献给了全社会和全人类。她的文学作品具有深远的国际影响，赢得了海内外读者的赞赏。

冰心有句名言："有了爱就有了一切。"她的一生言行，她的全部作品，都在述说着她对祖国、对人民的爱，表达着对人类未来的信心。她喜爱中华民族和全人类一切优秀文化成果。她热爱生活，喜欢美好的事物，欣赏玫瑰花的风骨。她的纯真、善良、刚毅、勇敢和正直，影响着一代又一代的读者……

世纪冰心，与爱同行；冰心玉壶，爱至永远。

丁玲

风雪人间铸辉煌

　　丁玲（1904—1986年），原名蒋伟，字冰之，笔名彬芷、从喧等。湖南临澧人。1927年开始发表小说，次年发表《莎菲女士的日记》，引起文坛热烈反响。1930年参加中国左翼作家联盟，是鲁迅旗下的有影响的左翼作家，后奔赴陕北，成为中央苏区第一位知名作家。她创作出版了《我在霞村的时候》《夜》《太阳照在桑干河上》等作品，《太阳照在桑干河上》荣获1951年斯大林文艺奖。

一　名门望族走出的进步女青年

　　1904年10月12日，湖南临澧农村里一家蒋姓名门望族出生了一位名叫蒋冰之的女孩，她就是后来被人们所熟知的现代女作家——丁玲。

　　小女孩的降世并没有为这个正在走向衰亡的家族带来欢乐和喜庆——出家做和尚的伯父、上山当土匪的叔叔、沉迷于酒色之中的族人，没有一个争气的。而父亲，也只给小丁玲和她的母亲留下了一个贵公子放荡挥霍的印象。面对破烂飘摇的家庭以及凶

恶的债主们，迫使母亲这位柔弱女子坚强地站了起来，为年幼的女儿遮风挡雨，撑起了一片天空。

丁玲的母亲名叫余曼贞，幼年读过私塾，会写诗作画。她30岁时，丈夫去世。后来，丁玲在小说《母亲》中这样写道："她满肚子都是苦，一半为死去的丈夫，大半还是为怎样生活；有两个小孩子，拖着她，家产完了，伯伯叔叔都像狼一样的凶狠，爷爷们不做主，大家都在冷眼看她……靠人总不能。世界呢，又是一个势力的世界，过惯了好日子，一天坍下来，真受苦……"

1921年丁玲与挚友王剑虹合影。

辛亥革命前夕，封建势力动摇不稳，而旧时的大家族也分崩离析。1910年，几个留日学法政的青年回到了湖南常德县城，他们兴学办报，不仅沟通了小县城与外界之间的联系，还为小县城带来了外面的先进思想和广阔的眼界。母亲从小就羡慕能够上学读书的兄弟，更羡慕女人能做事能考官的唐朝武则天那个时代。小镇的变革、新鲜事物的出现，深深感染了母亲，也深深刺激了她那颗渴望独立的心。经济的矛盾，变革的要求，把母亲从将要崩溃的基石下挤了出来。为了彻底走上独立平等自立的道路，母亲变卖掉了家产，回到娘家寄住。她羡慕唐朝武则天时期，女人能考官，她把自己的名字改为蒋胜眉，字幕唐，把女儿的名字蒋冰之改成蒋伟，称其子名为"大"。此外，母亲还与女儿一起进入常德女子师范求学。

在学校里，丁玲与母亲一起学习知识，而且还和向警予结为了至交。后来，丁玲在《向警予同志留给我的影响》一文中，这样回忆了当时的母亲："那时我随着守寡的母亲在这里肄业。30岁的母亲在师范班，六岁的我在幼稚班。这事现在看来很平常，但那时却轰动了县城。开学那天，学生们打扮得花枝招展……我母亲穿得很素净，一件宝蓝色的薄羊皮袄和黑色百褶绸裙。她落落大方的姿态，很使我感到骄傲呢……有些亲戚族人就在背后叽叽喳喳，哪里见过，一个名门的年轻寡妇这样抛头露面！但我母亲不理这些，在家里灯下攻读，在校里广结女友。"

由于家庭经济困难，丁母并没有坚持到毕业。1913年春天，母亲就到桃源教书去了。两年后母亲到常德县立育德女校担任管理员。从这时起，母亲开始致力于妇女的解放运动。为了更好地开展妇女解放运动，也为了更好地帮助贫苦的女孩子，母亲不仅担任了常德女子小学的学监，还专门创办了俭德女子小学，开办"工读互助团"。

母亲从封建思想、封建势力的重围中挣扎闯出，不仅使丁玲免于遭受封建大家庭的熏染，而且还为女儿树立了一个坚强的榜样。在丁玲眼中，母亲不仅是封建家庭的叛逆者，也是妇女解放运动的先驱者，更是一位杰出的教育家、作家，她的一言一行都对小丁玲产生了极其深远的影响。丁玲在《我母亲的生平》一文中这样描述了自己眼中的母亲："母亲一生的奋斗，对我也是最好的教育。它是一个坚强、热情、勤奋、努力、能吃苦而又豁达的妇女，是一个伟大的母亲。"正是由于母亲潜移默化的影响与孜孜不倦的教育，丁玲逐步锻炼成长为一个无产阶级作家。

1918年春天，丁玲弟弟病死，母亲只剩下女儿丁玲。刚毅、自强的母亲对女儿从不娇宠溺爱。她十分支持丁玲向上向前，亲自送丁玲赴90里外的桃源县，丁玲考取了县第二女子师范预科。

丁玲的功课全面发展，成绩名列前茅。

当她在第二女子师范预科班读书时，正好碰上五四运动爆发，丁玲剪掉了发辫，上街游行、演讲。放假回到舅舅家里，遭到舅舅的训斥。丁玲虽然据理以争，但是舅舅家待不下去了，她只能到母亲教书的学校去。她对母亲说："想要转学到长沙周南女校去读书。"虽然当时经济条件困难，但母亲还是同意了，并亲自送她去长沙。

在母亲的熏陶下，十四五岁的丁玲已经成为活跃分子。丁玲在长沙周南女子中学学习期间，新民学会会员陈启民正在学校里担任国文教员。在他的启发下，丁玲阅读了《新青年》、胡适的《尝试集》等一些进步书刊。由于读书多了，丁玲对文学很感兴趣。

1922年春节，母亲的同学王剑虹从上海回到常德，告诉丁玲说陈独秀、李达等人在上海创办了平民女子学校，动员她去上海求学。考虑到女儿的前途，母亲支持她去上海。然而却遭到三舅的激烈反对。他认为上海是个学坏的地方，到了那里没人关照怎么行？其实，最主要的原因是外婆已把丁玲许配给三舅的儿子。三舅希望丁玲明年毕业就和儿子完婚。这件婚事丁玲母女一直都不认同。三舅借故处处报复她们母女俩。丁玲非常愤怒，她与王剑虹写了一篇文章登在《民国日报》之上，文章揭露了三舅欺压她们母女和佣人的行为。就这样，丁玲解除了长辈所包办的婚约，去上海求学。

第二年，从苏联回国的瞿秋白与王剑虹恋爱，瞿秋白常到宿舍找王剑虹，这样，丁玲与瞿秋白也认识了。他们常在一起谈话聊天，探讨文学、社会、人生等话题。丁玲对瞿秋白的印象很深。

尽管这位年轻的共产党员频繁的与她们相接触，但是，早期的共产党人的先进思想还是没有影响到丁玲。她对社会、对人生的认识还很迷茫，内心充满着矛盾和苦痛，特别是挚友王剑虹因肺病突然死去，对她的刺痛极大，她感到孤独、寂寞与无助。她渴望着自由，但却不知出路在哪里。丁玲在《我的创作生活》中这样描述了当时的自己："后来经过了许多波折碰了一些壁，一个青年人，有着一些糊涂的梦想，像瞎子摸鱼似的，找出路，却没有得到结果，不能说是灰心，也实在是消沉的住在北京了。"

二 痛失爱侣，身陷囹圄

当大革命在南方如火如荼地开展时，丁玲的思想还处于非常混乱的时期。她在《一个真实人的一生》中这样描写着："有着极端反叛的情绪，盲目地倾向于社会革命。但因为小资产阶级的幻想，又疏远了革命队伍，走入孤独的愤懑、挣扎和痛苦。"为了摆脱这种挣扎和痛苦，1927年秋天，她开始用丁玲这个笔名，第一篇小说是《梦珂》，随后又写下了《莎菲女士的日记》。《小说月报》的编辑叶圣陶慧眼识珠，两篇小说都发表在《小说月报》头条位置上。

丁玲的性格不断被社会思潮、家人和朋友等外界影响着、左右着，她也在寻找着自我，逐步形成了不满现实、不甘现状、大胆求索、敢于担当的个性，她追求自己的生活、自己的思想和自己的人生目标，这也注定了她异常猛烈、泼辣的文笔、文风。

也是在这段时间里，丁玲偶然遇见胡也频。两颗文坛上未来的新星运行到相同的轨道，他们的相遇、相知、相爱，使他们在人生路上发生新的转折，开始了新的人生。丁玲在文字中是这样描述他们的相爱的："由于我的出身、教育、生活经历，看得出我们的思想、性格、感情都不一样，但他的勇猛、热烈、执拗、乐观和穷困都惊异了我，虽说我还觉得他有些简单，有些蒙昧，有些稚嫩，但却是少有的'心'，有着最完美的品质的人。他还是一块毫未经过雕琢的璞玉，比起那些光滑的烧料玻璃珠子，不知高到什么地方去了。因此我们一下也就有了很深的友谊。"

1926年丁玲与胡也频在北平合影。

1928年2月，丁玲和胡也频来到上海，开始全新的生活，他们的创作也进入一个新的阶段。此时，"革命文学"的论争正不断影响着他们。在这期间，丁玲不断地学习着、吸收着、充实着，并写下了《潜来客的月夜》《自杀日记》《庆云里中的一间小房里》《一个女人和一个男人》和中篇小说《韦护》《一九三〇年春上海》（之一、之二）等十多篇小说。开明书店出版了丁玲的第一个短篇小说集《在黑暗中》。

时间进入到1930年，上海迎来新一轮的革命高潮。在这股热潮中，丁玲和胡也频加入了左翼作家联盟的阵营，并投身革命实践。不久胡也频就加入共产党，他的政治活动参与热情很高，为此投入大量精力，他们的家也成了党组织的活动据点，一些党组会就在家里开，胡也频也结交了许多从事革命活动的工人朋友。曾有一个工人在他们家教丁玲唱《国际歌》。丁玲在这种新鲜生活中感受到了新的激情。沉醉于新生活中的丁玲怎么也想不到，一个巨大的灾难正在等着她。

1931年1月17日，一个寒风刺骨的清晨，胡也频告诉丁玲，他要去左联开执委会。丁玲为胡也频整理好衣服，叮嘱他要早些回来。可是，中午过去了，天黑下来了，大风刮起来了，胡也频却一直都没有回来。一天过去了、两天过去了……却一直都不见胡也频回家的身影。

丁玲心里十分不安，她清楚知道眼前发生的一切意味着什么。她撕心裂肺地难受，内心痛苦地呼喊着："我要救他，一定要把他救出来，我实在不能没有他，我的孩子也不能没有爸爸。"

她四处奔波，找朋友和组织打听消息，知道胡也频等人已被国民党关进了龙华监狱，组织和同志们设法营救，但毫无结果。

2月7日白天，胡也频在狱中给丁玲写了一封信，告诉他在牢里的情况，说在狱中要坚持写作，不能白白浪费时光。他希望丁玲把孩子送回湖南，要她坚持创作，与左联保持联系，鼓起勇气，担当暂时的困难。但令人没有想到的是，这天夜里，胡也频、李伟森、柔石、冯铿、殷夫及其他革命者共23人，饮弹倒在龙华的荒野上……这是中国现代文学史上最黑暗的一天。

巨大的痛苦击倒了丁玲，她的生活全部都被黑暗所笼罩，她找不到前进的方向，找不到生活的光明……

不知过了多长时间，渐渐地，丁玲意识到不能再痛苦下去，要挺起腰杆坚强地生活下去。她在《一个真实人的一生》中写道："悲痛有什么用！我要复仇！……问题横竖是一样的。他的一生就这样结束了，他用他的笔，他的血，替我们铺下到光明去的路，我们将沿着他的血迹前进。"她把刚满三个月的孩子送回湖南，交予母亲抚养后，又勇敢地投入新的斗争。

这时上海的白色恐怖日益严重，左联书店也被封闭，于是丁玲挑起了创办《北斗》的重担，继续开展了斗争。她写文章，办刊物，参加各种社会活动，与工农大众接触。所接触的人越来越多，眼界也越来越开阔，丁玲不再只关心小资产阶级知识分子的命运，反映他们的苦闷和追求，生活在中国社会底层的工人、农民成为她更为关注的对象。她描写他们的苦难和斗争，表现他们

在斗争中的团结和成长。她笔下的故事也不再只是发生在学校、家庭、书斋，表现个人之间感情上的纠纷和矛盾，而是推向更广阔的天地。中篇小说《水》正是丁玲这段时间创作转换方向和内容的重要标志。

当丁玲的创作又跃上一个新高度时，她加入了中国共产党。1932年春天，在上海大三元饭店，瞿秋白参加了丁玲等人的入党仪式。丁玲举起右手，庄严宣誓："我只是一个同路人的作家是不满足的。我要当一颗革命的螺丝钉。"丁玲对革命的赤胆忠心得到瞿秋白的赞颂，称她是"飞蛾扑火，非死不止"。

正当丁玲全身心投入社会活动和创作的时候，反动派不能容忍丁玲的存在了，他们再次向她下手。1933年5月14日，国民党特务秘密绑架了丁玲，押往南京受审，并封禁了她的全部著作。国民党的暴行激起文化界进步人士的愤慨。左联在宣言中说："丁玲是中国特出的女作家，是新中国文艺最优美的代表者。为知识和文艺光明的斗争在她的作品中反映得很明白。她的作品最近已达到一个有计划的成熟时期，但不幸又受了这样的毒辣的打击。"

丁玲被拘禁在南京，失去了人身自由。敌人企图禁锢丁玲的心，扼杀她的创作。但是，面对这重重困难，丁玲没有灰心，没有停止热血奋斗的心，更没有停下手中勇于攻击的笔，尽管这些作品充满了忧愁和哀伤。

丁玲被拘禁期间，宋庆龄、蔡元培、鲁迅、罗曼·罗兰等国内外著名人士，发起抗议和营救活动。敌人对她软硬兼施，威胁利诱，许愿欺骗，妄图利用她为国民党做事，遭到丁玲的严词拒绝。丁玲被解禁后，她多方寻找地下党组织。1936年9月，在党的帮助下，丁玲逃脱特务的跟踪监视，辗转奔赴陕北，成为到达中央苏区的第一位知名作家，受到毛泽东、周恩来等领导同志的欢迎。

三　昨天文小姐，今日武将军

经过种种努力，丁玲奔向革命根据地——延安，这是她生命里程上的一次重大转折，也奠定她今后人生追求的基础。从此，她在革命根据地的热土上扎根并茁壮成长。

丁玲从上海来到艰苦的革命根据地，她不但是经历了两种地区，而且是经历了两个时代。丁玲回忆这段时光时感慨万千："在陕北我曾经经历过很多的自我战斗的痛苦，我在这里开始来认识自己，正视自己，纠正自己，改造自己。……我在这里又曾获得了许多愉快。我觉得我完全是从无知到有些明白，从感情冲动到沉静，从不稳到安定，从脆弱到刚强，从沉重到轻松。"

> 壁上红旗飘落照，
> 西风漫卷孤城。
> 保安人物一时新。
> 洞中开宴会，
> 招待出牢人。
> 纤笔一支谁与似？
> 三千毛瑟精兵。
> 阵图开向陇山东。
> 昨天文小姐，
> 今日武将军。

毛泽东创作的这首《临江仙》，热情洋溢，高度赞颂了丁玲。

在革命根据地，丁玲像一只雄鹰展翅翱翔，困苦坎坷生活的磨炼，培育了她坚强勇敢的生活观。战斗的生活给丁玲带来了新的创作灵感和动力，根据地的军民给她以感动和震撼。在

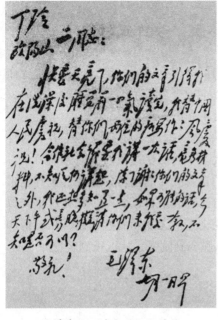

毛泽东给丁玲和欧阳山的信

1944年后，丁玲在边区文协从事报道写作的工作，通过生活和工作的见闻，她写下了《三日杂记》。不久，通过大量的采访，她完成了报告文学《田保霖》。毛泽东看过文章后，极为欣赏，他对丁玲说："我一口气看完了《田保霖》，很高兴。这是你写工农兵的开始，希望你继续写下去。为你走上新的文学道路而庆祝。"这对丁玲是极大的鼓舞和鞭策。她以更高的热情，继续进行了紧张的采访活动。她不仅采访了刘伯承、蔡树藩、杨秀峰、陈再道、陈赓、陈锡联等部队领导，还对普通士兵和老百姓进行了采访和采风。这些动人的材料极大地刺激着丁玲的创作，她坐在昏暗的窑洞里，兴奋地写下了《一二九师与晋冀鲁豫边区》。在此期间，丁玲还创作出了《十八个》《万队长》《二十把板斧》等一系列反应工农兵英雄事迹的文章。

终于，抗战胜利了，丁玲也回到阔别二十多年的北京。新中国成立后，丁玲凭借过硬的文笔、优秀的文风，驰骋在中国文坛。她先后任《文艺报》主编、中央文学研究所（后改称中国作协文学讲习所）所长、中宣部文艺处处长、中国作协党组书记、副主席和《人民文学》主编等职。本着高度负责的态度，丁玲倾尽全力完成党交给她的工作任务。

自新中国成立后，丁玲写下了相当数量的评论、杂文，其中大多收在《跨到新的时代中来》和《到群众中去落户》两个集子中。在这些文章里，有宣传阐述党的文艺政策的文章，有与作家的书信，有缅怀革命烈士的纪念文章……多样题材和内容的文章极大地抒发了丁玲心中难以抑制的创作热情。

四 历经磨难，再铸辉煌

正当丁玲充满热情地进行文学创作的时候，灾难再一次降临到这位命运多舛的女性身上。

1957年后，丁玲和她丈夫陈明被打成"右派"，在北大荒生活了12年，先后在汤原和宝泉岭农场养鸡、养猪、种菜……

即便是这样，丁玲不但没有停留脚步，而且越挫越勇。当1966年"文革"席卷了全国的时候，丁玲在劫难逃，又一次被卷进历史的旋涡，对她的批斗和折磨步步升级，那时的所有磨难她几乎全经受了……这一切她都默默地忍受着。在这一场场无情的灾难中，丁玲和陈明一直互相依靠、互相支撑，共渡生活的磨难，携手走过艰难的路程。即使是在最为艰难的时候，丁玲也能收到陈明用各种方式偷渡过来的"情书"，有时是一团皱巴巴的纸团，有时是一个破火柴盒，更有时是一张干枯的玉米叶子，这些用特殊材料写成的"情书"、这些只有丁玲才能认出的密密麻麻的小字，是她在那段艰难时光里的生之火把、命之甘泉。

乌云终会散去、阳光重现大地，当灾难终于过去，丁玲又活着再现在人们面前时，令许多人惊讶，但更多的是庆幸。丁玲从大家安慰的话语和敬慕的眼神中，看到了人民对她的期望。此时已经七十多岁的丁玲，深知自己的时日不多了，她要只争朝夕，争分夺秒，于是便日夜不停地写作。刚刚做完癌症手术的丁玲常常在夜里两三点钟起床，用肿胀的手一直写到早上八九点钟。此时常常挂在她嘴边的一句话便是：剩下的时间不多了！

在丁玲生命最后一个创作高峰里，她撰写了大量的回忆录：《延安文艺座谈会的前前后后》《毛主席给我的一封信》《回忆潘汉年同志》《回忆宣侠父烈士》等文章。这些文字不仅有丁玲对自己革命时光的回忆，还有对过去人和事的怀念和追忆。

1986年3月4日，丁玲因频繁的社会活动和艰苦创作的劳累，终于不堪重负倒下了，再也没能起来，留下了许多遗憾，离开了我们。50年坎坷的创作生涯，不仅磨炼了丁玲的意志，更将她与人民的心贴得更近、更紧。在悼念丁玲的庄严肃穆的灵堂里，放满了从四面八方送来的挽联、花圈，来自各个地方的人们都专门赶过来向她做最后的告别……

丁玲的逝世，许多国外知名人士极为关注，对她的逝世表示哀悼。法国作家苏珊娜·贝尔娜更是写道："她永远在那里！"

飞蛾扑火，非死不止；斯人已去，文章犹在。

杨 沫

唱响几代人的青春之歌

杨沫（1914—1995），当代女作家。原名杨成业，笔名杨君默、杨默。原籍湖南湘阴。她的青少年时期生活在一个富裕而无家庭温暖的环境中，养成了独立、顽强的性格。1934年发表处女作《热南山地居民生活素描》，1937年参加冀中抗日游击战争，写了一些反映战争生活的小说、散文、评论通讯等作品。新中国成立后经过6年的艰苦创作，1958年出版了长篇小说《青春之歌》，刻画了林道静等一系列青年知识分子形象，小说受到广大读者的欢迎，被翻译成日、英、法等十几国文字出版，并被改编为电影。

一　有家没有爱

1914年8月25日，杨沫出生在北京，她有一个哥哥，两个妹妹。

杨沫的父亲原来是个清末举人，后来从湖南考入京师大学堂。毕业后，他留京办起了私立大学，后打着办学的幌子，广泛募集捐款，在河北滦平购买土地，来了个华丽的转身，变成了当

地赫赫有名的大地主，过着吃喝玩乐、醉生梦死的生活。杨沫的母亲叫丁凤仪，也是湖南人，是个文化人，懂得诗词歌赋。家庭发达了，看着丈夫整天在外面胡闹，她也变了，整天吵闹或搓麻将。杨沫就在这样一个环境下度过了童年。

由于父母都是"各自为阵"，各玩各的，双方谁也不管孩子。杨沫既没有父爱，也没有母爱。家中佣人虽然称杨沫为大小姐，可杨沫小的时候的生活也是受尽磨难，数九寒天，穿着破鞋，脚生冻疮，流着脓血；满身虱子，刺痒难忍。杨沫清楚地记得，她五六岁时，母亲经常出去打牌看戏，半夜不归，她在家里害怕，拦着妈妈不让出去，妈妈打了她几个耳光，扔下她就走了，她含泪而睡。

在生活上得不到好的照顾，杨沫母亲还把她们当成出气筒，说骂就骂，说打就打。用笤帚疙瘩抽、鸡毛掸子打，或者用手狠狠地拧，甚至牙咬，她觉得用牙咬出气、解恨。

杨沫挨打时一声不吭，强忍着疼痛，但母亲并没有因为她的温顺而减少挨打。一天深夜，杨沫熟睡之际，突然被疼醒。原来母亲正在她的小腿上一边拧，一边大骂："小兔崽子，谁让你把我的花瓶送人？"

花瓶是她母亲丁凤仪的朋友顺走的，保姆不敢拦。保姆把责任推到杨沫头上，说是大小姐给送人了。

丁凤仪听了火冒三丈，把气撒到杨沫身上，怎么狠狠拧都不解恨。

杨沫哭着争辩："不是我送的，我没有送！"

母亲见她敢顶嘴，掐得更狠："好，你还敢抵赖！"

"真的不是我送的啊！"杨沫冤枉，死不承认。

"我让你嘴硬！"愤怒中的丁凤仪火冒三丈，抓起她的胳膊就咬，她撕心裂肺地惨叫。她的腿上、胳膊被掐得青一块，紫一块的，胳膊上还留个大牙印。母亲狠毒无情，让杨沫终生难忘。

后来，杨沫被送到舅舅家，表兄弟们觉得她是"外秧"，也欺负她。到了8岁上学的年龄，大哥向父母提出：爹是个大学校长，把孩子扔在农村不管，人家会笑话的，该把她接回家念书了。

粗暴的母亲这才把杨沫接回家，但生活还跟以前一样，她和佣人睡在一起、和穷孩子一起玩，母亲还带她滦平乡下去收租。对这段经历，后来杨沫在《我的生平》一文中回忆说："在这里，我看到世界上最悲惨的事——看到了地主是怎样残酷地压榨农民，怎样吸干了农民最后一滴血汗的真实景象。他们常常把不肯——也是没钱交租的佃户吊到房梁上毒打。他们住在佃户家里，要鸡、要肉、要吃好的。他们把农民当作供他们压榨的牲畜……那时，在我幼小的心灵里，还不懂什么是剥削、压迫。但是我看到了佃农的孩子在严寒的冬天，还光着身子没有衣穿，一个个瑟缩在炕角，用烧热了的土坑来温暖污脏瘦弱的身子。为了给我父母亲交租钱，他们没有钱买盐吃，吃着没有盐味的树叶子……"从这时开始，杨沫对劳动人民产生了同情，对剥削者产生愤恨，也对母亲产生厌恶和敌对情绪。

在杨沫十二三岁时，她父亲的私立大学停办了，家道开始没落，全家搬到北京皇城根居住。

在这个家里，杨沫没有享受到任何家庭的温暖，但她孤寂的童年，却在书籍、牌匾中找到了欢乐。在认得几个字以后，杨沫常上街观看店铺的牌匾对联等，一切有字的东西，都成了她最初识字的"课本"。八九岁时，母亲躺在沙发上高声读唐诗，她默默地跟着学。不知不觉中，《长恨歌》《琵琶行》等唐诗她都能背诵下来。随着识字越来越多，她开始沉浸在书本里，从中找到自己的欢乐，她读了《红楼梦》《小五义》《七侠五义》《江湖奇侠传》等许多，她为林黛玉而潸然泪下，为那些侠客而感到振奋，幻想着当女侠闯荡江湖……

二 在挣扎中找到了"家"

14岁那年，杨沫还差一年才能高小毕业。为了躲避没有爱的家庭，她考进西山温泉女子中学，过起住校生活。

"五四"以后，在新文化的浪潮中，国内出现了一大批反封建小说、欧洲和日本很多宣扬个性解放的文学作品也传到中国，杨沫沐浴在文化的新风中。她大量阅读了郭沫若、郁达夫、朱自清、冰心、鲁迅、茅盾、丁玲等人的作品，文学水平大大提高，她爱上了文学、爱上了书。这让她好似找到了"家"，找到久违的温暖。

1931年，杨沫父亲破产，不知逃到哪里去了。一天，母亲把杨沫叫回家，哭着告诉她说："家里日子现在维持不下去了，你父亲跑了，没给咱们母女留下什么钱。自己又没有什么收入，将来的日子没法过！你也该嫁人了，你想找个什么样的，跟妈说说。"

杨沫回答，自己什么也不想，只想读书。

母亲劝她说，嫁个军官，吃穿不愁，要房有房，要钱有钱。家里生活也有个依靠。

杨沫毅然拒绝。母亲见她软硬不吃，勃然大怒：不嫁就永远别进这个家门！后来，母亲果然断绝了她的一切生活供给。

现实生活的冷酷，让杨沫渴望温暖。几个同学帮助她交了两三个月的饭费，勉强维持到暑假。暑假里，母亲紧逼不放，无可奈何的杨沫跑到北戴河，投奔在那里教书的兄嫂。兄嫂也不宽裕，时间一长，不免产生矛盾，对她的态度也变了。

如此这般，杨沫受到更大的刺激。她整日徘徊在海边，对海哭泣，诉说心中的苦闷……终于，在一个同学的帮助下，杨沫谋到了河北省香河县县立小学一个教书的位置。

没过多久，母亲患子宫癌病危。杨沫从河北赶回家，带着两个妹妹在床前守护。不久,母亲去世,由于父亲另有所爱,母亲后事他也不管不问。这个不像家的家彻底解体了。家中没钱办丧事,母亲的棺材就一直放在房间里。为凑钱出殡,第二年年初,舅舅带杨沫到滦平县,变卖了父亲的土地,才将放了两个多月的母亲下葬,姐妹三人还分了一点钱。面对家庭的情况,迫于生计,姐妹三人自谋出路,各奔东西。

1933年,一个偶然的机遇,改变了杨沫苦闷的人生。除夕之夜,杨沫来到小妹白杨的公寓。当时那里聚集着共产党外围组织"剧联"的一些成员,也有共产党员。杨沫听到他们对于国内国际大事的独到见解,使正在犹豫彷徨、徘徊歧途的杨沫猛醒过来。她知道了共产党人正在为了拯救民族危亡、创建美好社会而浴血奋战!她的心第一次受到强烈震撼。

这些共产党员和革命青年向杨沫介绍马列主义书籍,她空虚的心灵逐渐充实起来,她渴望自由,渴望在广阔的天空翱翔。她读了《怎样研究新兴社会科学》、高尔基的《母亲》等书籍。那些共产主义学说把她吸引住了,她也要找到共产党,甚至到狱中去看望被捕的革命者,从他们身上汲取力量。

不满20岁的杨沫,开始以笔做投枪,奋起抗战了。1934年3月,在东北救亡总会办的《黑白》半月刊上,发表了杨沫的处女作《热南山地居民生活素描》。这是杨沫创作生涯里迈出的第一步。这篇散文条理简洁,描述的是热河南部山区人民的生活,揭露了地主欺压农民的罪行,对苦难中的人民深表同情,作品爱憎分明的特点非常明显。

杨沫的创作热情很高,一发而不可收。她用"小慧"的笔名,向上海《中流》和《大晚报》报刊投稿,文体包括散文、纪事、报道、短篇小说等,1937年,杨沫发表的《某家庭》《死与逃》《浮尸》和《怒涛》4篇短篇小说,都是这一时期创作的。对这四篇作品,杨沫情有独钟,她在《红红的山丹花》后记中说:"为热爱文学,我就像唐·吉诃德那样,骑着瘦马,精神抖

搣地闯荡起来了……这四个短篇，今天看来，只能称为'亭子间'文学。因为，我那时虽有满腔的爱国热情，虽有对日本帝国主义和封建地主的深深仇恨，但我缺乏生活。"

三　在战火创作中用笔抒发感情

1936年，杨沫第二次到香河教书时，认识了共产党员马建民。在此之前，她就知道马建民是个革命青年。杨沫在教书课外时，常和他在一起。马建民鼓励她参加革命，介绍当时的抗战形势。一心向往革命的杨沫，一下子拨开了云雾，从他那里找到党，找到了亲人。她按党的指示努力工作。这一年，经马建民介绍，杨沫加入了中国共产党；同年12月，杨沫和马建民结婚。

1937年7月抗日战争全面爆发后，杨沫与爱人参加了冀中抗日游击战争，开始了戎马倥偬的生活。她在担任安国县妇救会主任时，带领干部到农村宣传抗日，日寇向华北平原大扫荡时，她丢下出生刚满月的儿子，跟随贺龙的一二○师和日寇周旋……

在抗日烽火漫天的年代，杨沫并没有放下手中的笔，她利用战斗空隙，写了一些反映战争生活的小说、散文、评论通讯等。但保存下来的很少，多数作品在战乱中遗失了，在她创作年谱上留下了空白。但她对这段时期却留下深刻的印记。后来，她在长篇小说《东方欲晓》的前言中说："直到今天，引起我无限美好的、无限幸福的回忆的，不是大城市里和平安静的生活，不是个人的什么'成就功名'，也不是饱览国外绮丽风光的愉快，更不是什么儿孙满堂的福气……究竟是什么呢？那就是我在抗日战争时期的一段充满血和火的斗争生活。那是我一生中最美好、最幸福的日子。"

抗战胜利后，杨沫担任《晋察冀日报》编辑，在张家口晋察冀边区妇联编辑过《时代妇女》，1947年还担任过《人民日报》编辑。这期间，她写了《罪恶的见证》《神秘的大苇塘》《在兵站上》《政德富家两口子》《接小八路》《穷光棍结婚》《苇塘纪事》和《七天》等作品，反映了那个时代的斗争生活。保留下来的作品收在《苇塘纪事》《红红的山丹花》《大河与浪花》等集子中。

四 呕心沥血创作《青春之歌》

1949年3月，杨沫回到了阔别12年的北京。杨沫的心不能平静，这里发生的一切让她难以忘怀。1950年杨沫生病休养期间，战争年代一幕幕往事又浮现在脑海，一个个英雄人物又鲜活地出现在眼前，他们的壮举至今令她悲痛不已。她要把英雄的事迹告诉后人，让历史永远记住这些英雄的名字：杨铁，卖豆腐的新城县县长；胡春航，把衣服片塞进喉咙，自戕殉国的三联县县长；谭杰，靠筷子结束生命的二联县组织部副部长；仓夷，《晋察冀日报》的同事，几次为杨沫拍照，最后英勇牺牲……她要实现创

《青春之歌》剧照，谢芳饰林道静。

作长篇小说的愿望，要在自己的作品中，把这些烈士们的形象再现出来，永留人世。

1951年9月，杨沫在读了《钢铁是怎样炼成的》之后，心情久久不能平静。保尔·柯察金的病比自己重多了，他能克服别人不可想象的困难坚持写作，自己还犹豫什么？她要把那部酝酿已久的书稿写出来。她草拟了写作大纲，书名叫《千锤百炼》，后改为《烧不尽的野火》。

自从动笔开始，杨沫整个身心都沉浸在小说里。对自身疾病的注意力转移了，身体反而没那么痛苦难受了。为防治腿病，她在家里盘了个土炕，睡觉前把炕烧热，睡在上面觉得舒服多了。她用十几天的时间修改完了大纲。

杨沫每天坚持四五个钟头，写出两三千字。她常常下午头痛，胃也难受，写写停停，断断续续，该去看病时，她也懒得去，因为看病得半天时间，回来很累，什么也干不了。她把精力都投入创作中，沉浸在与战友和英雄的心灵对话中，她的内心深处的悲痛、内疚、兴奋、愉悦起伏变化着，她的心和书中的人物紧密联系着。

从1951年动笔开始创作到1952年底，杨沫写出20万字的初稿。由于受病痛的折磨，她常躺在床上写作，满意的留下，不满意的撕掉再写，经过六七次的修改，用6年时间完成了长篇小说《青春之歌》。

1958年，作家出版社出版了37万字的《青春之歌》，初版35万册。在青年读者中引起轰动，争相购买阅读。第二年，杨沫又将小说改编成同名电影。《青春之歌》为杨沫赢得了声望和荣誉。然而谦虚、热情、质朴的她又吸收了读者的一些意见，对小说又进行了一次修改，增加了十一章，全书达40多万字，于1960年由人民文学出版社再版。《青春之歌》前后销售达四五百万册，被翻译成日、英、法、越、朝、俄、希腊、阿拉伯、印尼、保加利亚、阿尔巴尼亚等十几国文字出版。

《青春之歌》这部小说描写北京的爱国青年学生在"九一八"至"一二·九"的历史风暴里，如何进行顽强斗争，成功地塑造了几位青年共产党人的形象，反映了从苦闷彷徨到觉醒成长中的知识分子的心路历程，他们的苦与乐、爱与恨、情与仇、悲与观跃然纸上；与之相对照的个别摇摆不定、沉沦堕落、叛变投敌的社会渣滓也刻画得惟妙惟肖。从卢嘉川、林红、江华、白莉苹等各具特色的人物身上，表现出时代的特征和社会风貌。

《青春之歌》中林道静这个革命知识分子形象，塑造得最为成功。在这个形象里，有杨沫自己的影子，有她的生活阅历、人生思考。林道静的不幸、追求、抉择引人思考，扣人心弦。这部小说在当时，如一缕清风，吹进读者的心田。林道静、卢嘉川等文学形象感染激励着一代青年，而这种影响还会持久下去。

五 《东方欲晓》：创作中有甜也有苦

在"四人帮"横行的日子里，杨沫被当作"三名三高"的典型、"大毒草"《青春之歌》的作者遭到批判，她成了"混入党内的阶级敌人、假党员"，他们强迫她交代自己的"反动历史"和"修正主义罪行"。她彻底"靠边站"了，在学习班里没完没了地"学习"。但她不怕，战争年代都闯过来，这点折磨算什么？她坚强地挺过来了。

最让杨沫苦恼的是不能写作，整天的批判、检讨、揭发、学习让她烦透了，简直是浪费生命。于是，她请假回家"养病"，跑到香山，租了民房，抓紧写作。这段艰难，她在日记中写到："创作的艰辛我这两年饱尝够了。不知怎么搞的，我写这部《东方欲晓》比写《青春之歌》时难多了。那时，我写的都是自己熟悉、亲身感受很深的内容……而如今却不一样。怎么写东西这么难呢？"1976年8月，《东方欲晓》70万字的初稿写成。她又反

杨沫（左）与妹妹白杨。

复修改加工，对所有不满意的地方推倒重来，多余的字句段落毫不客气地删掉，经过3年的反复打磨，1979年11月，完成了44万字的《东方欲晓》的第一部。1980年由浙江人民出版社出版。

《东方欲晓》以抗日战争时期华北根据地为背景，描写在党的领导下，敌占区人民开展的波澜壮阔的革命斗争，反映一批爱国青年走上革命道路，不断成长进步的艰难历程，展现出一幅幅民族解放战争的宏伟壮阔的画卷。

《东方欲晓》与《青春之歌》比较，显得场面更宏大，更有气势，事件人物更广泛、各类人物更细腻。

粉碎"四人帮"之后，杨沫参与了大量社会活动，而创作激情不减当年。杨沫挤出时间从事写作，短短几年时间，重写了《东方欲晓》第一部，写下数十篇散文。出版三本散文集，两本小说选，还出版了一部长篇报告文学。

1995年12月11日杨沫因病在北京逝世。斯人已去，但《青春之歌》余音袅袅……

任长霞

浩然正气留人间

　　任长霞，女，中共党员。1964年2月8日生，河南睢县人。1983年10月从事公安工作，曾任郑州市公安局技侦支队支队长、登封市公安局党委书记、局长等职，2004年4月15日因公殉职。生前曾获得全国"五一"劳动奖章、中国十大女杰、全国三八红旗手、全国青年岗位能手、全国优秀人民警察等20多项荣誉称号。牺牲后被追授为全国公安系统一级英雄模范。2004年，荣膺全国"我最喜爱的十大人民警察"称号，《感动中国》评委会授予她"感动中国"奖。

一　自幼志从警，警苑展才华

　　1964年2月8日，任长霞出身于河南省商丘市睢县一个普通的工人家庭，家里兄妹三人，她上有哥哥，下有妹妹。任长霞小时候脾气倔强，断奶非常困难，哭着闹着总是断不掉，父母就把她送到乡下的爷爷奶奶家里养着，直到上小学时才接回来。她从小长在农村，有点男孩子性格，爱争个高低长短，好辩个是非曲直，敢打抱不平，遇事不服输，干什么都想争第一。

任长霞小时候身体瘦弱，在农村时就开始练武，整天舞枪弄棒，翻跟头打把式，身体越练越棒，皮肤越晒越黑，成了"小黑妮"。她身上有一种特别的力量，身手利索，有点拳脚功夫。正是有了这点"本事"，她回到父母身边，敢于顶撞大人，不服软，不怕输，这种性格，也招致父母的严厉管教，在三兄妹中，她被父母打的次数最多，但怎么打都不哭，怎么打也不服。

小长霞在家里不服输，在外面也敢于碰硬。一次，她带着妹妹去商店买笔，售货员见她们年纪小，好欺负，态度不好，冷言冷语，小长霞忍不住怒气，就和售货员争吵起来，一点也不示弱。还有一次，她家的鸡棚被别人给烧了，哥哥找烧鸡棚的人算账，两人动手打了起来，小长霞呐喊助威，据理力争，对方理屈词穷。

小时候，任长霞的家里并不富裕，一家5口挤住在一间屋子里，一直住了十多年。任长霞学习很认真，为了不影响家人休息，她经常搬个小板凳，到楼下去学。她在做完功课后，也爱看课外书，但最喜欢的是侦探方面的书，尤其喜欢《福尔摩斯探案集》，她从小就向往当警察，对警察有一种敬仰之情。高中毕业后，她报考了河南省人民警察学校。当时警校招生要求1.60米的个头，但她只有1.57米，为了"拔高"，她穿上高跟鞋，鞋底又垫了垫子，双层加高，这样才算凑足了个儿，进入了警校。

1983年10月从警校毕业后，任长霞进入郑州市公安局中原分局，开始了职业警察生涯。她认真钻研业务，加班加点地工作，全国第一次"严打"期间，在紧张的办案之余，她就泡在办公室里，学习业务知识。

1991年3月，任长霞从一起盗窃案中发现隐案，但嫌犯拒不开口。任长霞采取心理战，动之以情，晓之以理，最后终于攻破了嫌犯的心理防线，他抱头痛哭，交代了百余起积案。据此破获余案积案120起，抓获漏网罪犯13人，其中4人被判处死刑。

任长霞在预审科工作期间，破获积案1072起，追捕犯罪嫌疑人950余人，在河南刑事案件预审史上留下了浓墨重彩的一笔。

争强好胜的性格，使她处处要强，干什么都要争先。各种比武，她刻苦备战；各种考试，她精心准备，所以专业知识她都滚瓜烂熟；演讲比赛，她反复练习，最终都展现风采。

1992年11月，郑州市公安及政法系统开展大比武活动，任长霞的努力换来了硕果，她双双夺冠，成为公安和政法系统中的佼佼者。1994年，在河南省预审岗位大练兵活动中，任长霞披荆斩棘，夺得全省第一名！1998年，郑州市公安局中层干部竞争上岗，任长霞取得99.8的高分，当仁不让地竞得技侦支队支队长职位，这为她提供了施展才能的舞台。她和战友风餐露宿，浴血奋战，铲除了一个个社会毒瘤，在郑州打黑除恶中立下汗马功劳。

任长霞当上郑州市公安局技侦支队支队长时，全国公安机关正开展"打黑除恶"专项斗争。郑州市局成立了由任长霞牵头的打黑特别行动队，30余人封闭办公，专案专办，集中食宿。市委要求，专项斗争一定要抓出成效，打出威风，铲除各种社会毒瘤，还郑州市社会清明安定。打黑特别行动队敢于碰硬，不畏艰难，取得了战果。

1999年，郑州两个黑社会团伙互相厮杀，舞棒挥刀，打成一团，一个成员王某死于火拼，埋葬在邙山公墓。这个团伙为鼓舞士气，准备集体祭奠死者。任长霞得知此消息，认为是个极好机会，可以将他们一网打尽。于是，她带领侦查员连夜赶往邙山公墓。

凌晨3点，墓地阴森森的，冷风呼啸，漆黑一片。他们找到王某墓地，任长霞布置战友在附近埋伏起来。这伙人气焰嚣张，无所顾忌，声势浩大地举行祭奠活动。上午10点，祭奠完毕，正准备离开时，任长霞命令收网，警察从各处涌出，将这伙人围住。有人想跑来不及，想反抗被震慑住了，乖乖束手就擒。共有76名团伙成员落网，缴获手枪一支、刀具等32件、汽车16辆，一个黑社会团伙被捣毁了。

1999年以来，以王张勇、李玉杰为首的一伙人，在郑州市敦睦路服装市场一带逐渐形成黑恶势力。2000年，王张勇纠集几十名打手在市场内寻衅滋事，强行收取摊位费、会费，对商户殴打、抢劫和伤害，致伤致残多人。任长霞为打掉这股黑恶势力，带队秘密摸底排查，掌握犯罪的证据。王张勇闻到风声，迅速销声匿迹，二十多天音讯全无。

任长霞毕竟干过多年刑侦，对手的这点小伎俩骗不了她。经过一个多月的监控，她得知王张勇等人藏在深圳。于是，任长霞两次率队扑向深圳，最终将王张勇等8人擒获，缴获枪支、子弹和砍刀匕首等大量作案工具。这伙人被押回郑州时，敦睦路市场的商户敲锣打鼓庆祝。

法律是公正的。最终，王张勇被判处无期徒刑，并处罚金5万元。该案其他30名被告人分别被判处20年至1年零6个月不等的有期徒刑……

二　铁肩担正义，利剑剜毒瘤

2001年4月，任长霞调任登封市公安局党委书记、局长。

登封是一座历史文化名城，境内有很多历史遗产，其中最著名的是中岳嵩山，为五岳之一，嵩山历史文化建筑群里的中岳庙、嵩岳寺塔等古迹闻名于世，少林寺更是名扬中外。而当年登封社会治安的混乱更是远近闻名。连续几年，恶性案件层出不穷，发案量居高不下，破案量却寥若晨星。在全市30多个政府部门行风评议中，公安局连年排名靠后，群众没有安全感，认为公安局不作为，称公安局为"粮食局"，意为白吃饭的。

可以说，任长霞受命于危难之际，积案如山，百姓怨愤。而公安内部一些人违法违纪，败坏警风警纪，更让她头疼。她上任的第三天，就收到了"见面礼"：几起大案接连发生……

在登封市委部署下，"百日破案会战"开始了。群众得知来了新局长，此人在郑州打黑除恶中出手果断迅速，敢于碰硬，为民除害，觉得登封有了希望。4月的一天，公安局大院呼啦啦挤进了几百号人，举着7个灵牌，喊冤叫屈，要求见局长。任长霞一出来，几百号人跪了一院，他们状告登封避暑山庄老板王松横行乡里、欺压百姓的种种罪行。

1995年以来，王松凭借家族势力，纠集一些劳改、劳教释放人员，雇用几十名打手，组成黑恶势力团伙。他们购买枪械，私设刑堂，

任长霞获得十大女杰归来后，回族群众用最高的礼仪向她祝贺。

在白沙湖一带横行霸道，为非作歹，打伤107人，重伤5人，7人丧命。

在一个局长接待日里，有个叫冯长庚的人前来申冤。有一次，他在白沙湖边乘凉，顺便洗洗脚，王松手下的几个打手借机敲诈，硬说他偷了鱼，偷鱼就得交罚款。冯长庚据理力争，这几个打手恼羞成怒，对他大打出手，他的左手臂被匕首刺穿，右手腕和5根肋骨被打断，险些丢命。他不敢公开去告状，却又不甘心被打。任长霞听了冯长庚的冤情，深感震撼，她暗下决心，必须打掉这个犯罪团伙。

任长霞派人秘密侦查，掌握了王松团伙犯罪的种种案情，获取了大量人证物证。这个团伙背景复杂、具有广泛的社会联系，一些公职人员被收买，为他们提供保护，他们平安地躲过了前期的"严打"斗争，毫发无伤；其内部组织严密、层级严格，分工

明确；该团伙心狠手辣，草菅人命，敲诈勒索，抢劫财物，开设赌场，组织卖淫，偷税漏税，是个社会危害极大的黑恶团伙。

2001年4月29日晚，任长霞正和一位副局长研究王松团伙的案情，忽然，值班民警报告：一位农民报警，在白沙湖孤岛治安室，王松的打手扣押了7个所谓挖沙、偷鱼的男女村民，他们拒交每人3000元的罚款，打手正在对他们用刑：烙钢铣、坐老虎凳、吊打，并扬言把他们扔到湖里喂老鳖。报警人讲到最后，竟下跪磕头，哭喊着让赶快救人，否则他们就没命了。

此时的孤岛治安室里，三个被吊绑起来的农民，不停地惨叫，他们的身上被烧红的钢铣烙得冒烟，发出一股股焦糊味；还有三个农民躺在老虎凳上嚎叫痛骂；一名妇女被按在桌子上用三角带抽打，后背衣服都被打烂了。治安室不远处的铁丝网外，30多个村民束手无策，他们听着里面传来的惨叫和痛骂声，心如刀绞。几个手持电警棒的打手，对他们威胁恐吓。愤怒的村民攀爬铁丝网准备冲进去救人，被紧急调来的十几个手持电警棒的保安驱赶出大门外。

当晚11点，任长霞带领20多名民警驱车30多公里赶到避暑山庄东门外，见到了被赶出来的30多个村民，简单了解一下情况，便带领民警翻墙冲到了案发地。治安室里，十几个打手正要把捆绑起来的三男一女扔进水里，民警及时赶到，这4人被解救。另外三人已被抬到岸边，正准备往水里抛时，民警鸣枪警告，打手仓皇逃窜。经过近一个小时的追捕，11人落网。

第二天一早，郑州市公安局局长带领打黑除恶大队大队长等6名刑警进驻登封市公安局，后又增援了一个刑警支队和一个技侦支队，要求7日内将王松团伙一网打尽，并挖出幕后黑后台。在局党委会议上，传达了上级打黑除恶专项斗争精神，传达了中央领导和河南省委领导对王松案的批示。任长霞在会上分析说：王松团伙，坐大成势，根基较深，势力较大，关系广泛。公开抓捕不能一网打尽。只能暗捕王松，随后异地关押，以防走漏风声，然后，对团伙其他成员抓捕。领导同意了她的意见。

为了擒获王松，任长霞决定先从公安内部打开突破口。5月1日这天，一个警察被叫进了她的办公室。任长霞开门见山地说："据了解，你与王松的关系不错。他屡屡犯法，你高抬贵手，给办了一些别人不敢办的事情，算一个知心的铁哥们儿了。"

那个警察连忙否认："不不！俺俩只是认识早些，见面说得来。"

任长霞说："我才来任职，他也不来认识认识？一回生两回熟嘛！在登封地面混，不跟公安局长搞好关系，一旦出事就不好摆平吧？"

那个警察连连称是，试探地问道："我给他打个电话，叫他来见你？"

任长霞说：今晚10点，到我办公室，准时见面。

那个警察又问：咱局抓他的人，是不是先开个价，让他有所准备？

任长霞答道："人来了才好说。"

晚上9点半，王松来到任长霞办公室，经过简短对话，确认此人就是王松。任长霞问道"今晚你有何事？"

王松见机会来了，说道："听不少人讲，你任局长是好人，待人热情，办事公道，体贴下级，有求必应。我那几个人是不是给开个价……"他从皮包里掏出装有一万元的一个信封，说："我公司打人不对，但都事出有因，是不是罚点钱，把人给放了？"

在王松眼里，没有摆不平的事，只要有钱，任何关节都能打通，任何官员都能拿下，有钱能使鬼推磨！

任长霞厉声呵斥道："别以为有钱，就忘乎所以！你恶霸一方，残害百姓，罄竹难书，花多少钱都逃脱不了法律的严惩！"

王松一听就傻眼了，意识到自己恐怕逃不掉了，他没想到会栽在一个女子手里。随后，门外的警察冲进来，将王松擒获。

经过两个月的奋战，除王松的弟弟畏罪自杀外，其他65名团伙成员全部落网，打黑除恶取得决定性胜利。

王松团伙覆灭，社会毒瘤铲除了，大快人心，登封、禹州近千名王松案的受害者自发庆祝，他们请来戏班，唱大戏，连演三天。

王松案件被列为2001年中国十大打黑案之一。

三　人民为父母，除害为天职

2001年5月的一天，任长霞在"局长接待日"值班，君召乡周洼村的村民韩素珍前来告状。1990年9月8日晚，韩素珍的女儿李艳芳和另一名女孩儿郭秀霞被人强奸后又被杀害，两人尸体在一块豆子地里被发现。法医鉴定，两人是被人强奸后用钝器打击头面部，造成颅脑损伤而死亡。登封市公安局将犯罪嫌疑人全甲洪和张庆华抓获，羁押近4年半后，因杀人证据不足，两人被取保候审。

此后的11年，韩素珍走上了漫漫的上访路，她上百次到北京、郑州上访，每次上访，都被层层转批下来，还是要求登封市公安局办理，成了登封市公安局多年的积案，毫无进展。11年时间，韩素珍变成了满头白发，变成了老太婆。

任长霞听了韩秀珍的含泪诉说，决心破了这个积案，给死者一个公正的交代，为这个老上访专业户画个句号。

2001年8月20日，登封市公安局接到匿名电话举报，君召乡的赵占义有重大嫌疑，他曾在酒后说过，是他杀死了李、郭二人。举报人说，他相信任局长是个清官，在心里憋了11年，他才敢提供线索。

8月26日，犯罪嫌疑人赵占义被抓获归案，他对犯罪事实供认不讳，11年的悬案有了结果。

2003年4月10日，韩素珍带领一些村民们敲锣打鼓，来公安局给任长霞立碑。任长霞坚辞不让，村民非立不可。最后这块功德碑立在了公安局后院。村民走后，任长霞让民警把碑给拆了。那块碑的正面镌刻着"有为而威邪恶畏，为民得民万民颂"14个大字，背面的文字没有标点符号，但意思清楚："……在我们两家绝望之际盼来了我们的恩人当代包青天任长霞……任长霞局长热情接待和蔼可亲耐心听诉详细询问并调出原卷宗亲自审阅还多次到我们家和村里了解情况……令十一年的人命大案水落石出我们的女儿得以瞑目九泉。"

石碑可以拆掉，百姓的心碑永存。

陈秀英的申诉也使任长霞感触颇深。在一个局长接待日，任长霞接待了陈秀英，她是中岳区任村的村民。2000年9月16日，她在一起纠纷中被打成重伤，事发后犯罪嫌疑人潜逃外地。至今事情也没有解决，她在医院做了两次手术，头上留下小碗口大的塌陷伤痕。任长霞看了她的告状材料，用手抚摸了一下她的头部，非常惊讶地说："咋打成这样！"伤处的颅骨没了，头皮包着下陷的软坑。任长霞的眼泪止不住落下来，她扶着陈秀英的肩膀问："人呢？"陈秀英说："跑了。"任长霞坚定地说："你放心，跑到天涯海角我们也要把他抓回来！"当时，在场的100多个告状的人听了，不少人流下了泪水。他们知道，任长霞不嫌他们土，不嫌他们脏，把他们的事放在心上，他们的冤情有地方诉了，有人给解决了。陈秀英从公安局出来，抑制不住情绪，在街上失声痛哭。

任长霞记住了这个案子，她要给受害人一个交代，一个满意的交代。

经过两年多的侦查，查到了犯罪嫌疑人的下落。2004年2月，犯罪嫌疑人刘随占在广东抓获归案。

听到犯罪嫌疑人落网的消息，陈秀英泪流满面，她终于盼到了这一天。此后，她每次进城，都要到公安局门口转一转，看看能否碰见任长霞，这成了一个老上访户与公安局的情结。

2001年5月3日，登封市大冶镇西施村煤矿发生特大瓦斯爆炸事故，13名矿工遇难。任长霞负责处理这起矿难，遇难者陆续被家属接走。傍晚，任长霞发现一具棺木仍停在那里，旁边有个十来岁的女孩在哭泣。任长霞询问得知，女孩叫刘春雨，母亲已经病故，父亲在这次事故中遇难，她成了没有爹娘的孩子。任长霞心里发酸，把春雨紧紧搂在怀里。

第二天，任长霞去春雨家，对她做了妥善安置，她真切地说："孩子，以后我就是你妈，有什么事只管说。"春雨流泪点头，不知说什么好。任长霞承担了春雨的全部学习费用。

2002年秋季的一天，任长霞抽空来到春雨家，给她带来一双运动鞋、一件粉棉袄。任长霞给春雨换鞋时，见到袜子有个窟窿，就说："这咋穿哪？给你点儿钱去买双新的。"春雨感动得泪流满面。若不是还有别人在场，她真想喊任长霞一声"妈妈"。

此后，春雨成了任长霞的牵挂，她经常带些衣物、学习用品来看她，嘱咐她好好学习。

其实，任长霞帮助的孩子何止春雨一个。2002年1月，为了救助贫困学生，任长霞向民警发出倡议，在全局开展了"百名民警救助百名贫困学生"的活动，干警救助了126名贫困学生，他们得以重返校园。其中的几名学生就是任长霞救助的。

四 英雄忽离去，嵩山泪如雨

任长霞到登封任职后，全部身心投入工作中。三年时间，一批十多年的控申积案得到解决，共查结控申案件230多起，破获刑事案件2870多起，抓获犯罪嫌疑人3200余人，登封社会治安得到根本好转。

任长霞是个"拼命三郎"，是个不常回家的人。她有美满家庭、年迈的父母，但她顾不上，一大堆案子在压着她。父亲瘫痪

任长霞逝世一周年，登封市空巷悼念。

在床，她没时间去照看；母亲辛苦操持家务，她没空帮助洗洗涮涮，过年过节都不能和家人消停地吃顿饭、聊聊天；她无暇顾及丈夫和儿子，对爱人的事业关心不多，对儿子的学习和生活顾不上管，她觉得欠家人的太多太多，感到愧对家里的每一个人。

案子始终缠着她，旧的破了，新的来了，无尽无休、没完没了。

2004年1月30日，登封市告城镇发生一起强奸杀害幼女案。人命关天，而且是奸杀幼女，性质恶劣，影响极坏。任长霞亲自挂帅，决心一定要破获这起"1·30"案件。她带领专案组与侦查员昼夜奋战，70多天同吃同住。4月13日晚，案子有了进展，摸排出一些重要线索。

14日上午9时，任长霞赶到郑州，向上级领导汇报案情，制

订侦破方案。下午，又在郑州查证了另外两条案件线索。为部署当晚的侦破抓捕工作，任长霞要返回登封。

当晚8时40分，任长霞的车在郑少高速公路遭遇车祸，她当即重伤昏迷，随即被送往郑州市中心医院抢救，终因伤势过重，抢救无效，于4月15日凌晨1时离开了人世，年仅40岁。

英雄倒下了，嵩山无语，登封流泪，大街小巷，人们流泪举着悼念的横幅，沉浸在哀痛之中。登封10里长、60米宽的少林大道，挤满了成千上万自发来送行的百姓，那些上访告状的百姓来了，那些被救助的孩子来了，那些受害者和家属来了……等待吊唁的队伍排出了近3公里。嵩山三日泪如雨，20万人次为英雄送最后一程……

刘 洋

中华神女
翱翔九天

　　刘洋，汉族，中共党员，1978年10月出生。2010年5月入选我国第二批航天员，2012年6月我国自行研制的神舟九号顺利升空，刘洋成为我国第一位飞天的女航天员，填补了我国女航天员飞天的空白。她当之无愧地被评选为"2012中华儿女年度人物"。

一　普通人家出凤凰

　　1978年10月6日，刘洋出身于河南省安阳林州市一个工人家庭，父亲刘士林是郑州市第一食品机械厂的助理工程师，母亲牛喜云是郑州轻型汽车制造厂职工，这是一个很普通的家庭，老实本分的父母对刘洋产生很大影响，她在这个温馨和睦的家庭里快乐成长。聪明伶俐的刘洋是父母眼中的宝贝，也是邻居眼中的乖孩子。

　　1985年，刘洋进入郑州市管城回族区实验小学读书，她是老师心目中聪明乖巧的学生，学习特别认真，不放过任何一道难题，不懂就问，直到弄明白为止。刘洋的性格稳重，不张扬，做

事低调，不和同学比吃比穿，朴素大方，比班上其他同学显得沉稳而成熟。她一直担任班里的学习委员，连续六年被评为三好学生。直到今天，教过刘洋的小学老师还清楚地记得她当年的表现，刘洋也是对各位老师一往情深，心里挂念着每位老师。刘洋考上长春第一飞行学院以后，每次回家还登门看望小学一年级的班主任白老师，还送给白老师一架歼击机模型。白老师珍藏着10多年前刘洋给她的贺卡，每当白老师读着贺卡上的赠言时心情都很激动："赠白老师：祝，身体健康，万事如意，佳节快乐，青春常驻；南国水暖，北国冰寒，师生情谊，长存心田。"

刘洋也是每一位老师的骄傲。

1991—1994年，刘洋在郑州市第三中学读初中，这是郑州市的一所名校，学校为国家培养出很多出类拔萃的人才。这里曾走出过一位空军司令员——乔清晨，他当年就是从这里直接考入航校，最后成为我军的一名上将。刘洋在这所人才成长的摇篮里刻苦学习，学习成绩一直名列前茅，她热情帮助同学，耐心解答同学的疑问，直到同学弄懂为止。刘洋还经常被老师叫到讲台，向同学讲解一些难题的解题思路和做法，一步步的讲解很认真，很清楚，俨然就是个小老师。她与同学相处融洽，课外与同学玩耍打闹做游戏。班主任王秀菊老师对刘洋印象深刻，还记得那个当年"稳重、有毅力、好学"的刘洋的形象。

1994年，刘洋考入郑州十一中读高中，她担任了班上的团支部书记。刘洋经过三年的苦读，学习成绩一直保持优秀，大学在向她招手。1997年，正当她心无旁骛，专心备战高考之际，一家航空公司来校招收飞行员，刘洋动了心，她想展翅蓝天，成为一名飞行员。她跑到班主任武秋月老师那里，说明了自己的想法，武老师被她的决心所打动，也支持她报考飞行员。但随后她被泼了一瓢冷水，此次只招男生！刘洋只得把精力放在高考上。这一年，刘洋的高考成绩是620多分，比地方重点院校录取线高出31分，考上大学不成问题。这时，峰回路转，空军要在河南招收女飞行员，武老师动员刘洋报考，认为刘洋的综合素质比较好，符合招飞条件。刘洋的父母有些担心，认为女孩子当飞行员不一定适合，这是有风险的工作。武老师给他们做思想工作，对他们说：上大学以后还有机会，而当飞行员只这么一次；当了飞行员，以后还可读军校。

刘洋父母想通了。刘洋顺利进入空军长春飞行学院，成为一名女飞行员。她们这一批是我国第七批女飞行员。

二　我要翱翔

刘洋进入飞行学院以后，并不是像现在有些大学生想象的那样进入了"保险箱"，该吃吃，该玩玩，学习应付考试就行了，稀里糊涂就能混个毕业证。完全不是那么回事，因为这是一所军校，是按军队的纪律来管理的，一切都有严格的标准和要求，一切都要按命令行事，严格的作息时间，严格的课堂学习，严格的体能训练，严格的操作流程，一切一切，都要求严格规范，来不得半点的糊弄和混事。

刘洋入学时，体检成绩在河南省排名第一，这说明身体很好，很健康，但高强度体能训练一开始她还是吃不消。在炎炎的烈日下，为规范一个摆臂动作，有时站两三个小时，浑身出汗，两腿发酸；为规范正步动作，一条腿踢出去了不动，一条腿站立，几分钟、十几分钟是常事。每天跑步、跳跃、单杠等各种训练，累得她浑身酸痛……

刘洋从来没有想过军校生活会这样艰苦，每天会这样单调而疲惫，她觉得自己快要撑不住了，一度陷入了沮丧和迷茫。她写信把自己的苦水向同学倾诉，说自己从幸福掉到谷底。同学来信说："你知道我们多么羡慕你吗？我们还在寻找自己生命中的玫瑰园，你却已经拥有了一片沃土，只需要好好浇灌，鲜花终将盛开。"

这是同学的心里话，自己还有什么可抱怨的呢？与其牢骚满腹，怨天尤人，还不如"努力去理解苛刻单调生活的内涵"，振奋精神，刻苦努力，迎头赶上！

刘洋开始了艰苦的磨炼。无论春夏秋冬，她每天早晚都坚持长跑训练，锻炼自己的体力和毅力，她知道光有体力而缺乏毅力是不行的，体力和毅力的磨炼也是性格的磨炼。她开始跑万米时，觉得非常痛苦，上气不接下气，但她咬牙坚持，自己给自己鼓劲，一圈圈地坚持，一步步地坚持，最终坚持跑完万米。正是这种坚持，这种不偷懒，她不再怕长跑，培养了长跑的兴趣。

第一次野营拉练，让刘洋刻骨铭心。那是150多公里的路程，前二三十公里还能坚持，越往后越困难，每走一步都显得很艰难，她咬牙坚持着，一步步地往前挪，两脚都磨出了水泡，钻心的疼。当她坚持走完全程时，右脚水泡连成了一片。医生只得把她右脚脚底的整块皮切掉……

刘洋知道，在部队里男女一样，都是军人，战场上没有性别区别，女兵也不是别人照顾的对象。女飞行员要和男飞行员一样翱翔蓝天，就要经受体力、智力、精力的考验，闯过这三道难关。她刻苦严格的训练，提高了身体承载负荷的能力，对飞行中问题的判断和处置能力都符合飞行员的要求，没有半点的差错和闪失，处理问题果断迅速而准确。

第一次跳伞，刘洋不免激动和紧张，她打电话告诉母亲说要跳伞了，母亲为了不分散她的精力，告诉她跳伞很安全，不用担心，有教练在身边，我们很放心。刘洋没想到母亲这么轻描淡写，甚至是漠不关心，自己觉得有点委屈。等跳伞完了，她拖着不给家里打电话。晚上打电话时，母亲一拿起电话，哽咽着说不出话，不住地流泪。她才知道父母没去上班，一整天在家里等她的电话。她真正懂得了父母的牵挂和关爱，知道了雏鹰在老鹰的羽翼下，不可能翱翔。

经过魔鬼般的训练，她成为一名合格的飞行员。从飞行学院毕业时，她的文化课成绩优秀，体育成绩也是全优。2001年6月，刘洋成为广州空军航空兵某师的一名飞行员。

三　我要飞得更高

广州空军航空兵某师是一支具有优良传统的部队，素有"女飞行员摇篮"之称，刘洋与17名女飞行员同批分配到这里，成为应急机动作战部队的飞行员。

飞行员的工作看似单调，在外行人看来技术含量不高，是个熟练工种。其操纵系统主要是油门杆、驾驶杆和方向舵，俗称"两杆一舵"。但事实却完全不是这样，飞行任务的过程是单调而辛苦的，也会有生命危险。刘洋曾感慨地说："每一次飞行升空，每一次返航着陆，都是一次挑战，都是一次涅槃。"她所说的涅槃，不是佛教意义上的轮回，而是生死的考验。

2003年9月的一天，刘洋就经历了这样一次生与死的考验。

这一天，刘洋驾驶飞机进行仪表飞行训练，飞机起飞离地10米左右时，她刚发出"收起落架"的命令，只听"嘭"的一声巨响，飞机抖动了一下，挡风玻璃上顿时出现了一股鲜血，座舱内弥漫着一股焦煳味。

直觉告诉刘洋：飞机撞鸟了！随后，机械师报告："右发动机温度升高，动力下降。"危险降临了。

飞机撞鸟是一种可怕的事故，多发生在起降和低空飞行的时候。小小的飞鸟与高速飞行的飞机相撞，会产生巨大的冲力，就像子弹一样，可以击穿飞机的挡风玻璃、机身。挡风玻璃被震裂、击穿，直接影响飞行员的视线，甚至会击伤飞行员。撞上群鸟，对飞机的危害更大，飞机的发动机有时也会毁坏。1996年9月22日，美国一架预警机起飞，在抬起前轮的一瞬间，撞上30多只硕大的水鸟——加拿大鹅，发动机的巨大的吸力将水鸟吸进，两台发动机同时起火，火焰冲天而起，预警机一头扎进机场附近

的洼地里，24名空勤人员全部遇难……

在这万分危急的时刻，刘洋沉着应对，集中精力保持飞机状态，并迅速向塔台报告情况，争取尽快着陆。右发动机的推力还在减小，排气温度升高，它可能瞬间停止工作。左发动机的正常运转可以保证飞机安全着落。刘洋与机组人员齐心协力，镇定自若，各负其责，按照分工，该做什么做什么。

刘洋作为飞行员，就是要保持好飞行状态，使飞机上升到适当的高度，找准正常的航线，采取正确的方法着陆。她按照规程放下起落架，放下襟翼，对正了跑道，继续下降飞行高度，下降再下降，最后，飞机终于稳稳地降落在跑道上。

从起飞到降落，前后11分钟，这是危险的11分钟！

检查发现，飞机刚收起落架，就撞上了一群鸽子，一共21只，右发动机的涡轮叶片折了两根，两只鸽子被吸进吸气道，几乎堵死了吸气道，左发动机的起落架舱被撞个大坑。

刘洋临阵不乱，遇事不慌的本领是平时训练出来的。养兵千日、用兵一时。比如，当天气非常好、能见度高、看得远的时候，他们就要把前舱的罩子给盖上。这样，就看不到跑道，只能通过仪表操纵飞机。等飞机升到60米时，再把罩子打开，这时才能看清跑道。这是模拟云雾很低，能见度差，必须离跑道很近才能看见跑道的一种训练。

刘洋多次执行飞行任务，有时还跨区机动。一次，她驾驶一架运输机，经过3个多小时的飞行，平稳降落在山东某机场。当她从飞机上走下来，前来接机的部队领导有些疑惑：这架飞机是她飞过来的？因为他看见飞机落地轻盈，姿态良好，速度平稳，只有飞行技术非常娴熟的飞行员才能有这样的水平。

刘洋经过10年的历练，见识过多种气象，能够驾驭多种机型，成为一名优秀的飞行员。她曾写道："只要坚持到最后，推开窗，就会发现你的玫瑰正在盛开。作为女飞行员，祖国的蓝天，就是我心中神圣的玫园。"

四　神女飞天

2010年5月，刘洋、王亚平等7位新入选的航天员进入中国航天员中心。

中国航天员的选拔非常严格，分四轮进行。首轮是档案选拔，主要从空军歼击机飞行员中选拔出备选飞行员；第二轮是对备选飞行员进行临床医学检查，筛选出更健康者；第三轮是进行航天环境条件下的生理功能选拔，确定预备航天员；第四轮定选阶段，对预备航天员进行综合考察，包括进行家族病史的调查和对其家人体检等，最终确定入选航天员。

选拔出的女航天员都是"完人"：五官端正、牙齿洁白、语言清晰，身体功能适合航天环境，没有任何瑕疵，包括没有蛀牙、脚茧、疤痕、皮炎、异味；要求无药物依赖、无烟瘾酒瘾；要求意志坚定，处事镇定，有献身精神，有与人相处的能力和良好的合作精神；还要求以前飞行成绩优良，无等级事故，近三年体检均为甲类……可以说，航天员的选拔是世界上

中国神舟九号航天员刘洋出发。

最严格的职业选拔，和登天一样难。

刘洋进入航天员中心后，接受了一年的基础学习和训练，包括航天医学基础、交会对接技术、力学、数学等20门课程。文化课的学习对刘洋来说困难并不大，她有大学打下的知识功底，加之聪明好学、肯于钻研，所以能高标准地通过各种文化考核。但对于救生生存训练和体质训练等科目就需要花大力气。开始时，力量、速度、耐力、肌力、平衡等项目，有的只达到三级、二级标准，这与航天员的要求还有差距。刘洋不气馁，刻苦训练，经过一年的努力，所有体质指标都达到一级水平。

2011年6月，刘洋转入航天专业技术和任务训练阶段，这阶段的训练是严格的，一切都要按操作规程来做，每一步操作都设计得严丝合缝，所有的细节都列入了操作手册。所以要吃透操作手册，理解每个细节。仅飞船操作的操作手册就有8本，摞起来有六七厘米厚，这些枯燥的手册都要反复阅读和钻研，针对任务反复操练，烂熟于心。经过近3000个学时的学习和严格训练，刘洋终于顺利完成了飞行程序、交会对接技术、空间科学实验、目标飞行器与组合体飞行管理等预定训练。

刘洋出舱后挥手致意

各种训练的完成，背后是鲜为人知的艰辛，训练的严酷性超出人们的想象。

就拿转椅训练来说，刘洋在飞行部队也进行过转椅训练，每次的时间是4分钟；而航天员的这项训练每次是15分钟！几乎是过去的4倍。按照过去的经验，5分钟就到了刘洋的极限点。转完4分钟，她已经浑身冒汗，头晕目眩，恶心想吐，但她只能强忍着不吐，不能叫停。因为第一次吐了或叫停了，下次还会吐和叫停，身体会形成一种条件反射。所以，只能咬牙坚持。她拼命转移注意力，想别的事情，想着站在夕阳下的海边，欣赏翻腾的浪花。第一次硬挺过去了，以后越来越适应了。

离心机训练也是非常艰苦的。实际上在离心机上运动只有3分钟，但显得是那样漫长，每次下来，就像刚跑完万米，两腿发软发抖。因为，她在离心机上不知怎样用力，浑身都在使劲。但她坚持训练，逐步适应和掌握技巧。经过两年的训练，她坐在离心机上就没那么痛苦了，用她的话说就像玩游戏似的，稍稍加把劲就撑过去了。按专业术语讲，在离心机上，她所对抗的过载，是要承受她体重6倍的压力。她就是这样每天坚持挑战极限，坚持对抗负荷。

在组合体模拟飞行训练阶段，航天员们每天从早上7点半到晚上11点，工作、生活和休息都在模拟舱中。刘洋的团队合作精神表现得非常好，按照程序刘洋应该先吃饭，但她却让男航天员先吃。休息时，她主动为男航天员送水杯。在训练应急科目时，她镇定自若。一次模拟交会对接时，突然出现"失火"信号，刘洋第一时间发出撤退指令，命令将飞船撤到距天宫30米外。虽说是模拟，但她清晰而果断地发出指令，让同伴非常佩服。

2012年6月16日18时37分21秒，在这个亿万人瞩目的时刻，在酒泉卫星发射中心载人航天发射场，中国"长征二号F"遥九运载火箭点火，托举神舟九号载人飞船飞向太空！景海鹏、刘旺、刘洋三名航天员牵动着全国人民的心，随着电视画面的一个个"正常"报告的传来，人们紧绷的心弦渐渐放松下来。18时57分，常万全总指挥宣布：神舟九号发射圆满成功！

经过13天的太空之旅，三位英雄成功完成了中国载人航天史上的多项第一：

三位航天员出舱。右起：刘洋、景海鹏、刘旺。

中国女航天员第一次"飞天"；

第一次对中国女航天员进行多方面航天飞行验证；

中国载人航天第一次在夏季窗口发射；

中国第一次载人空间交会对接成功；

航天员第一次"飞进"天宫；

第一次手控交会对接，实现神九与天宫的手控交会对接成功；

第一次成功实施空间手控分离；

……

在神舟九号的太空之旅中，3位航天员要承担15项航天医学相关空间实验。刘洋功不可没，她被称为"载荷专家"，负责空间医学实验，任务包括进行心血管系统、神经系统、前庭眼动、认知能力、生理参数等指标的测量与记录，为航天医学研究提供数据。

6月19日15时46分，神舟九号航天员飞行乘组成功接收来自祖国的第一封电子邮件。25日下午16时43分，刘洋代表乘组，发回了第一条面向公众的太空短信……

从传回的电视画面上，人们看到了刘洋的可爱形象：她手持摄像机"自拍"，玩得自得其乐；踏上"太空自行车"，锻炼腿部力量；认真地编织中国结，悠闲自得地打着太极拳……

6月29日，在神舟九号太空遨游13天之后，顺利返回地面，乘组3名航天员景海鹏、刘旺、刘洋平安归来，祖国一片欢腾！

神女回家了，开始迎接新的挑战！

后　记

　　2012年4月，四川人民出版社编审李洪烈同志提出编辑出版一套扼要反映古今中华女杰事迹的知识性读物，分三卷，即《古代卷》、《近代卷》、《现代卷》，并委托白云涛同志主持编写工作。

　　2012年5月，在白云涛同志主持下，经编著者和出版方研究讨论，确定了全书编写原则和基本体例以及各卷所要撰写的人物。

　　本书《古代卷》是由杨建和张侃侃两位同志共同完成的，其中许穆夫人、细君公主、解忧公主、王昭君、班昭、蔡文姬、文成公主、金城公主、上官婉儿、梁红玉、李清照十一个人物由杨建同志撰写，妇好、冯嫽、荀灌、花木兰、冼夫人、陈硕真、黄道婆、唐赛儿、秦良玉九个人物是由张侃侃同志撰写。出版社在审阅书稿过程中，指出"上官婉儿"一文内容驳杂，人物形象不突出，"花木兰"一文体例与全书体例不统一。由于时间紧迫，白云涛同志对"上官婉儿"一文进行了精简压缩，对"花木兰"一文进行了重新编排和改写。本卷在搜集整理资料、编辑图片说明、审核与校对等工作中，得到了郑国柱、陈家新、孔雷、孔令思、伍俊颖、高秀琴、韩慧、韩雪、李月华、陈福林、陈敬、郑娇、金圣海、冯立忠、娄家鹏等人的支持与帮助，在此一并表示感谢。

　　《近代卷》是由陈家新同志撰写的。本卷在搜集整理资料、编辑图片说明、审核与校对等工作中，得到了郑国柱、伍俊颖、高秀琴、杨建、张侃侃、孔雷、孔令思、陈福林、韩慧、韩雪、李月华、陈敬、郑娇、冯立忠、金圣海、娄家鹏等人的支持与帮助，在此一并表示感谢。

　　《现代卷》是由郑国柱和韩慧两位同志共同完成的，其中宋庆龄、蔡畅、邓颖超、史良、雷洁琼、胡兰畦、李贞、向秀丽、张志新、吴健雄、林巧稚、于蓝、秦怡等13个人物是郑国柱同志撰写，袁雪芬、戴爱莲、新凤霞、常香玉、冰心、丁玲、杨沫、任长霞、刘洋等9个人物是由韩慧同志撰写。本书在搜集整理资料、编辑图片说明、审核与校对等工作中，得到了陈家新、伍俊颖、高秀琴、郑娇、杨建、张侃侃、陈福林、孔雷、孔令思、李月华、施魏、韩雪、金圣海、冯立忠、娄家鹏、陈敬等人的支持与帮助，在此一并表示感谢。

　　全书三卷初稿完成后，白云涛同志终审了全稿。

　　编写过程中，吸收了大量的现有研究成果，因是一般知识性读物，限于篇幅，没有列出"主要参考资料"，特此致歉。本书所配照片，大多采自原有图书和网络。因时间紧，任务急，有些照片和绘画作者未能署名。在此，我们除表示万分歉意外，还希望作者及时和我们取得联系，以便再版时修正。同时，我们还将以本书出版协议为基本依据，向作者支付稿酬。古代卷联系人为杨建（yangjian968@163.com）、张侃侃（zkk500@163.com），近代卷联系人为陈家新（jx550515@sina.com），现代卷联系人为郑国柱（minjianzhengguo@sina.com）。

　　感谢四川人民出版社的李洪烈、喻磊、杨娅、杨立等同志。在本书策划和编写过程中，他们就所撰人物及具体内容，编辑原则和基本体例，提出了许多建设性意见；在审阅校对过程中，他们又不厌其烦，与编著者反复磋商，体现了职业编辑的负责态度和敬业精神。

　　感谢中国国家博物馆吕章申馆长为本书题写了书名。

　　因时间紧，任务急，又因笔者水平所限，书中错讹之处，在所难免，恳请读者不吝指陈，以便再版时订正。

编著者

2013年8月20日